Erich Fuchs

Die Willkür des Schicksals
Die Geschichte der Familie Tulbach

Erich Fuchs

Die Willkür des Schicksals

Die Geschichte der Familie Tulbach

Rediroma-Verlag

Bibliografische Information der Deutschen Nationalbibliothek:
Die Deutsche Nationalbibliothek verzeichnet diese Publikation in der Deutschen Nationalbibliografie; detaillierte bibliografische Daten sind im Internet über http://portal.dnb.de abrufbar.

ISBN 978-3-96103-801-5

Umschlagillustration: Tuomas Kallio (shutterstock.com)

www.rediroma-verlag.de
14,95 Euro (D)

„Gedanken sind frei!“

Schon die Griechen und Römer erkannten diese Tatsache.

Keinem ist es je gelungen – obwohl es für viele eine recht verlockende Idee darstellt – in die Gedankenwelt eines anderen Menschen einzudringen. Gedanken bleiben, solange sie nicht geäußert werden, der Besitz und das Geheimnis jedes Individuums. Die geistigen Formulierungen im Gehirn verbergen sich vor den Mitmenschen.

Jedoch – heureka – gibt es einen Schleichweg: Die Kreativität eines Erzählers! Nur er vermag die innersten Überlegungen im Kopf eines anderen Menschen freizulegen. Der Leser darf sich aber nicht verleiten lassen, zu glauben, dass diese Gedanken die persönlichen Überzeugungen des Erzählers offenbaren. Letztendlich handelt es sich einzig und allein um schöpferische Erfindungen, die den Protagonisten zugeordnet werden. So vielschichtig Gedanken auch sind, sie haben keine Grenzen. Manchmal manifestieren sie sich durch Taten, die Gutes, aber oft auch Böses und Frevelhaftes ans Licht bringen – und Wunden erzeugen. Wunden, die nicht heilen und ein ganzes Leben lang qualvolle Schmerzen bereiten.

Daher, werte Leser, werden auch Sie Gelegenheit haben, durch diese List zeitweise in die Gedankenwelt der agierenden Figuren eindringen zu können.

Geschichte kann sich nicht wiederholen, da sich Zeit und Gegebenheiten ändern. Jedoch eine Ähnlichkeit, in gewisser Weise ein Déjà-vu, kann Geschichte mittels Geschichtsklitterung und Vorstellungskraft zu einer Erzählung, einer „Geschichte“, formen.

Die Willkür des Schicksals kann geben, milde, zärtlich sein und Freude spenden. Aber auch nehmen, verletzen und erbarmungslos vernichtend sein.

Ähnlichkeiten zu Personen sind gewollt; zu lebenden allerdings nicht. Sollte sich aber jemand in der Erzählung wiederfinden, dann, ja dann kann ich ihm leider nicht helfen. Zu Risiken und Beschwerden wenden Sie sich an … Sie wissen schon.

Viel Vergnügen!

Inhalt

1. Teil: Der Magnat

1. DIE SCHWÄGERIN

Sie waren alle da. Alle.

Die ganze Familie: Vater, Mutter, Bruder, Schwiegereltern, Ehefrau und Cousinen. Auch viele Firmenangehörige. Sogar einige von der Konkurrenz.

Er war auch da: Anton Tulbach. – Im Sarg!

Beinahe hätte ich ihn vergessen, ihn, den latenten, doch allgegenwärtigen Gesellen: Gevatter Tod. Natürlich, auch er war anwesend!

Lieber Anton, meine Cousine Ananke, die Schicksalsgöttin, hat mir dich gesandt. Plötzlich, unverhofft; aber ich war bereit, bin jederzeit präsent, wenn ich gebraucht werde.

Der Junior-Chef der Firma „TULBA INTERNATIONAL“ lag aufgebahrt in der kalten Halle am Zentralfriedhof.

Elisabeth, seine Mutter, hatte ihren Kopf gesenkt und die Augen geschlossen.

Mein Sohn, du weißt nicht, wie es schmerzt. Du kannst es nicht wissen. Es schmerzt und ich bin zornig. Toni, warum hast du nicht auf mich gehört? Warum nur? Ich wollte nie, dass du Motorrad fährst.

Sein Vater, Helmut Tulbach, starrte geradeaus auf den mit Blumen geschmückten Sarg.

Sohn, du warst für mich eine so verlässliche Stütze in der Firma. Dein Unternehmergeist, deine Fachkenntnis, dein wirtschaftliches Urteilsvermögen, das alles vermisse ich nun. Wer kann deinen Platz einnehmen?

Neben ihm hatte Antons Frau Karin, verhüllt durch einen schwarzen Schleier, damit man ihr tränennasses Gesicht nicht sehen konnte, ihren Platz.

So schön und so kurz war die Zeit mit dir. Es schmerzt mir das Herz, wenn ich daran denke. Kaum ein Jahr, und schon hast du mich verlassen. Ich hasse dieses blöde Motorrad. Nie bin ich mitgefahren. Aber du hast es so geliebt, hast gesagt, dass es dich Freiheit spüren lässt. So ein Unsinn. Es ist eine Verachtung des Lebens. Wie soll es nun mit mir weitergehen?

Heinz, der jüngere Sohn der Tulbachs, hielt die Hand seiner Freundin Ingrid.

Es war ein Schock für mich, Bruder. Wir haben uns immer recht gut verstanden. Toni, ich kann es kaum begreifen, dass du nicht mehr lebst. Für Vater warst du doch sein Ein-und-Alles.

Was war geschehen?

An einem schönen, lauen Frühlingsabend im März fuhr Anton Tulbach gemächlich, wie so oft, mit seiner Moto Guzzi Stone die Landstraße entlang. Vor ihm befand sich ein LKW, den er schon mehrmals überholen wollte, aber mehrere Rechtskurven verhinderten die Sicht nach vorne. Langsam nervte das, er verlor die Geduld, gab Vollgas, scherte aus und wollte in einem Zug nach vorne brausen. Der entgegenkommende PKW war plötzlich voll in seinem

Visier. Er versuchte zwischen der schmalen Lücke, die die zwei Autos boten, hindurch zu kommen. Der linke Rückspiegel des Motorrades streifte den PKW. Der Sturz war unvermeidbar und folgenschwer. Anton Tulbach verstarb noch an der Unfallstelle.

Vom persönlichen Verlust abgesehen, war der Tod von Anton auch ein großer Verlust für das Unternehmen TULBA. Er war Geschäftsleiter und Fachmann für zahlreiche Sparten. Der Firmenchef, sein Vater, schätzte seinen Unternehmergeist und hatte volles Vertrauen in Antons Urteilsvermögen.

Vater Helmut Tulbach hatte die Firma in erstaunlich kurzer Zeit von einem kleinen Geschäft durch geschickte und scharfsinnige Maßnahmen zu einem internationalen Unternehmen geführt. Helmuts geschäftlicher Ansatz war, zum Gegensatz manch anderer Wirtschaftsexperten, die Diversifikation. Der Beginn in der Immobilienbranche genügte bald nicht. Er förderte mit gutem Gespür zahlreiche Startunternehmungen, machte dabei, man muss auch sagen, durch glückliche Wirtschaftslage und steigende Aktienkurse, enormen Gewinn, den er dann wieder in neue Projekte investierte. War die Performance eines Geschäftes nicht nach seinem Sinn, brachte es nicht die gewünschte Rendite, stieß er dieses Unternehmen sofort ab. Durch die Vielfalt seiner Vorhaben gelang es fast immer, Verluste zu vermeiden. Diese Geschäftsphilosophie, die auch von seinem Sohn Anton getragen wurde, verschaffte dem Unternehmen TULBA einen international anerkannten Namen. Anton hatte eine umfangreiche Ausbildung über Produktkenntnis wie auch über Personalführung genossen. Er war für seinen Vater der ideale Geschäftsleiter und Juniorchef. – Dieser begabte Hoffnungsträger war nun tot.

Zurück zur Aufbahrungshalle.
Es war kalt. Die Tür stand offen. Ein verregneter Apriltag ließ die Trauergäste frieren. Überall gab es Blumen, Kränze und Buketts. Zwischen Eltern und Schwiegereltern saß Antons Witwe Karin mit gefalteten Händen. Rechts davon Antons Bruder Heinz mit seiner Freundin Ingrid, die speziell für die Beerdigung aus München mit dem Zug angereist war. Ein Pfarrer hielt eine zu lang geratene Eloge, wobei er bei jedem zweiten Satz durch geräuschvolles Aufziehen seine rinnende Nase befreite.

Heinz war irritiert. Zornige Gedanken formten sich in seinem Kopf.

Hör endlich auf! Ich kann es nicht mehr hören. Wer hat dir diesen blöden Text vorgeschrieben? Du kanntest meinen Bruder doch gar nicht.

Endlich kamen die Sargträger, nahmen Blumen und Sarg auf, um sich hinaus auf den Friedhof zu begeben. Die Trauergäste, allen voran die Familienangehörigen, reihten sich zu zweit hinter dem Sarg ein. Nieselregen erwartete sie im Freien. Nach langem Trott erreichte der Zug das offene Grab. Heinz war sehr nervös, zitternd zog er Ingrid, die ihm etwas verwundert folgte, zur Seite.

„Ich ertrag diese Situation nicht. Die Totengräber stehen da, die eine Hand mit einer Schaufel voll Erde und die andere hingestreckt einen Obolus fordernd. Am offenen Grab. Pietätlos! Mir ist kalt; lass uns heimlich verschwinden."

„Heinz, das kannst du doch nicht machen!"

„Komm, Ingrid, wir gehen langsam. Niemand wird uns gleich vermissen."

Heinz hakte sich bei seiner Freundin ein und zog sie behutsam von den Trauergästen weg in Richtung Tor. Vor dem Friedhof standen einige Taxis. Er winkte eines herbei, sie stiegen zu und es ging hinaus zur Villa der Tulbachs.

Die Villa liegt etwas außerhalb des Stadtrandes im Süden der Bundeshauptstadt. Schon Jahre zuvor hatte Helmut Tulbach ein großes Grundstück erworben, das sich vom Wald bis hin zum kleinen Bach erstreckte. Die Villa, die er großzügig anlegen ließ, war vor ungefähr zehn Jahren fertiggestellt worden. Sie ist einstöckig konzipiert, wobei sich im Erdgeschoß eine Vorhalle, ein stattlicher Wohnraum, die Küche mit einem anschließenden Speisezimmer und ein Studio befanden. Im Obergeschoss gab es drei große Aufenthaltsräume sowie Schlafzimmer, jedes mit eigenem Badezimmer. Ein Zimmer war das elterliche Schlafzimmer, das zweite das von Heinz, und das dritte war jenes von Anton und Karin, welches nun die verwitwete Karin allein bewohnen würde. Von den Fenstern der oberen Aufenthaltsräume sah man hinunter in den Garten, in dem sich eine überdachte Schwimmhalle befand. Ein Anbau an der linken Seite der Villa beherbergte bei separatem Eingang zwei Gästezimmer, die voll ausgestattet waren. Zur rechten Seite waren die Unterkünfte des Personals, das ständig hier wohnte. Das heißt: eine Köchin, ein Diener, zwei Reinigungsfrauen, ein Gärtner und zwei Chauffeure. Das gesamte Grundstück war videoüberwacht und durch einen hohen Zaun abgesichert.

Der Firmensitz des Unternehmens TULBA befand sich aber in einem modernen Bürogebäude in der Innenstadt.

Es war vor zirka acht Monaten: Helmut und Anton Tulbach mussten zu einer zweitägigen Konferenz nach München.

Dadurch ergab sich die Gelegenheit, dass Mutter Elisabeth und auch Heinz mitfahren konnten, um dort einige Zeit in der Stadt zu verbringen. Während nun Helmut und Anton am ersten Tag ihren geschäftlichen Verpflichtungen nachkamen, schlenderten Mutter und Sohn durch die Stadt, besuchten einige Einkaufstempel und landeten schließlich mittags in einem Restaurant in der Nähe des Englischen Gartens.

Um ihre Finanzen aufzubessern, jobbte dort die Studentin Ingrid Kleiber als Aushilfskellnerin. Als sie zum Tisch der Tulbachs kam, um die Bestellungen aufzunehmen, war Heinz vom Liebreiz und der Schönheit der jungen Frau derart fasziniert, dass er fast vergaß, was er eigentlich bestellen wollte. Er konnte kaum seine Augen von ihr lassen, setze sich so, dass er sie immer im Blick hatte. Seiner Mutter entging die rege Anteilnahme ihres Sohnes an dieser Kellnerin nicht, sie enthielt sich aber jeglicher spöttischen Bemerkung. Heinz bestellte sogar Nachtisch, was er sonst nie tat, nur um die Zeit des Aufenthalts im Lokal zu verlängern. Als sie schließlich ihr Mittagessen beendet hatten und die Rechnung erhielten, fasste Heinz einen Entschluss:

Er bezahlte, gab reichlich Trinkgeld und als sich die Kellnerin vom Tisch entfernte, bat er seine Mutter, sie möge einen Moment warten. Er fasste seinen ganzen Mut, nahm die Rechnung und rief der sich entfernenden jungen Frau hinterher: „Fräulein, Sie haben auf der Rechnung etwas vergessen!“

Die Kellnerin blieb stehen und schaute Heinz verständnislos an. Heinz drehte den Beleg um, hielt ihr einen Stift hin und sagte mit flehendem Blick: „Bitte, bitte, … deine Telefonnummer!“

Sie schüttelte den Kopf, konnte ein Schmunzeln nicht verbergen, schaute in seine blauen Augen und kritzelte eine Nummer auf den Beleg. Rasch fügte sie hinzu: „Während der Dienstzeit und auf der Uni habe ich mein Handy auf stumm geschaltet."

Heinz bedankte sich überschwänglich und verließ in Kürze mit seiner Mutter das Lokal.

Noch am selben Nachmittag rief Heinz die Telefonnummer an. Es läutete, aber niemand hob ab. Zweifel kamen auf, ob sie ihm womöglich eine fiktive Nummer aufschrieben hätte. Nach mehreren Versuchen, es war schon gegen fünf Uhr Nachmittag, hob sie ab: „Kleiber!"

Endlich; das Herz von Heinz pochte wild: „Hallo, schöne Kellnerin. Heinz hier, der Gast aus dem Lokal. Sag, können wir uns heute Abend sehen?"

Sie vereinbarten einen Treffpunkt in einem Café. Plauderten bis spät nach Mitternacht. Fanden Gefallen aneinander. Er an ihrer Schönheit und am bezaubernden Lachen; sie an seinem Charme und stattlichem Auftreten. Der erste zarte Kuss; die erste sanfte Berührung. Ingrid war von seiner Gabe, ihr so interessiert zuhören zu können, entzückt. Er war total von ihr verzaubert.

Sie verabredeten für den nächsten Tag noch ein kurzes Treffen bevor Heinz wieder mit der Familie zurück nach Wien fahren musste. Versprachen, sich anzurufen, mit WhatsApp zu kommunizieren und sich sobald als möglich wiederzusehen.

Wenn sich Verliebtheit dadurch manifestiert, dass man fast stetig an den anderen denkt, dann war es das. Sie waren ineinander verliebt.

Heinz vernachlässigte Kontakte zu seinen Freunden, fuhr, wenn immer er konnte, zu Ingrid nach München und wehrte jegliche weiblichen Avancen in seinem Umfeld ab. Auch sein Studium litt dadurch einigermaßen. Aber alles wurde von seinen Eltern halbherzig bis schweigend geduldet. So ging das seit ungefähr acht Monaten, bis plötzlich der Tod seines Bruders sein Leben grundlegend verändern sollte.

Nun zurück zum Taxi, mit dem soeben Heinz und Ingrid bei der Villa der Tulbachs ankamen.

Heinz bezahlte den Fahrer, tippte den Code der Toröffnung ein und ging mit Ingrid zum Gästezimmer, wo sie ihr Gepäck abgestellt hatte. Sie wollte für die Beerdigung den einen Tag bleiben, einmal nächtigen und dann wieder mit dem Zug zurück nach München fahren. Man sah sowohl Ingrid als auch Heinz die Nervosität an, die die vergangenen Stunden hervorgebracht hatte.

Ingrid sperrte langsam die Tür zum Gästezimmer auf und überlegte.

Es ist nicht recht, dass wir vom Friedhof geflohen sind. Man macht so etwas nicht. Was werden die Eltern von mir denken? Ich kann ihnen nicht ins Gesicht sehen.

Heinz nahm Ingrids Hand und betrat mit ihr den Raum.

Ich musste von dort weg. Ich bin nervös, aufgewühlt. Ich muss mich beruhigen. Ich will jetzt mit Ingrid schlafen. Sie fährt schon morgen wieder.

Heinz küsste Ingrid, umarmte sie eng. Fieberhaft glitten seine Hände über ihren Körper.

„Heinz, bitte, ich bin nicht in Stimmung. Ich bin nervös. Das war nicht recht, was wir gemacht haben."

„Ingrid, komm, vergiss das jetzt!“

Heinz drückte Ingrid aufs Bett, zog ihr Kostüm aus. Beinahe rücksichtslos entkleidete er sie. Sie ließ ihn widerwillig gewähren. Fahrig entledigte er sich seiner Kleider, die nun verstreut auf dem Boden lagen. Sie spürte seine Erregung, versuchte ihren Widerstand zu verdrängen, was ihr aber nur mäßig gelang. Heinz küsste ihren nackten Körper. Seine sexuelle Ekstase ließ ihn schwer atmen. Dann – Ingrid strich kaum merklich mit ihrer Hand über seine Schenkel – ein Beben zog durch seinen Körper und, und – das Laken war befleckt! Peinlich!

Ingrid gelang es noch das Laken zu säubern. Sie kleidete sich hastig an, versuchte noch sein Missgeschick zu negieren. Sie küsste Heinz und teilte ihm mit: „Ich kann heute nicht bleiben. Ich kann unmöglich deinen Eltern begegnen. Heinz, bitte bring mich zum Bahnhof. Bitte, jetzt, bevor deine Eltern hier auftauchen. Ich will noch heute zurückfahren.“

Heinz versuchte sie zu überzeugen, noch die eine Nacht zu bleiben, doch ihr Entschluss stand fest.

Heinz brachte Ingrid zum Hauptbahnhof. Sie küssten sich innig am Bahnsteig, lagen sich in den Armen und weinten. Versprachen, sich bald wiederzusehen.

Dass sie dieses Versprechen nie mehr würden einlösen können, wusste keiner der beiden zu diesem Zeitpunkt.

Eine Woche später.

Helmut und Elisabeth saßen im Wohnzimmer. Sie erörterten die Auswirkungen durch den Ausfall von Anton auf das Unternehmen. Eine enorme Lücke, die es so rasch als möglich zu schließen galt, war dadurch entstanden. Sie überlegten, Sohn Heinz in die Firma aufzunehmen. Würde er den Platz von Anton einnehmen können?

Helmut hielt seinen Kopf in beiden Händen.

Jemand von außen ins Unternehmen zu bringen, ist immer möglich. Aber die Gefahren einer Spionage, einer Veruntreuung oder Misswirtschaft wird zu einem schwer kalkulierbaren Unterfangen. Kann man Leuten, die nicht die Interessen der Familie tragen, tatsächlich trauen? Kann man ihnen eine derart wichtige Position anvertrauen? Vielleicht bin ich zu misstrauisch – wahrscheinlich sogar –, aber ich habe schon so viel von anderen Firmen gehört, die in enorme Probleme schlitterten. Natürlich wäre da mein Söhnchen Heinz. Studium der Betriebswirtschaft im Anfangsstadium. Familie, ja, aber ohne Betriebserfahrung, ohne ausreichende Kenntnis unserer Produkte, geschweige denn unserer Branchen und deren zahlreichen Kunden. Er müsste neu eingeschult werden. Ganz von der Pike auf. Kann er das schaffen? Dumm ist er ja nicht.

„Helmut, sprich doch mal mit Heinz, dann kannst du sehen, wie er dazu steht."

„Ich überlege. Es wird für ihn eine totale Umstellung seines bisherigen Lebensstils bedeuten. Kein Hin-und-her-Pendeln zu seiner deutschen Freundin, kein Abhängen mit seinen Freunden, keine Partyspielchen und so weiter. – Ich werde mit ihm reden!"

„Aber mach es bald, wir sind beide nicht mehr jung, nicht mehr so gesund. Es wäre schade, wenn all das, was wir aufgebaut haben, zerfällt oder in fremde Hände gerät."

„Du hast recht! Ich werde heute noch mit Heinz reden."

Zum Mittagessen saßen die Eltern gemeinsam mit Heinz und nun auch Karin auf der Veranda. Nach Ende der Mahlzeit, die diesmal fast stumm eingenommen wurde, bat Helmut seinen Sohn in beinahe schroffen Ton in sein Büro.

„Heinz, kannst du kommen, ich habe etwas mit dir zu besprechen!“

Heinz war erstaunt.

Klingt eigenartig. Was will er? Ich bin mir keiner Schuld bewusst. Gibt's vielleicht irgendwelche alten Geschichten?

Helmut schloss die Tür zu seinem Büro und bat Heinz, sich zu setzen. Ohne lange Einleitung begann Helmut: „Heinz, durch den Tod von Anton haben wir im Unternehmen ein großes Problem. Wir brauchen dringend jemanden, der ihn ersetzt. Mama und ich haben vereinbart, dass wir dich fragen, ob du gewillt wärst, diese Aufgabe anzunehmen. Es muss dir bewusst sein, dass das eine gewaltige Veränderung in deinem Leben sein wird. Es wird ungefähr ein Jahr intensives Management-Training erfordern, um dich in allen Sparten einzuschulen. Du wirst fast täglich von unseren Fachleuten betreut werden müssen. Du wirst zu allen unseren Branchen reisen müssen, um dort persönlich die leitenden Personen kennenzulernen. Psychologie und Strategie fürs Unternehmen wird fortan deine Aufgabe sein, um starken Leadership zu festigen. Das heißt: lernen, lernen, lernen. Dein Studium an der Uni kannst du vergessen. Dafür mag später Zeit sein, momentan ist lernen am Job angesagt. Partys und Weibergeschichten kannst du auch vergessen. Deine Freundin wird warten müssen. Also, ich erwarte jetzt keine Antwort. Morgen hast du den ganzen

Tag Zeit, darüber nachzudenken. Übermorgen will ich deine Entscheidung. Wir brauchen dich!“

Am folgenden Tag. Heinz sinnierte.

Es ist Wahnsinn. Was soll ich tun? Bis jetzt war mein Leben recht locker. Ohne große Verantwortung. Konnte ausgehen, kommen und gehen, wann ich wollte. Das soll alles vorbei sein? Wird es wohl. Ich werde keine Möglichkeit haben, zu Ingrid zu fahren, um mit meinem Schatz Zeit zu verbringen. Das tut weh, das ist fast unvorstellbar. Scheiße! Was soll ich machen? Wie kann ich Vaters Wunsch ablehnen? Ich kann ihn unmöglich hängen lassen. Es bleibt mir keine Alternative. Er hat deutlich gesagt, dass er mich in der Firma braucht.

Es war Sonntag, die Familie saß beim Frühstück.

Heinz rückte auf seinem Stuhl nervös hin und her. Dann blickte er zu seinem Vater auf und teilte ihm mit fester Stimme mit: „Ich bin bereit! Ich werde versuchen, mein Bestes zu geben.“

Helmut war offensichtlich erfreut und erleichtert, klopfte seinem Sohn auf die Schulter und antwortete: „Danke! Du wirst jede Hilfe bekommen, die du brauchst. Ich werde schon morgen alles in die Wege leiten.“

Tatsächlich begann der Schulungsprozess noch in der folgenden Woche. Ein Koordinationsmann übernahm die Aufgabe, Heinz zeitgerecht in den jeweiligen Sparten des Unternehmens anzumelden. Im ersten Monat waren Besuche bei Branchen im Inland vorgesehen. Von den dortigen

Filialmanagern wurde er mit Produkt- und Preisdaten überhäuft.

Heinz war schockiert.

Großer Gott, wer soll sich das alles merken?

Aber es gab genügend Unterlagen. Allerdings musste Heinz all diese in seiner nun kargen Freizeit studieren. Besonders technische und physikalische Manuale bereiteten ihm große Probleme. Häufig grübelte er bis spät in der Nacht über Formeln und Werkstoffarten. Etwas leichter kam er mit den Grundlagen der Buchhaltung zurecht, obwohl sich für ihn die Steueroptimierung durch Verschieben der Kosten und Gewinne von einem Land zum anderen manchmal recht obskur darstellte.

Bis zum Sommer verschaffte sich Heinz, zur Freude seines Vaters, durch Ehrgeiz und Fleiß ein umfangreiches Allgemeinwissen über die Struktur des Unternehmens.

Nun standen die Reisen zu den Geschäftszweigen in Übersee auf dem Programm. Die erste große Reise brachte Heinz in die USA und nach Kanada. In den USA hatte die Firma je einen Stützpunkt in New York und in San Francisco. Die Niederlassung in Kanada befand sich in Hamilton, südlich von Toronto, am Ontariosee. Im folgenden Monat waren für ihn Sao Paulo in Brasilien und dann über dem Atlantik Kapstadt in Südafrika auf seinem Terminkalender.

All diese Reisen waren zeitlich knapp bemessen, voll von Betriebsführungen und Geschäftsessen, also bei Gott nicht das reinste Vergnügen. Es blieb kaum Zeit, im Hotel auszuspannen, schon ging es weiter zum Flughafen. Keine Gelegenheit zum Sightseeing.

Als Heinz nach seiner Südafrika-Reise in Wien landete, erfuhr er, dass seine geliebte Mama am Tag zuvor ins Krankenhaus eingeliefert worden war. Schon seit einiger Zeit hatte sie gesundheitliche Probleme und diesmal war es eine schwere Lungenentzündung, die sie heimgesucht hatte. Heinz fuhr gemeinsam mit seinem Vater ins Spital. Durch Zusatzversicherung und gute Kontakte zu den Ärzten wurde Elisabeth in einem Privatzimmer bestens versorgt. Dennoch war Heinz vom schlechten Zustand seiner Mutter überrascht.

Heinz sah zum Bett seiner Mutter hinab.

Mama, du bist so blass. Dieser Spitalgeruch. Deine Hand ist kalt. Die Nadel in deinem Arm. Alles weiß, steril. Deine Augen so trüb. Wo ist dein heiteres Gesicht? – Nicht das jetzt. Deine Lippen sind so trocken. Ich mag dich, ich lieb dich, du bist immer so fröhlich gewesen. Komm, kämpfe! Gib dich nicht auf!

Heinz sprach seiner Mutter Mut zu. Er wusste, dass es nicht nur an der Fähigkeit der Ärzte, sondern auch an Elisabeths generellem Gesundheitszustand lag, ob sie wieder genesen würde. Auch Helmut war über den Zustand seiner Frau besorgt. Allerdings fand er durch sein umfangreiches Engagement im Unternehmen reichlich Ablenkung.

Helmut war soeben dabei, für Heinz Kontakte nach China herzustellen. Die Firma hatte zwar Niederlassungen in Singapur und in Taiwan, doch die Volksrepublik China wäre ein enormer Absatzmarkt. Es war aber äußerst schwer, dort Fuß zu fassen. Nun versuchte man über die asiatischen

Beziehungen einen Brückenschlag nach China aufzubauen. Heinz wäre auserkoren, dorthin zu reisen, um erste Gespräche zu führen.

Doch plötzlich kam alles anders als vorgesehen. Ein Einschreibebrief vom Bundesministerium für Landesverteidigung bezüglich der Einberufung zum Grundwehrdienst war für Heinz eingetroffen. Vor einigen Monaten hatte sich Heinz bei der Stellungskommission einzufinden. Die medizinischen und psychologischen Tests für die Eignung zum Wehrdienst verliefen ohne Probleme, und Heinz bekam die Bescheinigung: „tauglich". Jetzt kam, nicht wirklich überraschend, aber doch plötzlich und zur Unzeit der Einberufungsbefehl.

Verzweiflung stand im Gesicht von Heinz.

Und jetzt? Wie passt das alles zusammen? Vielleicht kann ich es aufschieben lassen. Aus wirtschaftlichen Gründen geht das ja. Ich muss mit Vater reden.

Heinz ging mit dem Schreiben zum Vater und unterbreitete ihm seine Idee eines Aufschubs wegen wirtschaftlicher Unabkömmlichkeit. Helmut las den Einberufungsbefehl und sagte: „Gib her, den Wisch! Ich kenne einige Herren im Ministerium. Da lässt sich sicher etwas machen. Ich weiß nicht, ob ein Aufschub eine so ideale Sache ist. Wenn du später deinen Dienst antreten musst, so ändert das gar nichts. Ich brauch dich später genauso."

Zwei Tage danach war Helmut mit einer Antwort zurück. Er hatte ein kurzes Gespräch mit einem Minister, der ihm von einem früheren guten Geschäft eine Gefälligkeit schuldete. Dieser Minister setzte sich nun mit den zuständigen Leuten im Bundesministerium in Verbindung. Helmut bekam rasch einen Termin, bei dem er sein Anliegen vortragen konnte. Nach einigem Hin und Her wurde ihm mitgeteilt, dass man seinem Sohn zwar nicht zur Gänze den Wehrdienst erlassen könne; es genüge aber, wenn er zumindest einen Teil der Basisausbildung absolviere. Es dürfe nicht so aussehen, als würde man Söhne von Großindustriellen bevorzugen.

Und so trat Heinz am Beginn des nächsten Monats die Basisausbildung seines Grundwehrdienstes in der Liechtensteinkaserne an. Die Kaserne befand sich im Waldviertel, zirka 100 Kilometer nordwestlich von Wien, in der Nähe des großen Truppenübungsplatzes Allentsteig. An den ersten Tagen kam Heinz gar nicht zum Denken. Er fasste Uniform und Waffe aus, bekam Einschulungen in den Tagesablauf und wurde neben sportlicher Betätigung in das erste Exerzieren eingewiesen.

Heinz teilte ein Zimmer mit sechs anderen Rekruten, mit denen er schnell eine gute Kameradschaft aufbaute. Das tägliche Sportprogramm im Gelände war für Heinz, obwohl er schon eine gute Grundfitness hatte, bevor er eingerückt war, doch recht ermüdend. Die gebrüllten Befehle des Ausbildners prallten an ihm ab.

Nach einigen Tagen wurde dann alles zur Routine. Tagwache gab's um sechs Uhr früh. Um halb acht war Dienstbeginn mit Standeskontrolle, hernach abwechselnd Lehrsaal oder Exerzieren, gefolgt vom Hindernis-Parkour im Gelände. Um 22 Uhr war Nachtruhe angesagt. Was Heinz am meisten störte, war, dass er während der Dienstzeit sein Handy abgeschaltet haben musste. Das heißt, die Kommunikation nach außen war auf den Abend beschränkt. Wenn immer er seine Freundin anrief, hörte er nur ein Besetztzeichen. Deshalb versuchte er es über WhatsApp, erhielt aber nur kurze nichtssagende Antworten.

Durch seinen Vater erfuhr Heinz, dass seine Mutter das Spital verlassen durfte und sich jetzt in häuslicher Pflege befand.

So vergingen die nächsten drei Wochen mit Hindernissport im Gelände, Exerzieren und kurzen Märschen in der Umgebung der Kaserne. Bevor die Angelobung der Rekruten vorgesehen war, wurde zum Abschluss der Basisausbildung noch ein ausgedehnter Nachtmarsch angesetzt.

Bei der Vergatterung wurde der Zeitpunkt für den Aufbruch zum Nachtmarsch angeordnet.

Und dann geschah etwas, das den Charakter von Heinz für sein weiteres Leben dramatisch ändern sollte.

Nachdem der Zugsführer die Männer in die Unterkunft entließ, rief er: „Rekrut Tulbach, Post für Sie!"

Heinz vermutete, dass es ein Brief vom Ministerium für Landesverteidigung sei, in dem man endlich seine vorzeitige Entlassung vom Wehrdienst ankündigte.

Eigenartig! Ein normaler Brief in weißem Kuvert, mein Name, nur mit Liechtensteinkaserne adressiert, kein Absender auf der Rückseite. Wer schreibt heutzutage noch Briefe? Der Inhalt fühlt sich steif an, sind da Fotos drinnen?

Im Zimmer angelangt, riss er den Brief sofort auf. Ein Zettel mit einer Telefonnummer, die er nicht kannte, lag lose bei. Und dann blickte er erstarrt auf den mit eleganter Schrift bedruckten weißen Karton. – Und las:

Hiermit geben wir unsere Eheschließung bekannt.
Ingrid Kleiber & Werner Steger
Die Trauung findet am 8. Oktob...

Weiter kam er nicht. Die Buchstaben verschwammen unter seinen feuchten Augen. Er stürmte aus dem Zimmer, denn er wollte jetzt von keinem der Kameraden angesprochen werden und schloss sich auf der Toilette ein. Zitternd hielt er den Brief in der Hand.

Ich kann es nicht begreifen. Wie konnte das geschehen? Es ist ein Stich mitten ins Herz. Meine große Liebe. Ich versteh es nicht. Alle unsere Pläne dahin. Du hast mir doch immer versichert, dass du mich liebst. Was habe ich falsch gemacht? Habe ich mich so in dir getäuscht? Du bist doch mein Schatz ge..., ich möchte schreien!

Heinz war fertig; am Boden zerstört. Der Glaube an die Liebe, an die reine Liebe, war ihm genommen worden. Für ihn waren bisher Frauen immer wie Engel: sanft, unschuldig rein.

Er holte sein Handy aus dem Spind und rief Ingrids Nummer an. Es läutete, läutete, läutete. Niemand hob ab. Er versuchte es mehrere Male, keine Reaktion. Dann erinnerte er sich an die beigelegte Telefonnummer und probierte diese. Nach kurzem Läuten:

„Kleiber!“

„Ingrid?“

„Nein, Christa hier. Ich sollte eigentlich mit dir gar nicht reden. Meine Schwester hat mich gebeten, nicht mit dir zu kommunizieren. Ingrid schämt sich so. Sie kann mit dir nicht darüber reden. Aber ich habe gedacht, es ist nicht recht, dass du nicht von ihrer Heirat erfährst."

„Was ist geschehen? Was ist passiert? So schnell … was ist los?"

„Ingrid ist schwanger; schwanger von Werner. Ich glaube, du kennst ihn sogar. Wir waren bei der Geburtstagsfeier von Susanne. Susanne hatte etwa zehn Personen eingeladen. Es war eine lustige Party. Es wurde viel herumgeblödelt, reichlich Alkohol getrunken und geschäkert. Wir waren alle recht gut drauf. Um eins in der Früh löste sich die Party auf; einige gingen, Fritz brachte mich nach Hause. Ingrid blieb noch. Sie hat mir dann in der Früh erzählt, dass sie mit Werner noch zu ihm in seine Wohnung ging. Dort ist es dann passiert. Das hat sie mir aber erst gesagt, als sie bemerkt hat, dass sie schwanger ist. Sie war völlig nervös, wusste nicht, was sie machen sollte, und dachte an eine Abtreibung. Schließlich beichtete sie es Mama; und Mama erzählte es Vater. Du weißt ja, meine Eltern sind sehr religiös. Für Vater war es klar: Ein Kleiber tötet nicht! Ein Schwangerschaftsabbruch kam nicht infrage. Nun musste es aber rasch gehen. Die Eltern wollten keine Braut mit Babybauch sehen. Sie kennen Werner ja, er ist ein recht netter Kerl. Ein Treffen mit seiner Familie fand statt. Alles wurde für die Hochzeit arrangiert. Ja, so war's. Alles ging wahnsinnig schnell. Ingrid fühlt sich dir gegenüber schuldig. Sie hat gesagt, sie kann mit dir nicht reden, geschweige denn, dir in die Augen schauen. Ich weiß, das ist feig. Sie hat auch mich gebeten, nicht mit dir zu reden. Aber ich dachte, du solltest es wissen. Ich hörte, dass du in dieser Kaserne bist, daher habe ich geschrieben."

„Danke, Christa. Ich kann's nicht fassen. Ich bin erschüttert. Verzweifelt. Zornig. Mache mir Vorwürfe. Ingrid und auch ich werden damit leben müssen."

Heinz beendete das Gespräch, ging zurück ins Zimmer, legte sich auf sein Bett und schloss die Augen. Er war, man könnte sagen, wie in Trance. Erinnerungen an gemeinsame Erlebnisse mit Ingrid liefen wie im Zeitraffer durch seinen Kopf. Immer wieder biss er vor Zorn und Verzweiflung in seine Decke. Gedanken und Fragen kamen auf:

Bin ich schuld, dass es so gekommen ist; oder war es nur die Willkür des Schicksals? Schicksal, dem man nicht entfliehen kann. Waren wir zu jung, um eine Trennung durchzustehen? Hat die sexuelle Begierde über die Liebe gesiegt? Ich kann es nicht verstehen! Ich möchte jetzt eine Flasche Schnaps trinken – und schlafen, schlafen, schlafen. Aber heute ist noch dieser blöde Nachtmarsch angesetzt.

Trübes Wetter, aber kein Regen, war für heute Nacht vorhergesagt. Es wurde bereits finster. Heinz lag noch immer mit dem Gesicht nach unten auf seinem Bett, als Fritz, sein Zimmerkamerad, ihn schüttelte.

„He, Tulli, mach dich fertig! In einer Viertelstunde müssen wir draußen in voller Montur antreten!"

Nun musste alles rasch gehen. Eilig suchte Heinz alle Sachen zusammen, schlüpfte in die Montur, die für den Marsch vorgesehen war. Dabei geschah es, dass er eine Socke etwas schief anzog. Widerwillig und unter Fluchen begab er sich hinaus zur Vergatterung. Die letzten Einweisungen für den Marsch wurden den Rekruten gegeben, dann bestiegen sie die zwei schon bereitstehenden LKWs.

In einer knappen halben Stunde erreichten sie die Stelle im Wald, von wo der Marsch beginnen sollte. Die Marschroute, die genau besprochen wurde, war als große, zirka 15 km lange Schleife angelegt, wobei Start und Ziel identisch waren. Die Soldaten wurden in Gruppen zu fünf Mann aufgeteilt: einer im Zentrum und je zwei links und rechts an den Flanken. Die Männer an den Flanken hatten die Aufgabe, stets mit den neben ihnen befindlichen unter Nutzung des natürlichen Lichtes in Sichtkontakt zu bleiben. Jede dieser Fünfergruppe startete nun in Abstand von einer Minute ihren Marsch. Da die Gruppe mit Heinz erst als neunte vorgesehen war, zog er rasch den Schuh aus, um die schiefe Socke gerade zu richten. Dabei dürfte er übersehen haben, dass sich ein kleiner Stein in seiner Socke verfangen hatte. Nun rief der Zugsführer aber schon die Namen für die neunte Gruppe auf:

„Kessler, Berger, Reimann, Tulbach, Holzinger! – Und los geht's!"

Heinz war also der erste an der rechten Flanke neben dem Mann in der Mitte. Schon nach dem ersten Kilometer spürte Heinz das unangenehme Reiben an seinem Fuß. Es blieb aber keine Zeit, jetzt etwas dagegen zu machen. Sie mussten weiter.

Marschieren an den Flanken brachte zusätzliche Schwierigkeiten, denn es ging dabei oft sowohl durch Gebüsch als auch über teilweise steiniges Gelände.

Als sie etwa eine Stunde unterwegs waren, wurden die Schmerzen im rechten Fuß von Heinz fast unerträglich. Er dachte aber nicht an ein Aufgeben, sondern grübelte:

Dieser Stein kann mir nicht größere Schmerzen verursachen als der Verrat meiner großen Liebe. Oder bin ich vielleicht doch an allem selbst schuld? Vielleicht will es das Schicksal so. Gott kann nicht so grausam zu mir sein, angeblich liebt er uns Menschen doch. Nur ein Sadist kann solche seelischen Schmerzen hervorrufen.

Nach einer weiteren Stunde stolperte Heinz nur noch. Jeder Schritt sandte einen stechenden Schmerz in sein Gehirn. Immer wieder sank sein rechtes Bein ein, und er hatte große Mühe, dem Marsch der Kameraden zu folgen. Diese merkten zwar sein Stolpern, konnten aber seine verzweifelten Versuche mit ihnen mitzuhalten nicht einordnen. Sein Nachbar rief ihm aufmunternd zu: „Komm, komm, jetzt wirst du doch nicht schlapp machen? Wir haben schon mehr als die Hälfte geschafft!"

Für Heinz waren diese Schmerzen wie eine Selbstgeißelung. Er kämpfte und kämpfte Schritt für Schritt. Doch plötzlich trugen ihn seine Beine nicht mehr. Er sackte zusammen, stürzte kopfüber eine Böschung hinab – und verlor das Bewusstsein.

Als er, wie vom Traum erwacht, seine Augen öffnete, wusste er nicht, wo er war. Erst nach und nach erkannte Heinz, dass er sich in einem Sanitätswagen befand, der ihn auf holpriger Straße zum Heeresspital brachte. Schon im Auto hatte man ihm die Uniform ausgezogen. Unter großen Schmerzen und erheblichen Schwierigkeiten gelang es schließlich auch, den Schuh vom rechten Fuß zu lösen. Eine blutdurchtränkte Wollsocke klebte an seinem stark geschwollenen Bein. Der Knöchel war an zwei Stellen gebrochen.

Im Spital angekommen, wurde Heinz von einem Arzt genau untersucht, mit schmerzstillenden Medikamenten versorgt und der verletzte Fuß behandelt. So sediert, verbrachte er die Nacht im Dämmerschlaf in der Klinik. Am nächsten Morgen konnte er nicht aufstehen und eine Rückkehr zu seiner Einheit war völlig ausgeschlossen.

Heinz rief seinen Vater an und informierte ihn über seinen Aufenthalt im Spital, worauf sich Helmut durch seinen Kontakt im Ministerium mit dem zuständigen Offizier in Verbindung setzte. Da es sowieso nur mehr einige Tage bis zum Ende der Basisausbildung für Heinz waren, erwirkte er die vorzeitige Entlassung aus dem Militärdienst für seinen Sohn. Helmut erklärte nämlich überzeugend, dass er einen Sportsmediziner zur Hand hätte, der eine Koryphäe für all die Leiden der Fußballer und Skifahrer im Lande sei. Es gäbe also kein Problem, Heinz in häusliche Pflege zu entlassen.

Und somit endete die Episode Bundesheer für Heinz.

Der Fuß heilte nicht richtig, eine große Narbe blieb. Der Heilungsprozess verlief komplizierter als zuerst angenommen. Es wurde vermutet, dass die Ärzte die Verletzung unterschätzt und deshalb nicht richtig behandelt hatten. Vorerst musste sich Heinz noch mit Krücken, dann mit einem Gehstock behelfen. Bei Wetterumschwung und bei Stress schmerzten die vernarbten Wunden immer wieder.

Auch die seelischen Wunden, die Narben der Seele, blieben! Ob ein psychisches oder körperliches Ereignis den Charakter eines Menschen verändern kann, mag umstritten sein, doch für Heinz traf es einwandfrei zu! Der traumatische Vorfall des Betruges seiner großen Liebe änderte seinen Charakter enorm. Aus dem geselligen, freundlichen jungen Mann wurde ein rücksichtsloser, grober Kerl, der fortan jedem Weiberkittel mit gehässigem Misstrauen begegnete.

Bald wollte Helmut, dass sein Sohn seine in der Zwischenzeit aufs Eis gelegten Geschäftstätigkeiten wieder aufnahm. Eine Reise nach Florenz war unumgänglich. Firenze, bella Firenze! Aber kein Urlaubsaufenthalt, kein „dolce fa niente“ in der schönen Stadt war vorgesehen. Nein, geschäftliche Verhandlungen bezüglich erheblicher finanzieller Außenstände eines italienischen Geschäftspartners waren der Zweck der Reise.

Am frühen Nachmittag traf Heinz im schmucken Büro des Kosmetikkonzerns ein. Die Rezeptionistin begleitete ihn in ein Empfangszimmer mit der Ankündigung: „Frau Magistra Chiara Mancini kommt sofort.“

Oh Gott, eine Frau!, war der erste Gedanke von Heinz.

Dann kam sie: groß, schlank, elegant gekleidet. Eine überaus attraktive junge Frau! Kaum als sie sich vorgestellt hatte, ging es Heinz durch den Kopf:

Ist diese Frau in der Lage, ihren Partner zu betrügen? Ist sie auch eine von den Flittchen, die nach außen hin so souverän auftreten, um dann bei Gelegenheit mit dem Nächstbesten eine Nacht zu verbringen?

Die Wunde in der Seele von Heinz war aufgebrochen. Würde sie je verheilen?

Das Treffen verlief dann sehr professionell. Heinz konnte nicht umhin, die Kompetenz dieser jungen Frau zu bewundern. Geschäftlich waren die Verhandlungen für beide Seiten erfolgreich. Alle Probleme konnten ausgeräumt werden; und so konnte Heinz mit Zufriedenheit zurück nach Wien fliegen.

Durch seine Zeit beim Bundesheer wurde die geplante Reise nach China aufgeschoben, und es war nun an der Zeit, dieses Vorhaben nachzuholen. Drei Termine wurden mit Kontaktfirmen organisiert. Als Stationen waren Peking, gefolgt von Shanghai und als dritte noch Hongkong vorgesehen. Also ließ Heinz durch seine Sekretärin einen First-Class-Flug mit Austrian Airlines von Wien nach Peking buchen. Die weiteren Flüge würden dann als Inlandsflüge mit Air China stattfinden.

Es war Winter, Ende Jänner. Draußen saukalt. Die Maschine musste zum Enteisen unter die Sprühanlage. Dennoch hob das Flugzeug mit nur wenig Verspätung von Wien Schwechat ab. Die Sitze in der Ersten Klasse boten Heinz genügend Platz, um sich bequem auszustrecken. Die Betreuung durch einen Steward und einer Stewardess ließ keine Wünsche offen. Heinz beobachtete diese zwei mit Interesse. Der Steward war ein Mann von zirka 35 Jahren, groß, dunkelhaarig, gutaussehend. Die Uniform der Stewardess schmiegte sich elegant um ihren perfekten Körper. Sie hatte ihre blonden Haare hochgesteckt, hatte schön manikürte, lange Fingernägel. An ihrem Ringfinger glänzte ein Ehering. Wenn immer die beiden aneinander vorbeigingen, fiel Heinz auf, dass es jedes Mal zu einer sanften Berührung kam. Einmal am Oberarm, ein anderes Mal an den Schultern, wobei bei beiden eine neckische Übereinkunft durch sinnliche Blicke zu bemerken war.

Aha, von zu Hause weg. Rollige Katze! Ihr Mann ahnt nichts. Armer Tölpel. Ich kann mir gut vorstellen, was beim Aufenthalt in Peking abläuft. Elegante, kultivierte, raffinierte Schlampe. Sinnliches Flittchen! Man kann keiner trauen!

Heinz war innerlich aufgewühlt. Abermals war die Wunde aufgebrochen.

Der Flug verlief ruhig und bald wurde die Liege für die Nacht hergerichtet. Die Stewardess fragte: „Herr Tulbach, ist alles zu Ihrer Zufriedenheit? Kann ich noch etwas für Sie tun?“

Heinz sah ihr starr in die Augen und antwortete recht ruppig: „Nein, lassen Sie mich in Ruh!“

Etwas verwundert zog die Stewardess die Augenbrauen hoch und wandte sich dann anderen Passagieren zu.

Die Verhandlungen in Peking verliefen zur besten Zufriedenheit für die Firma TULBA. Heinz konnte die Manager in Peking überzeugen, dass die Handelsbeziehungen für beide Parteien von großem finanziellem Nutzen sein würden. Bei einer Führung durch die Hallen der chinesischen Firma konnte Heinz die Arbeitsbedingungen der dortigen Arbeiter sehen und war von den Sozialleistungen des Betriebes angetan. Ob diese Leistungen auch tatsächlich erbracht oder nur für den Gast schöngeredet wurden, konnte er allerdings nicht auf Wahrheit prüfen.

Nach einem ausgedehnten Geschäftsessen ging man die Verträge nochmals penibel durch und letztendlich wurden sie feierlich unterzeichnet.

Der Inlandsflug nach Shanghai verlief ohne Komplikationen. Heinz war vom quirligen Leben in dieser Stadt sofort beeindruckt. Die vielen Hochhäuser, an denen riesige Leuchtreklamen funkelten, waren derart überwältigend, dass ihm vor Staunen der Mund offenblieb.

Er checkte in einem Hotel im 28. Stock ein, von wo man einen hervorragenden Panoramablick auf die Uferpromenade hatte.

Ein älterer Hotelpage mit kleinen Mandelaugen brachte die Koffer hinauf ins Zimmer.

„Number 888 ! – Oi, oi, oi, Mister. You are lucky. Number 8 means luck in China. You see you have eight fingers.“

„But I have ten fingers“. warf Heinz ein.

„No, no, Mister. Eight fingers! – And two thumbs; hi, hi, hi.“

Für sein Bonmot und seinen Dienst drückte ihm Heinz 50 Yuan in die Hand, worauf der kleine Mann mit einem breiten Grinsen seinen Mund öffnete, aus dem ein goldener Schneidezahn glitzernd hervorlugte.

Sein Meeting mit den chinesischen Managern war für Nachmittag angesetzt. Diesmal verliefen die Verhandlungen recht zäh. Die Chinesen wollten nämlich, dass die Firma TULBA in Österreich für sie einen Stützpunkt bereitstellt. Die Leitung selbst sollte von chinesischen Angestellten geführt werden. TULBA sollte nur mit dem Namen und den Vertriebskanälen zum Unternehmen beitragen. Das war aber nicht im Sinn von Heinz. Ein solches Unterfangen wäre auch nicht von seinem Vater unterstützt worden. Deshalb kam es auch nicht zu einem Abschluss; man versicherte sich aber, weitere Kontakte zu pflegen.

Heinz genoss den freien Abend und besuchte ein elegantes Lokal in einer Seitenstraße der Flaniermeile am Bund.

Am nächsten Tag, es war so gegen Mittag und Heinz wollte soeben wegen der Zeitverschiebung zu Hause anrufen und seiner Mutter zum Geburtstag gratulieren, da läutete plötzlich sein Handy.

Wer mag das sein? Ah, Vater? Was gibt es so Dringendes?

Er hob ab: „Hallo, Paps. Wie geht's? Was gibt's?"

Am anderen Ende der Leitung kam mit gedämpfter Stimme: „Mama ist heute Nacht gestorben!"

Heinz war bestürzt; konnte nicht gleich antworten. Dann: „Wie? Was ist geschehen?"

„Elisabeth hat gestern Abend geklagt, dass sie sehr müde sei und früh zu Bett gehen will. Heute früh lag sie im Bett und … sie rührte sich nicht. Sie muss im Schlaf gestorben sein."

„Papa, ich sage das Treffen in Hongkong ab. Ich werde noch heute versuchen einen Flug nach Wien zu buchen."

„Das wäre super. Ich bin noch völlig fassungslos."

Auch Heinz war betroffen:

Mama, du warst in letzter Zeit schon sehr schwach. Aber dass du jetzt gestorben bist, das ist schon ein schwerer Schlag. Noch dazu an deinem Geburtstag! Du hast dich immer vor Vater gestellt, wenn er zornig war. Du hast mich immer vor seinen Wutattacken beschützt. Mit dir konnte ich über fast alles reden, dir alles anvertrauen. Du wirst mir fehlen!"

Heinz rief bei der Textilhandelskette, bei der er den Termin am nächsten Tag hatte, an. Bei Chinesen einen Termin aus privaten Gründen abzusagen, ist stets ein heikles Unterfangen. Allerdings gelangte er, nachdem er seine Situation erklärt hatte, an einen doch verständnisvollen Manager. So konnte Heinz noch seinen Flug nach Hongkong stornieren und unter erheblichen Kosten auf Wien umbuchen.

Am Nachmittag des folgenden Tages kam Heinz müde und deprimiert in Wien an. Vater holte ihn vom Flughafen ab. Noch nie sah Heinz seinen Vater in einer derart bedrückten Verfassung. Helmut, der sonst bei welch immer Begebenheit souverän jede Situation beherrschte, glich einem Häufchen Elend. Vater und Sohn lagen sich in den Armen. Wann war dies zuvor je geschehen?

Eine Woche verlief mit Vorbereitungen. Dann fand das Begräbnis statt. Am Zentralfriedhof. Bei der Gruft der Tulbachs. Elisabeth kam ins selbe Grab wie Sohn Anton. Diesmal waren die Trauergäste fast noch zahlreicher: Freunde und Bekannte der Familie, alle mit Rang und Namen in Wirtschaft und Gesellschaft, waren anwesend. Sogar zwei Abgeordnete zum Nationalrat zollten der Familie Tulbach Respekt. Zwei von verschiedenen Parteien, denn Helmut gelang es stets, obwohl er guten Kontakt zu Politikern hatte, sich parteipolitisch nie einvernehmen zu lassen. Überall Blumen, Kränze, Bouquets.

Heinz flüchtet diesmal nicht. Das wollte er seiner Mutter nicht antun. Sie war die Person, mit welcher Heinz seit seiner Kindheit die engste Beziehung hatte. Sie war es auch, die seit seiner großen Enttäuschung die einzige war, der er vertraute. Diese Person war nun tot. Die Trauer über den Verlust war wie eine eiserne Klammer um sein Herz.

Es böte sich nun die Möglichkeit, die Gedanken von Heinz am offenen Grab seiner Mutter preiszugeben. Aus Gründen der Pietät – dem Leser sei's gedankt – wollen wir darauf mit Respekt verzichten.

Der geläufige Spruch, „Zeit heilt alle Wunden!“, kann nicht als heilbringende Wahrheit gelten. Mittels Sublimierung können einige seelische Verletzungen zwar durch andere Tätigkeiten zugedeckt werden und dadurch eine zeitweilige Betäubung der Schmerzen erwirken. Gänzlich verdrängen lassen sie sich aber nicht. – Denn eines steht fest: bei Heinz gelang es nicht!

Die Bereitschaft, sich durch besonderes Engagement im Unternehmen hervorzutun, zeitigte erstaunliche Erfolge. Auch die sportlichen Ambitionen, die Heinz in seiner, zugegeben kargen Freizeit, hatte, brachten ihm viel Anerkennung. Drogen- oder Alkoholexzesse waren für ihn tabu; keine geeigneten Mittel zur Leidensbekämpfung. Oft haderte er mit seiner religiösen Einstellung. Er wuchs in einer katholischen Familie auf, bekam von frühester Kindheit an religiöse Erziehung erteilt. Dadurch übernahm er, und das konnte man ihm als Kind nicht anlasten, die Vorstellung eines allwissenden, allmächtigen und uns Menschen liebenden Gottes.

Als er älter wurde, kamen ihm Zweifel an dieser Vorstellung.

Wie konnte es sein, dass so viel Unheil über schuldlose Menschen hereinbrechen konnte? Erdbeben, Lawinenabgänge, Überschwemmungen, wo war der uns liebende Gott, der kleine unschuldige Kinder, noch bevor ihr Leben richtig begann, nach entsetzlichen Qualen sterben ließ? Wo ist seine Allmacht, wo seine Liebe? Man hat mir gesagt, Gott will unseren Glauben prüfen. Warum will er das? Wenn er allwissend ist, kennt er ja den Ausgang die-

ser Prüfung im Vorhinein. Warum versteckt sich Gott vor uns?

Das Theodizee-Problem sollte Heinz sein ganzes Leben begleiten.

Nach dem Tod seiner Frau kreiste ein Problem in Helmuts Kopf:

Karin lebt hier bei uns in der Villa. Was passiert, wenn sie einen Mann kennenlernt? Ich kann ihr nicht verwehren, dass sie ihn dann hier ins Haus bringt. Das will ich aber eigentlich nicht. Einer, der sich vielleicht noch in geschäftliche Dinge einmischt. Nein. Karin hat mit ihrem Anteil am Unternehmen ein Mitspracherecht. Ein fremder Mann im Haus, nein. Das kann nur Schwierigkeiten bringen. Natürlich könnte Karin mit dem Mann auch in das Stadtappartement ziehen. Groß genug wäre es schon. Ich weiß nicht recht, – aber eine Lösung muss ich finden! Wie wäre es wohl, – vielleicht ist das absurd, vielleicht auch nicht – wenn Heinz Karin heiraten würde? Alles bliebe in der Familie. Die Tradition könnte fortbestehen. Ich muss mit Heinz darüber reden.

Am folgenden Tag unterbreitete Helmut seinem Sohn den Vorschlag. Heinz war einigermaßen verblüfft, schaute Helmut befremdet an und sagte mit fester Stimme: „Nein, Vater, nein, das geht doch nicht! Ich hoffe, du hast noch nicht mit ihr darüber gesprochen. Wie kann ich Karin heiraten? Selbst wenn das dein Wunsch wäre – das kann ich nicht! Sie ist die Witwe meines Bruders, vier Jahre älter als ich. Ich lieb sie doch nicht."

Damit war das Gespräch beendet.

Neben seinem geschäftlichen Einsatz besuchte Heinz, und das in letzter Zeit recht häufig, diverse sexuell einschlägige Etablissements, um sich etwas Entspannung vom Alltag zu gönnen. Hier konnte er, ohne sich amourösen Herzensangelegenheiten auszusetzen, sich mit Freudenmädchen vergnügen, oder was er darunter verstand. Geld spielte kaum eine Rolle; er hatte immer reichlich Bargeld zur Verfügung. Heinz war jung, gutaussehend, spendabel, und daher bei den Damen der Nacht gern willkommen. Allerdings beschwerten sich nach seinen Besuchen einige über sein Verhalten: seine virile Grobheit, seinen ungezähmten Jähzorn und die unflätigen Beschimpfungen fanden alle widerwärtig. Für Heinz waren all die Prostituierten bloß Huren, Nutten und Strichdirnen. Liebe und Geilheit vorgaukelnde Weiber. Abschaum. Für ihn bloß zur sexuellen Entspannung geeignet.

Helmut war mit dem Lernfortschritt und dem Geschäftsgebaren seines Sohnes sehr zufrieden. Durch eifriges Streben konnte sich Heinz in der Firma genügend Kenntnisse erwerben. Sein Umgang mit dem Personal war zwar nicht besonders freundlich, da ihn meist eine Portion Misstrauen begleitete, aber er war stets korrekt und zielorientiert.

Die Lebensweise von Heinz abseits des Unternehmens war nicht ganz nach Helmuts Wünschen.

Ich sehe ihn lieber in ruhigerem Fahrwasser. Seine abendlichen Ausritte sind für mich etwas beunruhigend. Wer weiß, mit welchen Personen er sich da trifft, mit welchen er sich auf dubiose Geschäfte einlässt? Und all die Weibergeschichten. Ich hoffe, er lässt sich nicht von einem Miststück über den Tisch ziehen. Es wäre besser, wenn Heinz eine Familie hätte. Ich bin nicht mehr der Jüngste. Werde ich noch mit einem Enkel spielen können?

Helmut war für Heinz immer ein Vorbild. Ein etwas zu strenger, kein wirklich liebevoller Vater, aber enorm erfolgreich als Geschäftsmann. Jemand, zu dem man aufschauen konnte. Ein Mann mit Handschlagqualität. Einer, der aus eigenem Antrieb, durch eigenes Streben mit recht wenig finanziellem Startkapital ein großes internationales Unternehmen geschaffen hatte. Der sein Kapital risikoreich einsetzte und nie verstehen konnte, dass ihm manche Menschen ob seines nun erwirtschafteten Vermögens neidig waren. Er bezahlte seinen Mitarbeitern vernünftige Gehälter. Allerdings nie übertrieben hohe, musste er doch immer mit seinen Produkten konkurrenzfähig bleiben. Die Mitbewerber schliefen nicht. Glücklicherweise gab es bei TULBA kaum jemals Streiks. Kampfmaßnahmen um höhere Gehälter waren für Helmut dennoch ein rotes Tuch.

Warum streiken diese Leute? Nur weil das Unternehmen diesmal sehr guten Profit gemacht hat? Es war auch unser Geld und Risiko, das wir eingesetzt haben. Die Arbeit verweigern, der Firma schaden, um gierig mehr zu fordern? So wenig bekommen die Leute doch nicht. Die Angestellten mögen sich überlegen, was geschehe, wenn alle Unternehmer plötzlich streikten. Alle Betriebe wären geschlossen. Niemand hätte Arbeit, niemand würde Gehalt bekommen. Wer könnte länger überleben? – Na also!

Wie viel Geld fließt doch jedes Jahr an Hilfsorganisationen? Wie viele Sportvereine und wissenschaftliche Institutionen werden von uns gesponsert? Wir lassen die Wirt-

schaft laufen, wir schaffen Arbeitsplätze. Warum sollte dabei für uns nicht ein guter Ertrag bleiben? Denkt nach, und hört auf, Neid zu schüren!

Es gelang Heinz den Schwung und das Feuer der geschäftlichen Vorgangsweise seines Vaters zu kopieren und oft sogar noch skrupelloser als sein Vorbild zu agieren.

Auf persönlicher Ebene gab es jedoch eine fast förmliche Distanz zwischen Vater und Sohn. Kaum ein liebevolles Wort, bloß kühle Anerkennung für gute Leistung. Kaum eine herzliche Berührung. Seltsamerweise fand Heinz mehr Zugang zu seiner Schwägerin als zu seinem Vater. Seit Karins Mutter vor einigen Monaten an Brustkrebs verstorben war, suchte Karin mehr und mehr den Kontakt zu ihrem jungen Schwager und er wurde so ihr Ansprechpartner im Haus. Oft saßen Heinz und Karin abends nach einem ereignisreichen Arbeitstag auf der Terrasse der Villa und plauderten über Gott und die Welt. Für Heinz war Karin, man könnte fast sagen, eine Art Muttterersatz. Mag sein, dass das etwas übertrieben ist, aber sie war eine der wenigen Frauen, die er nicht durch seine seelischen Wunden von Beginn an als moralisch minderwertig einschätzte. Jedenfalls hatten Karin und Heinz etwas gemeinsam: Sie hatten beide die Liebe ihres Lebens verloren.

Karin war religiös, tief gläubig. Katholikin, nicht bloß durch den Taufschein. Der Sonntag war für den Kirchgang reserviert. Heinz, im Gegensatz dazu, war zwar religiös erzogen worden, aber stets ein Zweifler, ein Agnostiker. In seinem tiefsten Herzen wahrscheinlich Atheist. Wenn es zwischen den beiden zum Thema Religion kam, fielen manchmal die Worte frei nach Goethes Faust: „Heinz, wie hast du's mit der Religion? Du hältst nicht viel davon?“

„Karin, ich will dir nicht dein Gefühl oder die Kirche rauben."

„Aber, Heinz, du musst daran glauben."

„Muss ich? Warum?"

„Wir Menschen brauchen Gott für unser Seelenheil. Heinz, gäbe es keinen Gott, dann müsste man ihn erfinden."

„Haben wir ihn nicht erfunden? Existiert er nicht nur in unseren Köpfen? Nicht Gott hat uns Menschen erschaffen, wir Menschen haben Gott erschaffen."

In diesem Punkt war bei bestem Willen keine Übereinstimmung zu erlangen. Für jeden Menschen ist sein Glaube Privatsache. Es muss nur auch die Meinung von Andersdenkenden respektiert werden.

Als ihr Schwiegervater einmal erwähnte, dass die Todesstrafe in manchen Fällen gerechtfertigt sei, empörte sich Karin so sehr, dass selbst Heinz nur halbherzig zur Verteidigung seines Vaters schreiten wollte.

„Helmut meinte doch nur, dass man jenen Verbrechern, die Kinder missbrauchen, Frauen vergewaltigen und umbringen, – ja, dass man diesen Bestien einfach die Menschenwürde aberkennen sollte. Sie sind Bestien, Tiere und daher nicht als Menschen einzustufen."

„Heinz, das kann ich nicht gelten lassen. Ein Mensch bleibt immer, ganz unabhängig was er getan hat, ein Mensch mit Würde. Meine Religion verbietet es mir, es anders zu deuten. Gott weiß schon, was er macht, wenngleich wir es oft als unergründlich empfinden."

Ähnliche Diskussionen wie diese fanden, wenn es ihr Zeitplan ermöglichte, abends auf der Terrasse bei einem Gläschen Wein statt. Sowohl Karin als auch Heinz bevorzugten einen lieblichen Weißwein aus der Wachauer Region.

Heinz hatte heute eine ermüdende Sitzung mit zwei Filialleitern hinter sich gebracht und freute sich nun auf etwas Ruhe zu Hause. Karin kam von einer Einkaufstour mit ihrer Freundin Barbara zurück. Barbara hatte Karin zum Kauf von zwei Kleidern der neuen Frühjahrskollektion überredet.

Als Heinz Karin mit ihren Paketen sah, ermunterte er sie, ihm die neuen Kleider vorzuführen. Nach kurzem Sträuben stimmte sie zu und ging auf ihr Zimmer, um sich umzuziehen. In der Zwischenzeit holte Heinz eine Flasche Wein aus dem Kühler und goss zwei Gläser ein. Karin kam auf die Terrasse zurück und trug ein luftiges Kleid, das ihre schlanke Figur perfekt zur Geltung brachte. Offensichtlich fühlte sie sich darin wohl, drehte sich einmal herum und fragte Heinz: „Na, wie gefällt es dir?“

Mit etwas kokettem Lächeln antwortete er: „Naja, nicht schlecht, ich glaub, das kann man so gerade noch durchgehen lassen.“

Dabei gab er ihr einen zarten Kuss auf die Wange, wobei er sinnierte:

Sie sieht in diesem Kleid großartig aus. Eine reife Frau. Super Figur. Ich glaub, sie wäre auch ohne Kleid begehrenswert!

Karin bedankte sich für das Kompliment. Sie nahm den Flirt an, sah Heinz in die Augen und prostete ihm zu.

Er ist so schön wie sein Bruder. Noch sehr jung; lebensfroh, vital und sexy.

Sie scherzten; tranken ein Gläschen, dann noch eins. Wärme durchströmte ihre Körper. Sie kamen sich ganz nah. Heinz berührte Karin sanft, küsste sie erst zärtlich, dann leidenschaftlicher, presste ungestüm seinen Körper gegen sie. Karin konnte seine Erregung spüren. Sanft schob sie Heinz von sich und sprach mit bebender Stimme: „Nein, Heinz. Nein! Ich kann das nicht. Ich kann nicht mit dir schlafen. Wir sind nicht verheiratet. Es wäre nicht richtig. Es wäre Unkeuschheit. Bitte verstehe!“

Sie löste sich von ihm und lief weinend in ihr Zimmer. Heinz stand betroffen da, akzeptierte aber ihren Entschluss und dachte:

Endlich eine Frau, die Prinzipien hat. Endlich eine, die nicht ihrem ungestillten Verlangen nachgibt. Schade, – aber sie hat meine Achtung!

Er nahm sein Handy, rief ein Taxi und fuhr noch spät abends in die Stadt.

Kaum einen Monat später geschah etwas Seltsames. Etwas Schleierhaftes, das bis heute nicht geklärt werden konnte. Heinz war für zwei Tage in Graz bei einer Firma, die eine neue Entwicklung im Maschinenbau vorstellte.

Karin wurde von einer Bekannten, die eine Boutique in der Innenstadt führte, zu einer Modeschau nach Mailand eingeladen und blieb dort drei Tage. In der Villa bei Wien waren nur Helmut und das Hauspersonal.

Edita, eine der Putzfrauen, kam am Morgen zu Helmuts Schlafzimmer und fand es verschlossen. Erst dachte sie sich nichts dabei, wurde aber, als es schon gegen Mittag ging, besorgt, denn der Seniorchef schlief normalerweise nie so lang. Sie klopfte erst behutsam, als keine Antwort kam, stärker. Wieder keine Reaktion.

Da stimmt etwas nicht. Ich muss Hilfe holen. Wo ist Karl?

Sie lief in den Garten und fand den Gärtner, der neben seiner Tätigkeit als Gärtner auch für kleine Reparaturen im Haus zuständig war. Es gab einen Hauptschlüssel, mit dem man notfalls, außer Helmuts Büro, alle anderen Zimmer öffnen konnte.

Karl öffnete die Schlafzimmertür und sah, dass Helmuts Pyjama am Boden lag. Das Bett war leer. Doch die Badezimmertür stand weit offen. Als Edita hineinsah, schreckte sie entsetzt zurück. In der Wanne lag Helmut, halb im Wasser versunken, offensichtlich tot. Ein Haarföhn, mit einem Verlängerungskabel verbunden, befand sich tief im Wasser.

Aufruhr in der Villa. Das gesamte Personal versammelte sich schreiend und gestikulierend in Helmuts Zimmer. Heinz und Karin wurden sofort verständigt. Karl rief Polizei und Hausarzt an. Doktor Grohbauer, der Hausarzt der Familie, konnte nur noch Helmuts Tod durch Stromschlag bestätigen – und Helmut wurde im Metallsarg weggebracht.

Erst Heinz und bald danach auch Karin kamen am Nachmittag zu Hause an. In der Zwischenzeit wurden die Hausangestellten von der Polizei einvernommen. Wie konnte es zu Helmuts Tod kommen? Niemand konnte dazu eine stichhaltige Antwort geben. Am wahrscheinlichsten schien ein Selbstmord zu sein. Doch dieser Theorie widersprach Heinz vehement: „Helmut besaß keinen Haarföhn. Er hatte schütteren Haarwuchs, und er wäre auch nicht so albern gewesen, einen Föhn in der Badewanne zu benutzen. Da stimmt doch etwas nicht! Seine Handy-Telefonate vom Vortag ergaben ja, dass er zwei Termine mit Geschäftspartnern vereinbart hatte. Warum sollte er das tun, wenn er die Absicht gehabt hätte, Suizid zu begehen? Vater war in letzter Zeit nie bedrückt. Das Geschäft lief gut. Nein, nein – da bin ich mir sicher –, es war kein Selbstmord!"

Aber was war dann tatsächlich geschehen? Niemand konnte sich von auswärts unbemerkt Zugang zur Villa verschafft haben. Das Personal schien loyal zu sein, es gab keinerlei Probleme. Helmut hatte, soviel bekannt war, keine Feinde. Vielleicht Konkurrenten. Aber es ist kaum denkbar, dass jemand zu einer derart drastischen Untat fähig gewesen wäre. Die Spurensicherung der Kriminalpolizei ergab keinen Aufschluss über ein Verbrechen.

Edita begann, als man ihre Fingerabdrücke nahm, zu weinen. Sie konnte es nicht verstehen, dass die Polizei sie, die nun schon mehr als zehn Jahre redlich für die Familie tätig war, als Schuldige verdächtigte.

Obwohl letztendlich von der Kriminalpolizei ein Mord nicht ausgeschlossen werden konnte, verliefen alle Untersuchungen ohne Erfolg.

Die Abendnachrichten mehrerer TV-Kanäle informierten die Zuseher in einer Spezialsendung über die Ereignisse in der Villa. Am nächsten Morgen prangten von den Headlines der Tageszeitungen:

„Mysteriöser Tod von Helmut Tulbach." „War es Selbstmord oder Mord?" „Mord an TULBA-Gründer?" „Helmut Tulbach ist tot! Zweifel an Selbstmord." Und so weiter, und so fort.

Chaos, nichts als Chaos herrschte in der Firma TULBA. Obwohl Helmut seinem Sohn einen Großteil der Organisation zugemutet hatte, war Helmut doch noch die kontrollierende Person im Unternehmen gewesen. Plötzlich war alle Last auf den Schultern von Heinz gelandet. Glücklicherweise kamen Heinz nun die mittlerweile erworbenen Managementerfahrungen zugute. Nun war er der Chef, der alleinige Chef des Unternehmens.

Als erste Maßnahme beauftragte er ein Unternehmen mit der Organisation der Bestattung. Er scheute dabei keine Kosten und ließ seinen Vater in der Familiengruft, in der schon sein Bruder und die Mutter ruhten, beisetzen.

Die Totenfeier, zu der alles was Rang und Namen hatte, erschien, glich einem Staatsbegräbnis.

In der Firma hatte er mehrere fähige Mitarbeiter, unter denen zwei als engste Vertraute hervortraten.

Im Finanzsektor war es Theodor Weller. Er war als Controller die graue Eminenz; schon jahrelang im Unternehmen, redegewandt und unnachgiebig, wenn es um die Eintreibung von Außenständen ging. Bei Neustrukturierungen hatte er ein gewichtiges Wort mitzureden.

Der zweite Mann war der Jurist Thomas Grobler, Tommi genannt. Wo immer es spitzfindige juristische Probleme zu lösen gab, war er das scharfsinnige Talent. Alle Verträge gingen über seinen Tisch. Auch er war am Board of Directors der Firma TULBA.

Karin war zwar bei vielen Meetings anwesend, hatte aber am operativen Geschäftsgeschehen keinen Anteil, da sie nur als stiller Teilhaber fungierte. Das sollte sich aber demnächst ändern.

Als Heinz abends im Bett lag, begann er zu grübeln:

Vater wollte doch immer, dass ich Karin heirate. Ich weiß nicht, ob das eine gute Idee ist. Sie ist ja ok, aber die große Liebe wäre das nicht. Gute Figur, schlank, sexy – naja, vermutlich ein wenig zu gehemmt. Religiös verzopft. Aber all ihre Anteile an der Firma würden durch die Familienbande gesichert werden. Ein wenig Ausgeglichenheit durch eine Familie, vielleicht mit Kindern, wäre auch nicht schlecht. Ich könnte morgen einmal anfragen, was sie davon hält. Ich muss noch darüber schlafen.

Tags darauf, beim Frühstück, nahm sich Heinz ein Herz und sagte ohne Umschweife zu Karin: „Was hältst du davon, wenn wir heirateten?"

Karin schaute verwundert, sie traute offensichtlich ihren Ohren nicht.

„Wie, heiraten? Wir zwei? Einander heiraten?", stammelte sie.

„Ja, ich dachte, das ist eine gute Sache. Was hältst du davon? Willst du mich heiraten?"

„Heinz, das kommt überraschend. Wie kommst du darauf? Ich bin völlig platt. Lass mich darüber nachdenken – ich bin … ich bin perplex."

„Ja, denk nach; gib dir Zeit. Ich möchte mit dir eine Familie gründen."

Karin war völlig außer sich. Sie begann einerseits zu zweifeln, andererseits war sie freudig erregt. Sie vergrub sich in ihrem Zimmer und grübelte den ganzen Nachmittag.

Was soll ich machen? Ich bin fertig. Das alles kam so plötzlich. Ja, er ist ein fescher junger Mann. Sportlich. Attraktiv. Voll Energie. – Aber mein Schwager! Ist es recht, dass ich mich mit ihm einlasse? Was werden die Leute sagen, werden sie es richtig finden?

Ich mag ihn sehr. Er kann charmant sein; seine Ausstrahlung erzeugt Schmetterlinge in meinem Bauch. Er lässt mich nicht kalt. Mein Herz sagt JA.

Abendessen wurde auf der Terrasse serviert. Es war ein lauer Frühlingsabend. Heinz saß schon bei Tisch, als Karin kam. Bevor sie sich setzte, trat sie nah an Heinz heran, schaute ihm in die Augen und sagte mit fester Stimme:

„Ja, ich will. Heinz ich will dich heiraten!“ – und gab ihm einen zärtlichen Kuss.

Dieser Kuss war für Karin das Zeichen einer Verlobung; mehr nicht. Sie bestand weiterhin darauf, vor der Hochzeit keusch zu bleiben.

Da eine persönliche Abwicklung wegen der geschäftlichen Verpflichtungen von Heinz ausgeschlossen war, übergaben sie das ganze Projekt einer Organisation für Hochzeitsplanung. Termin und Ablauf wurden somit penibel koordiniert.

Um die zivilrechtliche Gültigkeit zu erlangen, wurde vorerst der Tag der standesamtlichen Trauung festgesetzt. Dann ging es um die Wahl der Kirche. Dazu muss gesagt werden, dass Karin, die ja praktizierende Katholikin war, auf eine kirchliche Heirat bestand. Nach einigen Überlegungen, bei denen sie auch Stift Klosterneuburg in Erwägung zog, entschied sich Karin für Stift Dürnstein in der Wachau, weil sie die romantische Lage dieses Stifts besonders liebte.

Die nächste Aufgabe war – und damit haderte Heinz lautstark – dass sie vor der Trauung gemeinsam ein Eheseminar besuchen mussten.

Blauer Himmel, windstill, überall Blumen. Der Tag der Hochzeit konnte nicht besser sein. Am Vormittag fand die Trauung am Standesamt statt. Viele, viele Gäste aus Wirtschaft und Politik waren anwesend.

Das Barockstift Dürnstein strahlte im Sonnenlicht. Karin im weißen Brautkleid, wunderschön; Heinz im Smoking, äußerst elegant. Das Brautpaar wurde am Kirchenportal empfangen. Einzug in die Kirche. Orgelmusik. Die Trauung selbst war in einem vollen Gottesdienst mit Eucharistiefeier integriert. Auf die zahlreichen Fragen des Priesters waren Karin und Heinz gut vorbereitet und antworteten jeweils mit lautem JA. Die Ringe wurden gegenseitig angesteckt und anschließend bestätigten zwei Trauzeugen das vom Brautpaar geleistete Sakrament.

Im Stiftshof fand die Agape statt, wobei man den Frischvermählten alles Gute für das gemeinsame Eheleben wünschte. Bei kleinem Imbiss und Sekt kam rasch eine lockere und fröhliche Stimmung auf. Für die geladenen Gäste war der große Saal im nahegelegenen Hotel geschmückt.

Bevor es zur Abendveranstaltung ging, begab sich das Brautpaar auf ihr Zimmer ins Hotel, um sich frisch zu machen. Karin schaute in den Spiegel und überlegte:

Wir sind jetzt verheiratet! Haben wir das Richtige getan? Was wird die Zukunft für uns bereitstellen? Wird es uns gelingen, eine glückliche Familie zu werden? Ich möchte das so gerne, ich möchte Kinder haben.

Heinz schlüpfte aus seinen Schuhen. Ihn quälte immer noch die Narbe, die er als unangenehmes Andenken vom Bundesheer erdulden musste. Im Minenfeld seiner Gedanken versuchte er Gefahren zu vermeiden:

Ich bin verheiratet! Nun ist Vaters Wunsch erfüllt. Wird die Ehe funktionieren? War es vernünftig, meine Schwägerin zu heiraten? Die große Liebe ist's ja nicht, wenn ich daran denke, wie verliebt ich schon einmal war. Aber das ging dann auch nicht gut. Vielleicht geht es mit etwas weniger Emotionen besser.

Der Abend im großen Saal des Hotels wurde zum vollen Erfolg. Es gab Ansprachen von den Trauzeugen, das Essen war vorzüglich, die Hochzeitstorte wurde vom Brautpaar angeschnitten. Es wurde getanzt, gescherzt, getrunken und viel gelacht. Je später es wurde desto heiterer wurden die Gäste. Alle unterhielten sich ausgezeichnet.

Es war vereinbart, dass sich das frisch vermählte Brautpaar um Mitternacht zurückziehen würde; den Gästen blieb es aber frei, bis zum Morgen zu feiern.

Karin und Heinz verabschiedeten sich kurz nach Mitternacht unter fröhlichen Glückwünschen von den Gästen und begaben sich auf ihr Zimmer.

Als sie den Raum betraten, befiel beide eine seltsame Stimmung. Es war ihre Hochzeitsnacht! Karin, die schon lange enthaltsam lebte; Heinz hingegen, mit aller Erfahrung seines Junggesellenlebens.

Was wird Heinz von mir erwarten? Werde ich ihm alles geben können, was er sich wünscht? Es ist lange her, dass ich einen Mann neben mir hatte.

Trotz beträchtlicher Nervosität von beiden bereitete das gegenseitige Entkleiden, gefolgt von zärtlichen Küssen, keine großen Probleme.

Karin ist schön; sie hat einen geilen Körper. Sie hat mich lange warten lassen. Hoffentlich passt alles. Endlich, – sie kann meine Erregung sehen, spüren.

Sie hatten einen aufregenden Tag durchlebt und waren angenehm müde, wie nach einer glücklich vollbrachten Anstrengung. Doch das Verlangen duldete nun keinen Aufschub und endlich fielen alle Hemmungen.

Die Nacht war lang, der Schlaf kurz. – Und Heinz merkte, dass Karin schon lange keinem Mann beigewohnt hatte.

Karin und Heinz verbrachten noch drei Tage in trauter Zweisamkeit in der Wachau. Dann hieß es für Heinz, wieder die tägliche Arbeit im Unternehmen aufzunehmen. Glücklicherweise hatte er die graue Eminenz, Theo Weller, im Betrieb.

Theo, der sich schon unter Vater Helmut im Unternehmen hochgearbeitet hatte, war für Heinz ein enger Vertrauter, ein wichtiger, harter Verhandler, der auch neben den Firmeninteressen sein persönliches Vermögen stets zu vermehren verstand. Er hatte die Gabe, seine Position, man könnte fast sagen, rücksichtslos auszunutzen. Dadurch gelang es ihm, in relativ kurzer Zeit, enormen Besitz anzuhäufen.

Karin erfreute sich ihres jungen Ehelebens. Sie nahm Unterricht bei einem Tennislehrer und war dann oft mit Freundinnen zu einem Spiel verabredet. Da sie ein Pferd besaß, genoss sie es, zweimal pro Woche einen Ausritt zu machen. Ihre große Sehnsucht war aber, eine Familie zu gründen. – Und bald sollte dieser Wunsch Früchte tragen.

Seit einigen Tagen fühlte sie sich in der Früh recht übel. Doktor Grohbauer untersuchte sie, konnte keine körperlichen Gebrechen feststellen, riet ihr aber zu einem Schwangerschaftstest.

Und, voila! – Der Test war positiv.

Ich werde Mutter, werde ein Kind haben. Ich habe immer schon von einer Familie geträumt. Ich bin so glücklich!

Karin konnte es kaum erwarten, Heinz die wunderbare Neuigkeit zu verkünden. Als Heinz am Abend nach Hause kam, fiel sie ihm in die Arme und flüsterte: „Ich habe eine Überraschung für dich: Ich werde ein Baby bekommen. Heinz, wir werden Eltern!"

Heinz küsste Karin zärtlich und war sichtlich über diese Nachricht erfreut. Er holte eine Flasche Champagner aus dem Kühler und goss zwei Flöten ein, um das überraschende Ereignis zu feiern.

Super Sache. Ein Stammhalter ist unterwegs; und Karin wird eine große Aufgabe mit ihrem neuen Spielzeug haben.

Hoffentlich weiß sie, was da auf sie zukommt. Ich glaube, sie wird das ganz gut schaffen.

Also, im Hause Tulbach war Nachwuchs angekündigt.

Doch drei Wochen später ereignete sich das Unerwartete: Karin verspürte ein schmerzhaftes Ziehen im Unterbauch. Krämpfe plagten sie. Plötzlich waren ihr Kleid und die Strümpfe in Blut getränkt. Sofort wurde Doktor Grohbauer gerufen und ein Krankenwagen brachte Karin ins Spital. Der Embryo war abgegangen.

Laut der Aussage des Gynäkologen im Krankenhaus sei bei vielen Frauen die Art von Arbortus incipiens nichts Ungewöhnliches. Eine genaue Untersuchung von Karin zeigte auch keinen unmittelbaren Grund, warum es zum frühen Abortus gekommen war.

Bei Karin und Heinz war jedoch die Enttäuschung riesengroß. Hatten sie sich doch so sehr auf ein Kind gefreut. Tristesse und Verzweiflung machte sich breit.

Heinz haderte mit Gott:

Warum lässt du mich so leiden? Warum fügst du mir immer Wunden zu? Warum quälst du mich immer? Du bist ein Sadist! Theo meint, du weißt immer, was für uns Menschen gut ist, auch wenn wir es nicht gleich verstehen. Tut mir leid – ich versteh es nicht!

Karin konnte, obwohl sie verzweifelt war, nicht Gott für den Schicksalsschlag verantwortlich sehen. Die Hand des Schicksals hatte zugeschlagen!

Ich will, ja, ich möchte so sehr Mutter werden. Vater im Himmel, sieh mein Verlangen nach einem Kind. Du sagtest doch: „... seid fruchtbar und mehret euch." Bitte, gib mir diese Gelegenheit.

Ein Jahr später bekam sie tatsächlich diese Gelegenheit.

Nach einer Urlaubsreise mit Heinz bemerkte sie, dass sie wieder schwanger war. Aber auch diesmal war die Schwangerschaft nicht von Erfolg gesegnet. Wie zuvor kam es zur frühen Fehlgeburt. Dieses Ereignis zehrte an Karins Nerven. Sie wurde wegen Nichtigkeiten rasch gereizt, war übel gelaunt und brach mit Heinz immer wieder einen Streit vom Zaun. Heinz hatte für ihre unleidlichen Launen kein Verständnis.

Was glaubt denn diese streitsüchtige Xanthippe, was sie sich alles herausnehmen kann? Wenn sie glaubt, mit mir einen Krieg austragen zu müssen, – na gut, dann ist sie wohl an den Falschen gelangt. Blöde Tussi!

Und beinahe wäre es zu Handgreiflichkeiten gekommen. Ihre Gefühle zueinander waren mit einem Male am Tiefstand.

Man möchte es nicht glauben, aber in den folgenden Jahren vollzog sich die Tragödie der Fehlgeburten noch weitere zwei Mal. Doktor Grohbauer riet ihr aus Gesundheitsgründen davon ab, noch weitere Schwangerschaften zu provozieren. Aber Karin bestand hartnäckig darauf, es nochmals zu versuchen.

Ich will dieses Kind. Ich will, ich will! Koste es, was es wolle. Ich bin eine Frau. Warum soll ich auf die Mutterschaft verzichten?

Als Karin nicht von ihrem Vorhaben abzubringen war, gab ihr Doktor Grohbauer strenge Anweisungen: „Falls Sie wieder schwanger werden sollten, dann keinesfalls Tennis spielen, reiten, Alkohol trinken. Kein Geschlechtsverkehr!"

Karin war beharrlich. Sie rief Heinz an, egal, wo er sich gerade befand, erwähnte ihren gerade stattfindenden Eisprung und bestellte ihn sofort nach Hause, um seine Pflicht zu erfüllen. Und tatsächlich wurde sie wieder schwanger; diesmal zum fünften Mal.

Doktor Grohbauer ordnete an, dass, falls Karin ihr hartnäckiges Ziel erreichen wolle, sie sich sofort ins Krankenhaus zu begeben habe. Er wollte kein Risiko mehr eingehen. Karin wurde in einer Spezialklinik aufgenommen. Zur Bekämpfung der habituellen Aborti begannen die Ärzte mit einer Kombinationstherapie und wiesen absolute Bettruhe für sie an. Diese Maßnahme schien endlich erfolgversprechend, denn der Embryo wurde nicht abgestoßen.

Der Fötus wuchs heran, wurde größer und größer. Wochen und Monate vergingen. Karin befolgte den Rat der Ärzte. Sie blieb meist in ihrem Bett; sie wollte, dass es diesmal gelingen möge. Das Kind begann sich in ihrem Leib zu bewegen. Durch Ultraschall wurde ersichtlich, dass es ein Mädchen werden würde. Heinz war davon nicht so sehr begeistert; er hätte sich lieber einen Stammhalter gewünscht.

Naja, schade, dass es kein Bub werden wird. Ich hätte mir schon einen strammen Burschen gewünscht. Leider kein

Nachfolger fürs Unternehmen. Was kann man machen? Ich muss es so nehmen, wie es ist. All die Mühe umsonst.

Heinz war in den besten Mannesjahren. Voll im Saft, wie man so sagt. Durch Karins schwierige Schwangerschaft und infolgedessen gleichzeitigem Spitalaufenthalt fehlte ihm der eheliche Körperkontakt. Mönchische Abstinenz war nicht sein Ding. Bei Befriedigung durch einschlägige Seiten im Internet fehlte Heinz die sinnliche Berührung der weiblichen Haut.

Wie schon vor einigen Jahren schaffte er sich Abhilfe mit einem Besuch in einem Laufhaus. Beim Eingang klebten die Fotos von hübschen jungen Mädchen, meist aus Asien oder dem europäischen Osten. Bei jedem Foto eine Zimmernummer und über den Zimmertüren ein rotes oder grünes Licht. Je nachdem, ob sich drinnen ein Kunde befand oder das Mädchen frei war.

Heinz verabscheute die Frage: Eine halbe Stunde oder eine Stunde? Dann wurde das „Menü“ vorgetragen. Geld war kein Problem. Alles nicht gerade romantisch. Es half Heinz auch nur für kurze Zeit.

Es war Winter. Jänner, kalt, saukalt, die Straßen schneebedeckt. Seit dem Tod seiner Frau lebte Karins Vater in seiner großen Penthouse-Wohnung allein in der Innenstadt. Dort fand man ihn, nachdem er einige Tage kein Lebenszeichen gegeben hatte, leblos am Boden liegend. Der Arzt stellte Herzinfarkt als Todesursache fest.

Karin, zu dieser Zeit hochschwanger und noch in Spitalsbetreuung, war völlig niedergeschlagen, als sie die traurige Nachricht erhielt. Heinz übernahm die Aufgabe zur Ausrichtung des Begräbnisses.

Doktor Grohbauer wollte Karin nicht verwehren, am Begräbnis ihres Vaters teilzunehmen und besprach sich daher mit den Spitalsärzten, unter welchen Bedingungen sie bei der Beerdigung dabei sein könnte. Sie wollten nun absolut kein Risiko mehr eingehen und kamen überein, dass man Karin im Rollstuhl führen werde. Und so geschah es, dass Karin in dicken Wolldecken gehüllt von ihrem Vater Abschied nahm.

Kaum einen Monat später war es dann so weit.

Eine Hausgeburt, wie Karin sich wünschte, wurde von den Ärzten kategorisch abgelehnt. Man wollte das Risiko so klein wie möglich halten. Die Niederkunft verlief, wenn man Karins zahlreiche Schwangerschaftsprobleme in Betracht zieht, recht unspektakulär. Am frühen Morgen wurde im Kreissaal ein gesundes Mädchen entbunden.

Heinz war bei der Geburt nicht anwesend; er hatte einen Geschäftstermin in Linz, den er aus welch immer Gründen nicht verschieben konnte oder wollte.

Einige Tage darauf konnte Karin das Spital mit dem Neugeborenen verlassen. Heinz kam die beiden abholen und sah nun zum ersten Mal seine Tochter.

Eigentlich recht lieb, die Kleine. Ein bisschen runzelig im Gesicht. Die winzigen Finger zur Faust geballt. Süß! – Nur schade, dass es kein Bub ist.

In der Villa hatte Heinz schon einen separaten Raum für Karin und das Mädchen mit babygerechter Ausstattung herrichten lassen. Er wollte keineswegs mit dem Neugeborenen im selben Zimmer schlafen.

Es ist besser so. Ich will das Kindergeschrei nicht in meinem Zimmer haben. Wie soll ich da schlafen, wenn ich am Morgen einen wichtigen Termin habe? Alles, was recht ist, aber Karin wollte das Kind so sehr, also soll sie auch damit zurechtkommen.

Nach einigen Tagen fand in der nahegelegenen Kirche die Taufe für die Kleine statt. Man hatte sich zuvor schon auf den Namen Maria geeinigt. Den Namen zur Ehre der Gottesmutter fand Karin passend, und Heinz war das ziemlich egal.

Karin war im siebenten Himmel vor Glück mit ihrem Mädchen. Sie lud ihre Freundinnen ein, die sie schon seit einiger Zeit nicht mehr bewirten konnte und zeigte ihnen voller Stolz das Baby. Die Kleine wurde mit Geschenken überhäuft, geküsst und zärtlich gedrückt. Karin schien zufrieden und ausgeglichen zu sein. Allerdings; die Eheprobleme, die sie mit Heinz hatte, drangen nicht nach außen. Noch nicht. Immer wieder gab es Zwistigkeiten zwischen ihnen, die sich nun durch die Ankunft des Kindes noch verstärkten. Jede Kleinigkeit führte zum Streit und endete meist mit Beschimpfungen und Zuknallen der Türe. Karin verstand es immer wieder, durch Vortäuschen von Übelkeit den ehelichen Koitus zu vermeiden. Als Heinz diesen einmal rücksichtslos einforderte, gab sie sich ihm gleichgültig hin, worauf Heinz wutentbrannt Bett und Zimmer verließ.

Was ist los mit diesem Miststück? Meckert wegen jedem Schmarren und spielt auf Lady-rühr-mich-nicht-an. Sie macht mich wütend. Sie kann gleich aus dem Haus verschwinden.

Am nächsten Tag überlegte Karin wie sie das Zusammenleben mit Heinz gestalten könnte.

Es tut mir leid, aber mir fehlt jegliche Lust auf Sex. Mein Verlangen nach ihm ist nicht vorhanden. Wir streiten stets, meine Libido ist dahin. Ich kann und will nicht mehr mit ihm schlafen.

Diese Gedanken trug sie Heinz vor und bat ihn, das zu respektieren. Hier hatte sie sich allerdings in Heinz geirrt. Zornesröte stieg in sein Gesicht, und er schrie sie wütend an: „Okay – Dann verschwinde aus der Villa! Zieh in die Stadt, ins Appartement deines Vaters, und, und – nimm gleich deinen Bankert mit."

Er warf ihr noch ein „Blöde Kuh" hinterher, welches sie aber nicht mehr hören konnte, da sie schon zur Türe hinaus war.

So geschah es, dass Karin und Heinz von nun an getrennt lebten. Karin mit der kleinen Maria in der Stadtwohnung und Heinz allein in der Villa.

Für Karin gab es keine Scheidung. Es galt die klare katholische Ansage: Das Sakrament der Ehe, das vor Gott geschlossen wird, kann nur durch den Tod eines Partners aufgelöst werden. Was Gott zusammengefügt hat, das kann der Mensch nicht trennen.

Heinz war das völlig egal. Zumindest zu diesem Zeitpunkt. Er war mit allerlei Problemen, die sich in der Firma ergaben, voll beschäftigt. Das bedeutete, dass er wieder reichliche Reisetätigkeit zu Filialen und Geschäftspartnern in seinem Programm hatte.

Im folgenden Winter war ein Meeting mit thailändischen Geschäftsleuten in Bangkok auf dem Terminkalender von Heinz. Seine Sekretärin buchte Flug und Hotel für ihn und für Thomas Grobler. Die Thais schätzten das technische Wissen, das das Unternehmen TULBA bieten konnte, und Heinz war darauf aus, dieses Know-how so teuer wie möglich bereitzustellen. Zu diesem Zweck war auch Tommi Grobler mitgekommen, um die Verträge rechtlich wasserdicht aufzusetzen.

Als sie nach langem Flug am Flughafen in Bangkok landeten, streckte Heinz seine müden Beine aus und genoss die warme Luft, die ihm entgegenströmte. Doch schon nach kurzer Zeit brachte ihn die ungewohnte Hitze, sie waren ja bei Temperaturen um den Gefrierpunkt von Wien abgeflogen, mächtig ins Schwitzen. Zum Glück hatte die Limousine, die sie zum Hotel brachte, eine gut eingestellte Klimaanlage.

Bei ihrer Ankunft im Hotel wurde ihnen von einer Empfangsdame je ein Glas Orangensaft dargeboten und nach einem Wai, der landesüblichen Respektbezeugung, ein Kettchen aus Jasminblüten umgehängt. In ihren luxuriösen Suiten konnten sie sich vom sechsstündigen Jetlag erholen, bevor sie am kommenden Tag ausgeschlafen zu den Verhandlungen mit den thailändischen Geschäftsleuten fuhren.

Die Vereinbarungen nahmen zwei volle Tage in Anspruch und man konnte letztendlich betonen, dass mit dem Ergebnis beide Partner sehr gut leben konnten. Die Verhandlungen waren ein voller Erfolg.

Tommi war nicht zum ersten Mal in Bangkok und kannte sich in der Stadt sehr gut aus. Heinz und Tommi kamen überein, dass sie vier Tage in Krung Thep, wie die Thais ihre Hauptstadt nennen, anhängen wollten.

Tommi wollte Heinz so viel Originelles wie möglich von der Stadt zeigen und stoppte an der Straße per Handzeichen eines dieser Songthaews, jenes mit zwei Sitzreihen ausgestattet offenes Fahrzeug, das sie und andere Passagiere zum Mae Nam Chao Phraya, dem breiten Fluss, brachte, der träge Bangkok durchfließt. Sie setzten mit einem lauten Longtail-Boot über den Fluss und stiegen beim imposanten Tempel Wat Arun aus.

Am Flussufer, in einem kleinen Kahn, saß ein alter Mann und bereitete Suppe zu, die er dann einem Kunden servierte. Tommi wollte Heinz die Gelegenheit bieten, einmal die schmackhafte Thaisuppe zu probieren, und war schon im Begriff, eine Schale davon zu ordern, als er sah, wie der alte Mann seine Kelle in das braune Flusswasser tauchte und den Suppentopf damit nachfüllte.

Nein, danke – das war‘s dann wohl.

Nach dem Besuch des Tempels setzten sie wieder zurück über den Fluss und Tommi winkte zum Spaß einen Tuk-Tuk-Fahrer herbei. Nach einigem Feilschen um den Fahrpreis brachte der Fahrer die beiden Falangs, wie die Thais die europäischen Touristen bezeichnen, zu einem von ihnen gewünschten Restaurant.

Schon etwas hungrig, bestellten sie Tom Yam Gai, eine scharfe Hühnersuppe, und anschließend gebratenen Reis mit Garnelen. Um die Schärfe der Speisen zu mildern, bestellten sie thailändisches Bier, das ihnen in kleinen Flaschen, die von Styroporhüllen ummantelt waren, serviert wurde.

Bald waren Hunger und Durst gestillt.

Als sie das Restaurant verließen und sich wieder ins Gewirr der Straßen begaben, wurde ihre Aufmerksamkeit durch einen Tumult in Bann gezogen. Eine kreischende

Thai-Frau wurde an den Haaren von einem Europäer zu Boden gerissen und wild geohrfeigt. Im Nu bildete sich eine Schar von Neugierigen, von denen aber niemand bereit war, den Mann zu stoppen. Die Freundin der Frau, die Abstand von diesem Gewalttätigen hielt, telefonierte mit ihrem Handy. Offensichtlich mit der Polizei, denn rasch traf ein Streifenwagen ein, aus dem zwei Uniformierte stiegen.

Sie zogen den Mann von der verletzten Frau weg und der eine Polizist legte ihm Handschellen an, während der zweite der Frau vom Boden aufhalf.

Tommi, der nahe am Geschehen war, hörte, wie der Europäer dem Polizisten auf Englisch erklärte: „Sie ist meine Frau. Sie hat mich betrogen und mich vor ihrer Freundin lächerlich gemacht. Würden Sie das von Ihrer Frau akzeptieren?"

Der Polizist antwortete nicht, rief aber etwas zu seinem Kollegen in Thai, der daraufhin die Frau abführte. Tommi stand nah genug, um zu hören, was der Polizist leise zum Europäer sagte, während er ihn von den Handschellen befreite.

„Hau ab – verschwinde! Nächstes Mal, tragt euren Streit zu Hause aus!"

Tommi blickte zu Heinz und erwähnte: „Normalerweise, wenn es zu Konflikten zwischen Europäern und Thais kommt, ist immer der Falang, also der Europäer, jener, der zahlt. Der Europäer wird immer als der Reiche, der viel Geld hat, eingestuft. Bei uns zu Hause wäre dieser Typ nicht so einfach davongekommen. Aber das ist Thai-Mentalität: ja nicht das Gesicht verlieren! Einen Mann darf man in Thailand nicht in seiner Ehre kränken, selbst wenn er ein Ausländer ist."

Tommi führte Heinz nun zum Königspalast. Schon von Weitem konnten sie die goldene Kuppel des großen Wat Phra Kaeo sehen. Heinz war von der üppigen goldenen Pracht überwältigt. Mit zahlreichen anderen Besuchern gelang es ihnen, nach einiger Zeit Zutritt zu erlangen. Bevor sie den Wat Phra Kaeo betreten konnten, mussten sie beim Eingang ihre Schuhe ausziehen. Im Inneren thronte der kleine Smaragd-Buddha, das größte Heiligtum in Bangkok.

Heinz war von der tiefen Religiosität der Menschen beeindruckt.

Auch Wat Pho mit dem riesigen liegenden Buddha war auf ihrem Programm. Sie folgten dem Brauch der Thais und zündeten Räucherstäbchen an.

Am Abend zeigte Tommi Heinz ein Bar-Center und weihte ihn in die dort herrschenden Gepflogenheiten ein.

„Vorsicht, Heinz, die schönsten Frauen hier sind oft gar keine Frauen, das sind Kathoeys, das heißt Männer, die zu Frauen operiert oder oft nur als Frauen hergerichtet sind. Wunderschön, großgewachsen und sexy. Also Vorsicht! Nun, Heinz, wenn du eines der Barmädchen für die Nacht mit ins Hotel nehmen willst, dann musst du der Bar eine Auslöse bezahlen. Dem Mädchen bezahlst du vorab nichts. Du kannst sie über alle vier Tage behalten, falls sie dir gefällt. Ein paar Drinks oder Kleinigkeiten kannst du ihr schon zukommen lassen. Abgerechnet wird erst am letzten Tag.“

An der Bar hatten sowohl Tommi als auch Heinz bald ein Mädchen neben sich sitzen. Die Mädchen stellten sich vor und fragten in holprigem Englisch nach den Namen der Männer. Heinz bestellte Getränke für alle. Das Gespräch war ziemlich eingeschränkt, da Heinz kein Wort Thai konnte und wenn er Englisch sprach, das Mädchen ihn mit ihren großen Augen ansah, aber offensichtlich kaum etwas davon verstand. Sie nannte sich Meo und war erst vor einigen Tagen vom Isaan, dem wirtschaftlich armen Nordosten von Thailand, an die Bar nach Bangkok gekommen. Sie versicherte Heinz, dass er der Sexy-Mann-Nummer-Eins sei, wobei sie mit zärtlichem Streicheln seiner Arme die sprachlichen Defizite wieder wettmachte.

Heinz war von ihrer kindlich naiven Art fasziniert. Sein Entschluss, sie heute mitzunehmen, fiel recht schnell. Er bezahlte die Auslöse an der Bar, nahm ein Tuk-Tuk und auf ging's ins Hotel.

Im Zimmer wurde Heinz von Meo mit all ihrer weiblichen Raffinesse verwöhnt: sie wusch ihn, massierte ihn und küsste zärtlich seinen ganzen Körper. Es war schon zu lange her, dass sich Heinz so begehrt als Mann gefühlt hatte. Wie unterschiedlich war doch dieses Gefühl zu dem, was cr von dcn Etablissements in Wien gewohnt war. Die Nacht war für ihn zauberhaft. Daher beschloss er, Meo für seine verbleibenden Tage in Bangkok bei sich zu behalten.

Doch diese Tage vergingen viel zu schnell. Heinz entlohnte Meo fürstlich. Sie begleitete Heinz noch zum Flughafen, wo es zu einem tränenreichen Abschied kam. Sie hatte sich, so schien es, in Heinz verliebt. Ob wahr oder fehlerfrei gespielt, wer mag das schon beurteilen? Im Beisein von Tommi war Heinz die Szene recht peinlich. Allerdings war auch Heinz sehr gerührt und hätte am liebsten Meo mit nach Hause genommen, aber das ging dann doch nicht. Schließlich war er noch verheiratet, und die Pflicht rief ihn zurück zu seinen Aufgaben im Unternehmen.

Tommi warnte Heinz noch eindringlich, Meo kein Geld zu überweisen, denn er kannte die Schlauheit der Thaimädchen, die mit allen erdenklichen Mitteln die – sagen wir es ehrlich – unbedachte Verliebtheit der Männer auszunützen imstande sind.

Ob Heinz seinem Rat Folge leistete, erfuhr Tommi nie.

Lilly Blockfeld war Mitbesitzerin von zwei noblen Haute-Coiffeur-Salons in der Innenstadt. Einer wurde von ihrem Cousin Peter geführt, im anderen arbeitete sie selbst. Beide Salons waren sehr geschmackvoll eingerichtet; richtig elegant. Der zweite Besitzer war Lillys Verlobter Alfred, der den Großteil an Kapital beisteuerte, aber nicht im Unternehmen selbst mitarbeitete. Alfred hatte es nämlich durch einen mehrjährigen Vertrag mit einem Bauunternehmen in Saudi-Arabien, in dem er als Bauleiter beschäftigt war, zu erklecklichem Wohlstand gebracht, der ihm ermöglichte, mit Lilly diese zwei Friseurgeschäfte zu finanzieren. Seine Tätigkeit in Saudi-Arabien erforderte oft eine monatelange Anwesenheit vor Ort. Alfred hätte Lilly gerne in seiner Nähe gehabt, aber er wollte Lilly nicht der restriktiven Situation in Arabien aussetzen, denn er fand, dass es kein guter Platz für freiheitsliebende Frauen sei. Alfred befand sich diesmal schon vier Monate bei den Saudis und sein Heimaturlaub war erst in drei Monaten zur Weihnachtszeit vorgesehen.

Wenn Heinz in Wien war und wieder einmal einen Haarschnitt nötig hatte, war der Salon in der Stadt seine erste Wahl. Und so geschah es auch diesmal. Da er Stammkunde und bekannt war, begrüßte Lilly ihn persönlich: „Guten Tag, Herr Tulbach. Schon länger nicht gesehen. Bitte setzen Sie sich. Wie üblich: waschen und schneiden?“

„Ja. Sie wissen ja, wie ich's gerne hätte. Nicht zu kurz; – und die Augenbrauen können Sie dann auch gleich kürzen."

Heinz setzte sich in den Stuhl und lehnte sich zurück. Lilly begann sein Haar zu waschen, wobei sie mit ihren Fingerspitzen mit festem Zugriff seine Kopfhaut massierte. Er schloss die Augen.

Hmmm. Wie angenehm das ist. Das könnte sie stundenlang machen. Überall.

Heinz genoss ihre Berührung. Sein Wohlbefinden drückte er so offensichtlich aus, dass Lilly schmunzeln musste. Mit Smalltalk und Scherzen bekam Heinz seinen Haarschnitt und betrachtete Lilly dabei im Spiegel.

Hübsches Gesicht, üppige Brüste, gute Figur. Schöne lange blonden Haare. Wahrlich, eine attraktive junge Frau.

Von einem früheren Besuch im Salon wusste Heinz von ihrer Beziehung zu ihrem Partner in Saudi-Arabien. Er fand es schade, dass so eine hübsche Frau so lange allein sein musste. Daher fasste er sich ein Herz und überlegte:

Man kann doch fragen, – oder?!

„Sagen Sie, Frau Lilly", Heinz kannte ihren Familiennamen nicht, „haben Sie nicht Lust, mit mir am Sonntag Abendessen zu gehen? Ich kenn da ein recht nettes italienisches Lokal."

Lilly war von diesem Angebot überrascht. Sie rechnete nicht damit, von einem so bekannten Mann, wie es Herr

Tulbach nun war, eine Einladung zum Essen zu bekommen. Da sie aber nichts Wichtiges vorhatte, überlegte sie nicht lange und sagte zu. Heinz schlug vor, dass er Lilly am Sonntag per Taxi von zu Hause abholen kommt. Sie stimmte zu und gab ihm ihren vollen Namen, Adresse und private Telefonnummer.

Es war Sonntag. Heinz kam per Taxi und stand pünktlich vor Lillys Tür. Unter den Türschildern des Mehrfamilienhauses fand er ihren Namen: Lilly Blockfeld. Bevor er noch läuten konnte, öffnete sie die Haustüre und begrüßte Heinz mit bezauberndem Lächeln. Lilly erschien in einem engen eleganten Kostüm, das ihre schlanke Figur perfekt in Szene setzte. Dezent geschminkt, die Haare hochgesteckt. Heinz war begeistert.

Wahnsinn, wie hübsch die ist! Sie hat sich richtig aufgedonnert. Die wohlgeformten Beine in den hohen Stöckelschuhen. Wow! Geil!

Sie stiegen in das wartende Taxi. Heinz gab dem Fahrer die Adresse eines italienischen Restaurants, das sie nach kurzer Fahrt erreichten. Im Restaurant führte sie der Maître d'hotel zu ihren gebuchten Plätzen, die festlich dekoriert waren. Am Akzent konnte man erkennen, dass das Servierpersonal echte Italiener waren. Lilly beeindruckte die gewandte Art von Heinz.

Er benimmt sich wie ein wahrer Gentleman. Weltgewandt; er nimmt mir meine Unsicherheit. Außerdem sieht er gut aus. Schöner Haarschnitt, haha, ist ja auch von mir.

Das Angebot eines Aperitifs nahmen sie gerne an: zwei Gläser Prosecco zur Einstimmung des Abends. Dazu wurden Appetithappen serviert. Das Lokal war gut besucht, und dezente italienische Musik erzeugte eine angenehme Stimmung. Dann gab es Suppe für beide. Als Hauptgang wählte Lilly Fischfilet mit Kräutern auf Reis und Heinz bestellte ein Hühnchen in Knoblauch und Rosmarin. Lilly offenbarte Heinz, dass sie gerne ab und zu ein Gläschen Rotwein trinkt. Deshalb ließ Heinz eine Flasche Brunello di Montalcino kommen.

„Frau Lilly, wäre es nicht an der Zeit, dass wir uns duzen? Frau Lilly klingt so förmlich."

„Ja, das finde ich auch. Also, von jetzt an: nur Lilly und Heinz."

Mit charmantem Lächeln fügte sie noch augenzwinkernd „Herr Tulbach" hinzu.

Heinz kam um den Tisch herum. Sie nahmen ihre Gläser hoch, sahen sich in die Augen und küssten sich zart. Heinz berührte sie sanft und flüsterte in ihr Ohr: „Du hast so wunderschöne Augen!"

Der Wein durchströmte ihre Körper und erzeugte ein angenehmes Gefühl von Wärme und Leichtigkeit. Locker plauderten sie über alle Begebenheiten des Alltags, und mit fortgeschrittenem Abend verloren sie die anfängliche Scheu. Neckereien kamen ihnen leicht über die Lippen. Berührungen der Hände und ständiger Augenkontakt verstärkten sich zunehmend.

Zum Dessert, oder Dolce, wie die Italiener sagen, nahmen sie Tiramisu und Profiterole, gefolgt von Espressi.

Der Flirtpegel stieg. Die abschließenden zwei Grappe weckten nochmals alle schlummernden Gefühle.

Es war Zeit zum Aufbruch. Heinz rief den Ober herbei: „Il conto, per favore e puo chiamare un Taxi per noi?“ Er bezahlte mit Kreditkarte und das Taxi stand in wenigen Minuten vor der Tür.

Lilly und Heinz saßen während der Fahrt im Taxi hinten. Er legte seine Hand über ihre Schulter, beugte sich zu ihr und suchte ihre Lippen. Sie öffnete den Mund – und im Nu küssten sie sich so innig, dass sie vor Erregung kaum Luft zum Atmen fanden.

Bei Lillys Wohnung angekommen, bezahlte Heinz das Taxi und begleitet Lilly zur Türe. Sie umarmten sich und wieder fanden sich ihre Lippen.

Soll ich ihn hereinlassen? Gleich am ersten Abend? Was wird er von mir denken? Aber ich will ihn haben! Ich will, heute, jetzt! Es ist egal, was er denkt.

Seine Hände glitten ungestüm über Lillys Körper. Wie berauscht berührte er jede Stelle ihrer Weiblichkeit.

Wird sie mit mir schlafen? Ich will die Nacht mit ihr verbringen. Ich muss sie heute haben. Komm jetzt, zier dich nicht!

Lilly löste sich plötzlich aus seiner Umarmung und fragte:

„Heinz, willst du noch auf einen Kaffee raufkommen?“

Heinz atmete kurz durch und antwortete leise: „Kaffee, nein! Keinen Kaffee, Schatz. Komm, sei nicht albern. Natürlich will ich!“

Und damit war die Sache geklärt. Lilly öffnete die Haustüre und sie begaben sich hinauf in Lillys Wohnung.

Nein, Kaffee gab es keinen mehr. Sie kosteten die Nacht voll aus. Keiner der beiden hatte tatsächlich geglaubt – vielleicht gehofft, aber sicher nicht daran geglaubt – dass sich diese Situation so ergeben würde. Keine Vorkehrungen wurden getroffen. Den Emotionen standen alle Türen offen.

Es war Montag früh. Heinz wachte auf; Lilly schlief noch. Ihr schöner Körper lag nackt neben ihm. Es war Zeit, sie mussten beide zur Arbeit. Er weckte sie. Sie schnurrte leise und a tergo machten sie noch einmal Liebe, bevor sie aufstanden. Ein neuer Tag begann.

Lilly und Heinz trafen sich in den nächsten Wochen noch einige Male. Dann kam für beide der Schlag in die Magengrube: Lilly stellte fest, dass sie schwanger war! Was nun? Sie geriet in Panik.

Wie wird Alfred reagieren? Was wird er sagen, was tun? Soll ich es ihm verschweigen? Abtreiben? Wird er verzeihen können? Es war Betrug. Wird er mich verlassen?

Heinz war vorerst schockiert, aber dann gar nicht so sehr niedergeschlagen. Als Lilly erwähnte, dass sie abtreiben wolle, sagte er klar und deutlich: „Nein, Lilly, ganz sicher keine Abtreibung! Ich will dieses Kind. Ich übernehme die volle Verantwortung. Wenn dein Freund dich deshalb verlässt, dann werde ich für alle Kosten aufkommen. Heiraten kann ich dich nicht. Ich bin verheiratet – obwohl ich von meiner Frau getrennt lebe."

Heinz saß und vergrub sein Gesicht in beide Hände.

Lug und Betrug! Sie hat betrogen, ich habe betrogen. Sie ist nicht verheiratet. Ist ihr Betrug deshalb kleiner als meiner? Wir hätten es verhindern können. Ihr Freund hat sie zu lange allein gelassen: Das ist der Tod jeder Beziehung. Oder ist das nur eine Ausrede? Ich hatte diese Situation auch schon einmal. Ich werde sie mit dem Kind nicht im Stich lassen. Es ist auch mein Kind.

Das Kind in Lillys Bauch wuchs heran. Als ihr Freund von ihrer Schwangerschaft erfuhr, brach er wütend die Beziehung ab. Er wollte kein Kind von einem anderen Mann aufziehen. Er war unversöhnlich; auch die Anteile in Lillys Geschäften forderte er zurück. Hier trat Heinz auf den Plan und übernahm diese. Nicht zur Freude von Theo Weller, der Heinz eine gehörige Standpauke erteilte, aber letztlich klein beigab.

Ja, Heinz ist der Boss, er kann mit seinem Geld machen, was er will. Immer diese blöden Weibergeschichten.

Im Sommer gebar Lilly einen Knaben. Der Kleine wurde Heinrich Ferdinand getauft und war nun nach Maria das zweite Kind von Heinz. Ein Bub, ein Stammhalter. Leider unehelich.

Die Beziehung zwischen Lilly und Heinz kühlte aber schnell ab, obwohl sich Heinz recht rührig um seinen Sohn kümmerte. Schließlich fand Lilly einen passenden Partner, der sie heiratete und mit dem sie glücklich wurde.

Es mutet schon seltsam an, wenn jemand ohne ersichtlichen Grund seine Hochzeit im Februar ausrichtet. Aber so war es nun mal. Wilhelm Karner und Melanie Bollmann wollten sich das Ja-Wort geben. Um irgendwelchen Verdacht auszuräumen: Die Braut war zu dieser Zeit nicht schwanger!

Heinz, der sowohl den Vater der Braut als auch den Bräutigam von seinen geschäftlichen Beziehungen gut kannte, war zu dieser Hochzeit eingeladen.

Thomas Bollmann, der Vater von Melanie, hatte es mit einer Arzneimittelfirma zu beträchtlichem Wohlstand gebracht. Schon mit Senior Helmut Tulbach gab es manche Kooperationen. Allerdings ging das Unternehmen in letzter Zeit nicht mehr ganz nach seinem Wunsch.

Mit Wilhelm Karner hatte Heinz mehrere Male zu tun, da Wilhelm in einer Spedition tätig war, die Waren für TULBA nach Übersee verfrachtete. Auf Heinz, der seit seiner Kindheit recht sportlich und schlank war, machte Wilhelm wegen seines schwabbeligen Bierbauchs und unordentlicher Kleidung nicht den besten Eindruck. Doch diesmal, zu der Hochzeitsfeier, hatte sein Schneider gute Arbeit geleistet und ihn passabel herausgeputzt. Neben seiner zierlichen Braut wirkte er allerdings immer noch wie ein Teddybär. Die hübsche Melanie, zart und wohlproportioniert, passte nicht wirklich zu ihm. Zumindest fand Heinz das so.

Die Hochzeit fand im Standesamt statt. Viele Familienangehörigen und auch einige Leute, die Heinz nicht kannte, waren bei der Zeremonie anwesend. Eine Beamtin hielt eine recht ansprechende Rede und unter großem Beifall wurden die Ringe getauscht. Und schon waren sie verheiratet!

Im prächtig geschmückten Stadtsaal begann dann das Fest. Heinz saß am Tisch mit einigen Geschäftsleuten und deren Frauen. Er war, soweit er sehen konnte, der einzige Erwachsene, der solo hier war. Das bekümmerte ihn aber wenig, denn mit seiner Eloquenz und seinem Charme wusste er auch die älteren Damen und Herren zu beeindrucken. Wie bei seiner eigenen Hochzeit gab es reichlich zu essen und trinken. Die Hochzeitstorte wurde vom Brautpaar angeschnitten und an die Gäste verteilt. Eine Dance Band spielte auf. Nach dem ersten Tanz, einem Walzer, der von Melanie und Wilhelm aufs Parkett gezaubert wurde – naja, von Zaubern war nicht viel zu sehen, denn man merkte Wilhelm an, dass normalerweise Tanzen nicht sein Metier war – wurde zu moderner Musik zum allgemeinen Tanzvergnügen aufgefordert. Heinz war zwar auch nicht der Profitänzer schlechthin, aber er konnte sich geschmeidig bewegen – und nach ein paar Gläschen Wein schwang er ganz elegant das Tanzbein, was den älteren Damen an seinem Tisch viel Freude bereitete. Dann fasste er sich ein Herz und fragte bei Wilhelm an, ob er mit seiner Braut ein Tänzchen wagen dürfe. Es schien, als wäre Wilhelm froh, dass er die Tanzfläche verlassen durfte, und gab willig sein Einverständnis. Nur noch zwei andere Paare befanden sich auf der Tanzfläche. Der Tanz war ein schneller Jive, der sowohl Melanie als auch Heinz gehörig die Luft raubte. Als der Tanz zu Ende war, sollte Heinz, wie es sich geziemt, dem Bräutigam die Braut zum Tisch zurückbringen. Doch gerade da wurde der Saal abgedunkelt und die Band stimmte einen langsamen Blues an. Jetzt stürmten mehrere Paar zur Tanzfläche. Heinz hielt Melanies Hand fest und zog sie in die Mitte des Saales. Unter langsamen Rhythmen tanzten sie nun eng umschlungen einen Stehblues. Durch den intimen Körperkontakt konnte Heinz Melanies Herz schlagen hören. Beide genossen offensichtlich diesen Tanz. Heinz brachte seinen Mund nahe an ihr Ohr und sagte leise: „Ich habe nicht gedacht, dass ich heute der Braut noch so nahe sein würde. Unsere Körper trennt kaum ein Zentimeter."

Melanie gab nur ein verschmitztes Lächeln zurück, dachte aber:

Ja, ich kann es fühlen; und dich auch spüren!

Als der Tanz zu Ende war, schauten sie sich in die Augen und Heinz konnte nicht umhin zu flüstern: „Heute Nacht beneide ich deinen Mann!"

Heinz brachte Melanie zu ihrem Gemahl, bedankte sich bei beiden und begab sich zurück zu seinem Tisch. Da es schon recht spät war, hatten einige Gäste schon das Fest verlassen. Heinz leerte den restlichen Wein, der sich in seinem Glas befand und verabschiedete sich von seinen Tischnachbarn. Zum Abschied wünschte er dem Ehepaar noch alles Gute, rief per Handy ein Taxi und fuhr nach Hause.

Er lag noch lange wach in seinem Bett, war zornig. Er haderte mit dem Schicksal, mit Gott und auch mit sich selbst. Dann der Griff hinunter zu seinem Fuß, der sich wieder schmerzlich rührte.

Einige Monate später, es war nun Sommerbeginn. Heinz besuchte ein nahegelegenes Einkaufszentrum, da er sich für ein Geschäftsessen einen leichten Sommeranzug besorgen wollte. In der Auslage des Kleidergeschäfts sah er nichts Passendes und war soeben im Begriff hineinzugehen, als er im Blickwinkel Melanie sah, die aus einem Schuhgeschäft kam. Er stoppte und ging auf sie zu.

„Hallo Melanie, es ist schön, dich wiederzusehen. Wie geht es dir? Was hast du gekauft?"

„Ah, Herr Tulbach. Guten Tag! Ich habe mir nur Sandalen gekauft. Bei der Hitze sind sie viel praktischer.“

„Komm, Melanie. Nicht Tulbach. Sag doch Heinz, einfach Heinz!“

Sein Blick glitt über ihren schlanken Körper.

Sie sieht fantastisch aus, in ihren weißen Jeans und kurzem Top.

„Hast du Zeit, mit mir einen Kaffee zu trinken? Da drüben ist ein Lokal, die haben auch leckere Süßigkeiten.“

„Ich sollte eigentlich … naja, ok, Herr Tulbach. – Ah, Heinz. Sorry.“ Sie lächelte.

„Freut mich, Melanie. Ich möchte gern ein wenig mit dir plaudern. Ein wenig mehr über dich erfahren.“

Mit schelmischem Augenzwinkern sagte sie: „Sei bloß nicht so neugierig!“

Und wieder zeigte sie ihr entzückendes Lächeln.

Er ist noch immer so ein sexy Charmeur. Interessant. Ich mag seine Art.

Sie setzten sich an einen kleinen Seitentisch im Café. Melanie bestellte einen Cappuccino, Heinz einen Espresso und dazu Cupcakes für beide. Im Nu entwickelte sich zwischen ihnen ein reges Gespräch. Bald kamen auch ihre Ehen zur Sprache. Heinz erzählte ihr von seiner Trennung von Frau und Tochter und dass er jetzt allein im großen Haus wohnte. Melanie – sie wollte es eigentlich vor Heinz nicht ansprechen – beichtete ihm schließlich mit feuchten Augen, dass sie überzeugt sei, ihre Ehe mit Wilhelm wäre ein großer Fehler gewesen. Heinz langte über den Tisch und küsste Melanies Hände tröstend. Dass war Labsal für ihre Seele.

Wie feinfühlig er doch ist. Ich könnte ihn dafür umarmen, küssen.

Als sie das Lokal verließen, hakte sie sich bei ihm ein und dankte ihm für seine Anteilnahme. Nun verschob Heinz vorläufig den geplanten Kauf des Anzugs und brachte stattdessen Melanie mit seinem Auto nach Hause. Bevor sie ausstieg, tauschten sie noch Telefonnummern und versprachen, sich demnächst wiederzutreffen.

Heinz wollte sich gleich am folgenden Tag bei Melanie melden, doch ein dreitägiges Meeting in Berlin brachte ihn von diesem Vorhaben ab. Er hatte ja die Absicht, sich mit Melanie zu treffen und nicht nur zu telefonieren.

Am Tag seiner Rückkehr nach Wien griff er dann aber zum Telefon.

Melanie sah seinen Namen am Display und meldete sich nach dem zweiten Klingelton sofort.

„Hallo Heinz. Welche Überraschung. Wie geht es dir?“

Er ahnt nicht, wie sehr ich auf seinen Anruf gewartet habe. Ich dachte schon, er meldet sich nicht mehr. Ich freue mich, seine Stimme zu hören.

Heinz wollte nicht lange um den heißen Brei herumreden und schlug ihr gleich einen Termin für ein Treffen vor. Das stellte sich aber problematisch dar, da Heinz ihr eine Verabredung in einem Restaurant am Abend empfahl und Melanie abends nicht so unverzüglich von zu Hause wegbleiben konnte. Daher einigten sie sich schließlich auf einen Nachmittagstermin in einem Lokal an der Donau. Heinz hatte deshalb einige Telefonate zu führen, um seine geschäftlichen Termine dahingehend abzustimmen.

Zwei Tage später war es dann soweit. Heinz war schon etwas früher da und wartete vor dem Lokal auf ihre Ankunft. Melanie erschien pünktlich in ihrem kleinen Auto. Als sie ausstieg, war Heinz von ihrem Anblick begeistert.

Super Figur! Toll, die offenen lockigen Haare! Geiles Sommerkleid! Ob sie vermutet, was ich jetzt denke?

Es war ein sonniger Nachmittag, und sie saßen unter einem Sonnenschirm im Freien. Bei Kaffee und Kuchen plauderten sie angeregt über Belanglosigkeiten. An einem so schönen Tag wie diesem war keiner der beiden gewillt, Probleme anzusprechen. Sie flirteten, schmeichelten einander und unterhielten sich vortrefflich. Während Melanie sprach, spielte sie immer wieder kokett mit ihren Locken und strich mit ihrer Zunge über ihre vollen Lippen. Heinz war erregt und bemühte seinen ganzen Charme, um sie zu umgarnen.

Dann machte Heinz etwas, was er noch nie vorher getan hatte. Nie zuvor hatte er bei seinen zahlreichen amourösen Abenteuern eine Frau zu sich nach Hause gebracht. Doch jetzt schlug er Melanie vor, ihr die Villa zu zeigen – und Melanie stimmte zu!

Heinz fuhr vor und Melanie folgte mit ihrem Auto. Bei der Villa angelangt, ließ er sie mit dem Auto zum Gästeparkplatz hineinfahren.

Reinigungsfrau Edita und der Gärtner Karl schauten etwas verwundert über den unerwarteten Gast, aber keiner wagte eine Bemerkung. Heinz chaperonierte Melanie zur Terrasse und orderte Edita an, Weingläser zu bringen. Dann holte er eine Flasche Riesling Smaragd aus dem Kühler, nahm die Flasche und die Gläser und gebot mit fester Stimme: „Komm, Melanie!"

Heinz ging voran und Melanie folgte ihm zögernd die Stiegen hinauf. Dann fragte sie: „Heinz, was hast du vor?"

Frag nicht so blöd. Was glaubst du? Du wartest doch schon darauf.

Das ging ihm durch den Kopf, er sagte aber mit verschmitztem Lächeln: „Du willst doch nicht meine Briefmarkensammlung sehen, oder?"

Und er gab ihr einen zarten Kuss, worauf sie errötete, ihm aber widerstandslos in sein Schlafzimmer folgte.

Wir ziehen uns nun respektvoll zurück und lassen dem leidenschaftlichen Paar neidvoll ihren Nachmittag genießen.

Soweit es die Termine der beiden erlauben konnten, fanden von nun ab viele derartige Nachmittage statt. Es erforderte schon ausgeklügelte Logistik, um es ihren Ehepartnern zu verheimlichen. Dabei wurden sie mit der Zeit immer unvorsichtiger. Daher drängte Melanie Heinz, der ja schon von seiner Frau getrennt lebte, zur Scheidung. Sie wäre dann ihrerseits bereit, sich sofort von ihrem Mann scheiden zu lassen. Melanie hatte aber nicht mit der Beharrlichkeit von Karin gerechnet, für die eine Scheidung schon aus religiösen Gründen nicht in Frage kam. Für Heinz war diese Tatsache nicht unerwünscht. Die geheimen Treffen liefen nun schon drei Jahre und die sexuelle Anziehung war nicht mehr so überwältigend wie zu Beginn. Gewohnheit schlich sich ein; das Feuer der Begierde flackerte nur noch spärlich. Für Heinz war das mehr und mehr unbefriedigend. Wann immer Scheidung zur Sprache kam, gelang es ihm durch geschickten Themenwechsel auf andere Angelegenheiten zu schwenken.

Ich hatte alles, was ich wollte. Mehr will ich nicht. Der Reiz ist verflogen. Ein Leben mit ihr kann ich mir nicht vorstellen. Ich möchte die Beziehung beenden; bin aber noch zu feige; will nicht grob sein. Aber vielleicht ergibt sich eine Gelegenheit.

Die Gelegenheit kam dann unverhofft: Melanie wurde schwanger! Offensichtlich von ihrem Gatten, denn Heinz bestand immer darauf, obwohl es bei Melanie wenig Begeisterung hervorrief, ein Kondom zu verwenden.

Das war's dann. Heinz veranlasste, dass Melanie ihre persönlichen Sachen, die sie über die Jahre hinweg in der Villa deponiert hatte, abholen musste. Es war, wie sollte man es anders nennen, ein Rausschmiss. Heinz war wieder solo. Nicht ganz; schließlich war er noch immer verheiratet.

Vor mehr als einem halben Jahrhundert gründete der Chemiker Wilfried Bollmann, ein Deutscher, das Pharmaunternehmen BOLLCHEM. Das Unternehmen florierte und ermöglichte ihm, ein beträchtliches Vermögen zu lukrieren. Da seine Verlobte und spätere Frau, Maria Burger, eine Wienerin war, entschloss sich Wilfried, sein ganzes

Unternehmen samt Mitarbeitern nach Österreich zu verlagern. Als Wilfried starb, übernahm schließlich sein Sohn Thomas, der ein Studium in Chemie und Biologie an der Universität Wien absolviert hatte, den Betrieb.

Thomas Bollmann heiratete in Wien seine Lisa, ein herziges Mädel aus dem dritten Bezirk, und hatte mit ihr drei entzückende Kinder: Melanie, Gregor und Anna.

Melanie, das älteste der drei Kinder haben wir ja bereits kennengelernt.

Helmut Tulbach, der Vater von Heinz, hatte seinerzeit in das Start-up-Pharmaunternehmen MEDOKTUL eine erhebliche Summe investiert und sich als Gesellschafter Beteiligungsrechte erworben. Nach dem Tod von Helmut gingen diese an seinen Sohn Heinz über. Die Firma TULBA fungierte als Trägerbetrieb über all diese zahlreichen Unternehmungen, unter denen sich auch MEDOKTUL befand.

Mehr oder weniger stand die Firma in Konkurrenz zu BOLLCHEM; vielleicht nicht ganz, denn es gab doch einige Überschneidungen.

Der Standort des Instituts MEDOKTUL befand sich in Graz. Exzellente Forschung wurde dort von Wissenschaftlern betrieben, unter denen sich einer besonders hervorhob. Doktor Brandner hatte durch Veränderung der Molekülstruktur mit einer Methode, die bisher noch unbekannt war, ein neues Impfserum hergestellt. Da in die Forschung enorm viel Geld investiert worden war, hielt man die Formel der chemischen Zusammensetzung des Serums geheim. Sie war nur wenigen Leuten zugänglich. Das Original lag im Institutssafe und eine Kopie davon hielt Heinz im Safe der Villa in Gewahrsam.

2. DIE BETRÜGERIN

Der Opernball in der Wiener Staatsoper: Das gesellschaftliche Ereignis des Jahres schlechthin! Im TV übertragen und in die weite Welt ausgestrahlt.

Vor der Oper gab es, wie jedes Jahr, die üblichen Proteste der Linken. Die Besucher wurden jedoch durch die Exekutive abgeschirmt und sicher ins Innere geleitet. Alles, was berühmt, reich und – naja, mehr oder minder – schön war, war anwesend: Die Hautevolee versammelte sich zum jährlichen Opernball.

Heinz hatte wie jedes Jahr eine Loge gebucht. Karin verzichtete auch diesmal wieder, ihn zu begleiten. Sie wollte coram publico keine heile Welt vorgaukeln – und Heinz war damit nicht unzufrieden.

Die Damen präsentierten Abendkleider in neuesten Kreationen; die Herren waren wie üblich im Frack: Dresscode erfüllt. Alles äußerst elegant. Überall Licht und Glanz. Ein Blumenmeer: einfach herrlich anzusehen.

Nach dem Ertönen der Fanfare wurde die österreichische Bundeshymne gespielt. Dann begeisterten die jungen Debütanten mit einer wohl choreografierten Tanzvorführung. Zwei Opernstars komplettierten mit beliebten Arien das künstlerische Programm.

Nach dem allseits bekannten Donauwalzer hieß es: „Alles Walzer!", und der legere Teil des Abends konnte beginnen.

Auf Einladung von Heinz weilte in seiner Loge der belgische Botschafter und seine Ehefrau, sowie ein deutscher Wirtschaftsmagnat mit einer sehr jungen – er stellte sie als seine Gattin vor – rothaarigen Frau. Einige Logen weiter, man konnte leicht hinübersehen, befand sich in guter Gesellschaft die Familie Bollmann.

Normalerweise ließ Heinz seine Augen in alle Richtungen gleiten, wo es für ihn Interessantes zu sehen gab – meist waren das die Gesichter von jungen Frauen. Und hier am Ball gab es viele; viele schöne. Doch zu einem Gesicht kam er immer wieder zurück. Dort drüben in der Loge der Bollmanns befand sich eine junge Frau, fast noch ein Mädchen, die ihn faszinierte. Neben ihr saß ein junger Mann, beinahe so schön wie diese Frau, und schien sich mit ihr köstlich zu unterhalten, denn Heinz konnte der beiden Lachen selbst über all den allgemeinen Trubel im Saal deutlich hören.

Herr und Frau Bollmann waren im Gespräch mit einem älteren Herrn vertieft. Heinz vermisste Melanie und ihren Gatten. Offensichtlich waren sie diesmal nicht am Opernball; Wilhelm war nie ein begeisterter Tänzer gewesen und Heinz wusste von Melanie, dass ihr Mann solche Feste nicht besonders liebte.

In der Zwischenzeit wogten sich die festlich gekleideten Tanzpaare zu fröhlichen Klängen auf dem Parkett. Doch Heinz hatte seinen Blick nur zu jener jungen Frau in der Bollmann-Loge gerichtet.

Wer sind diese jungen Leute? Dieses bezaubernde Lachen dieser Frau. Wahnsinnig schöne Haare. Schönes Gesicht. Ich werde schauen, ob ich mit Bollmann reden kann. Was soll ich mit ihm reden? Er wird nicht begeistert sein. Er hat ja die Affäre seiner Tochter mit mir mitbekommen. Vielleicht etwas Geschäftliches? Über die Neueinstufung des Steuersatzes bei einigen Luxusgütern? Mir wird schon was einfallen. Aber ich möchte diese jungen Leute kennenlernen.

Heinz drängte sich entschlossen durch die Menschenmassen und begrüßte Bollmann und seine Frau mit geschickt gespielter Freundlichkeit. Handkuss für die Dame inbegriffen. Wahrscheinlich freundlicher, als er es vorhatte. Einige höfliche Floskeln folgten und dann lenkte Heinz das Gespräch so beiläufig wie möglich auf Bollmanns Logengäste. Daraufhin fragte Lisa Bollmann ihren Mann: „Thomas, willst du Herrn Tulbach nicht unsere Kinder vorstellen?“

„Oh ja – das ist unser Sohn Gregor und das ist unsere Tochter Anna. Die beiden waren auf Studienlehrgängen längere Zeit im Ausland. Gregor in den Niederlanden und Anna in Frankreich. Sie sind erst seit einer Woche wieder zurück in Wien.“

Heinz gab beiden die Hand, wobei er Mühe hatte, seine Augen von Anna zu lassen.

Also, daher weht der Wind! Geschwister also. Sie sieht auch Melanie sehr ähnlich. Aber noch schöner, jünger, graziler. Bezaubernd. Ich will, ich muss sie hier wegbekommen. – Tanzen, ja das ist eine Idee, einen Versuch wert.

Nach zwei, drei unverfänglichen Sätzen ergriff Heinz die Initiative und fragte: „Habt ihr heute schon getanzt?“

Als sie verneinten, meinte er: „Schade, ich würde, wenn Sie gestatten“, er sah dabei Thomas an, „ihre Gattin zu einem Tanz bitten.“ Thomas hatte nichts dagegen.

Heinz verneigte sich und führte Lisa Bollmann hinunter zur Tanzfläche. Dort herrschte ein derartiges Gedränge, dass Heinz froh war, als der Tanz zu Ende war. Er brachte Frau Bollmann zurück in die Loge und bedankte sich bei

Thomas. Aber sofort fasste er die Gelegenheit, Anna zum Tanz zu bitten. Ein gelungener Schachzug!

Er schlug ihr vor, in den kleineren Saal zu gehen, da man dort etwas modernere Musik spielte. Anna lächelte und stimmte zu.

Denkt er denn, ich weiß nicht, was er will? Der Schlaumeier! Das ist also der Kerl, der mit meiner Schwester eine Liaison hatte. Er ist charmant, gewandt, interessant. Aber Vorsicht, Freundchen! Du sollst nach meiner Pfeife tanzen.

Nach modernen Rhythmen bewegten sie sich zur Musik, doch bald bat Heinz – und Anna war darüber gar nicht überrascht – sie um ihre Handynummer. Mit roten Backen und vom Tanz noch ganz erhitzt, fragte Anna: „Wozu willst du meine Telefonnummer?“

Das „Du“ kam beiden ganz natürlich über die Lippen.

„Ich möchte dich gerne treffen, dich näher kennenlernen. Ich geb dir meine Nummer. Wir könnten in ein Café gehen und dort in Ruhe plaudern. Hier ist es viel zu laut. Was hältst du davon?“

Sie liehen an der Bar Stift und Zettel und kritzelten ihre Nummern darauf. Anna strich ihre Haare aus dem Gesicht und sagte: „Ok, Heinz Tulbach! Ruf mich nicht an! Wir werden sehen. Du hörst von mir!“

Heinz war einigermaßen verblüfft. So hatte noch keine Frau mit ihm gesprochen. Er brachte Anna zurück in ihre Loge und verabschiedete sich von den Bollmanns. Er musste sich wieder um seine eigene Loge kümmern. Seinen Gästen dürfte der Opernball besser gefallen haben, als Heinz lieb war, doch die Höflichkeit zwang ihn, sie bis in die Morgenstunden zu unterhalten.

Müde fiel er zu Hause ins Bett, konnte aber dennoch nicht gleich einschlafen.

Anna, Anna. Immer wieder Anna. Was ist so faszinierend an ihr? Sie sieht Melanie so ähnlich; aber sie ist doch so anders. Sie ist so selbstsicher. Hat der Aufenthalt in Frankreich sie so geprägt? Ihr Lächeln, ihre Augen. Ich kann sie nicht vergessen. Wie gehe ich es an? Ich muss sie haben!

Die Gedanken kreisten in seinem Kopf. Marterten ihn, bis er endlich einschlief.

Tage verstrichen, doch Anna rief Heinz nicht an. Er war verzweifelt, zornig, aufgewühlt.

Schließlich verwarf er allen Stolz, er wollte nicht mehr warten, denn seine Gedanken kreisten ständig um diese schöne junge Frau. Er sprang über seinen Schatten und griff zum Telefon.

Anna sah seinen Namen am Display und überlegte kurz, ob sie antworten sollte. Das Handy klingelte und klingelte, – doch sie hob nicht ab.

Ich habe ihn an der Angel! Er ist ein interessanter Mann: jung, weltgewandt, gutaussehend und vor allem wohlhabend. Er könnte mir viel bieten. Ich weiß, dass er von seiner Frau getrennt lebt; aber er ist verheiratet. Das schwöre ich dir: was meiner Schwester geschehen ist – ich garantiere dir, Herr Tulbach – widerfährt mir nicht!

Dann tippte sie seine Nummer ins Handy und rief an.

„Hallo Heinz, wie geht es dir? Ich habe doch versprochen, dass ich dich anrufen werde."

„Mir geht es gut, aber ich dachte schon, du hast mich vergessen."

„Wie könnte ich nur – einen so interessanten Mann vergisst man nicht."

„Sag, Anna, wie sieht es aus? Hast du Lust und Zeit mit mir essen zu gehen? Wir könnten nett plaudern und uns näher kennenlernen."

„Essen und plaudern also? – Ok, was schlägst du vor? Diese Woche habe ich keine Zeit mehr. Vielleicht nächstes Wochenende?"

„Gut, sagen wir Samstag abends. Ich buche ein gutes Restaurant. Ich ruf dich an und komm dich abholen. Ist das für dich so passend?"

„Perfekt. Ich warte auf deinen Anruf."

Erwarte dir nicht zu viel, Mister Charming.

Heinz küsste vor Freude sein Handy.

Ja, ja, ja! Jetzt brauch ich einen Whisky.

Der erwähnte Samstag kam. Heinz hatte einen Tisch in einem spanischen Restaurant gebucht. Er rief Anna an und holte sie von zu Hause per Taxi ab.

Gregor, Annas Bruder, gab ihr einen Kuss auf die Wange und wünschte den beiden einen schönen Abend. Vor Erwartung hatte Heinz schweißnasse Hände wie ein pubertierender Teenager.

Anna war eine wahre Schönheit: schwarze Augen wie dunkle Kirschen, lange lockige Haare, die weit über ihren

Rücken glitten, eine perfekte Figur mit schönen Beinen wie ein Model und ein Engelsgesicht mit vollen Lippen.

Der Abend verlief vorzüglich. So wie es sich beide gewünscht hatten. Heinz war verliebt; verliebt wie er nur einmal in seinen frühen Jugendjahren war.

Mein erster Gedanke frühmorgens ist: Anna. Ich sehe dein Gesicht vor mir, dein Lächeln, deine Lippen. Was ist Liebe? Eine hormonelle Dummheit; eine Geilheit? Nein – ich denke den ganzen Tag an dich. Das kann nur Liebe sein! Ja, ich liebe dich! Anna, Anna!

Und Anna? Ja – war es alles nur Berechnung oder spielten auch Gefühle mit? Sie schwankte und wagte nicht, ihren eigenen Emotionen zu trauen.

Ich mag ihn. Er ist humorvoll, sieht gut aus, verwöhnt mich. Ein Mann zum Verlieben. Aber er ist verheiratet! Als Konkubine bin ich nicht zu haben.

Sie vereinbarten weitere Verabredungen. Tatsächlich trafen sie sich fast jeden zweiten Tag. Sie besuchten gemeinsam Ausstellungen, gingen zu Konzerten und trafen sich am Golfplatz oder zum Tennisspielen. Anna war eine recht gute Spielerin und forderte Heinz seine ganze Technik ab, um mit ihr mithalten zu können.

Bald scheute Heinz sich nicht, Anna an offiziellen Besprechungen teilnehmen zu lassen. Es war schön, mit ihr zusammen zu sein.

Durch all diese Rendezvous war Heinz gezwungen, zahlreiche geschäftliche Treffen abzusagen oder zu verschieben. Das vermerkte auch Theo Weller mit großer Sorge.

Neben der geschäftlichen Pflichtvergessenheit war ihm auch der zunehmende Einfluss von Anna auf Heinz in Sachen Finanzgebarung ein Dorn im Auge. Anna empfing von Heinz kostspielige Geschenke auf Firmenkosten, die sich schwer als Werbekosten verbuchen ließen. Für Theo agierte Heinz wie ein blinder Esel, der sich das Heu unter der Nase wegfressen lässt. Doch Heinz wollte von all diesen Kassandrarufen nichts hören. Zu sehr war er in Anna verliebt, man könnte sagen, er war ihr durch seine Liebe ausgeliefert.

Als sie erwähnte, dass sie gerne einen Sportswagen hätte, kaufte er sogar ein Mercedes Cabrio für sie.

Zunehmende Animosität zwischen Theo und Anna entstand, als Heinz auf Verlangen von Anna sie und ihren Bruder in der Firma einstellte. Zum Entsetzen von Theo erteilte Heinz Anna sogar die Prokura. Gregor bekam ein Fixum im Vertrieb und Anna gab er, da sie keine spezielle Ausbildung hatte, freie Hand als Beraterin. Ihre tatsächliche Aufgabe war somit nicht festgelegt. Weller, der nun schon jahrelang die Agenden der Firma TULBA mit Erfolg leitete, konnte diesen Entschluss seines Chefs nicht verstehen.

All das konnte aber Anna nicht dazu bringen, sich Heinz hinzugeben. Sie reizte ihn, sie forderte ihn heraus, sie quälte ihn, aber das Begehrenswerteste verweigerte sie ihm. Ohne Scheidung von seiner Frau wollte sie ihn nicht erhören. Noch wusste sie um ihre Macht über ihn. Heinz war verzweifelt.

So unberührt, wie Anna sich gab, war sie ja nicht. In ihrer Zeit in Frankreich, sie war damals kaum 16 Jahre, hatte sie eine Liebelei mit einem jungen, drei Jahre älteren Burschen gehabt. Hugo Pelletier besaß ein Auto und lud Anna zu einer Ausfahrt ein, welche in einem abgelegenen Waldstück endete. Dort kam es zwischen den Jugendlichen zu recht ausgedehnten Intimitäten. Da beide in ihrem leidenschaftlichen Spiel auf jegliche Vorsicht vergaßen, blieb es Anna nicht erspart, mit großer Sorge ihre nächste Periode herbeizusehnen. Gott sei Dank, es fiel Anna ein Stein vom Herzen, hatte das Liebesabenteuer keine Folgen. Sie traf sich dann noch einige Male mit Hugo, aber bestand nun immer auf die Verwendung eines Kondoms. Erst hatte sie Angst, dass der Jüngling sie nur als Abenteuer benutzen wollte, und verlangte von ihm die Zusicherung einer Verlobung. Die wurde zwar mündlich vereinbart, aber nie öffentlich geschlossen.

Nur einige Wochen später erkannte Anna, dass Hugo ihr intellektuell weit unterlegen war und sie von vielen anderen Männern begehrt wurde. Daher fragte sie sich bald: „War das schon alles?"

Und somit zog sie die Reißleine und beendete die holpernde Amour fou.

Von all dem wusste Heinz aber nichts. Nun fasste er einen Entschluss: Er beauftragte Theo, der noch guten Kontakt zu seiner Frau und seiner Tochter hatte, Karin zu bewegen, einer Scheidung zuzustimmen. Durch einen Erfolg dieses Vorhabens wäre auch eine Verbesserung der Situation zwischen Theo und Anna erreichbar.

So begab sich Theo widerwillig zu Karin, präsentierte ihr den Scheidungsplan und bekam, wie erwartet, eine kalte Ablehnung. Für Karin war ihre katholische Heirat ein Sakrament, das nur durch den Tod auflösbar ist. Basta!

Mit dieser Antwort musste Theo bei Heinz vorsprechen. Heinz kochte innerlich.

Wie sehr hast du dich bemüht? Ich weiß, du kannst Anna nicht leiden. Du alter Schwarzmaler. Du gönnst uns kein Glück, du Misanthrop.

Als Heinz Anna davon erzählte, stellte sie ihn selbstsicher vor die Entscheidung: „Entweder Theo verlässt die Firma, – oder ich gehe!"

Damit waren die Fronten geklärt. Heinz stand nun vor der folgenschweren Wahl, dem lang dienenden, strebsamen Mitarbeiter Theo Weller zu kündigen oder seine geliebte Anna zu verlieren.

Die Entscheidung fiel rasch und emotional. Er fluchte vor sich hin, ließ Molberg das Kündigungsschreiben fertigen und setzte Thomas Grobler als Nachfolger auf den Posten von Theo Weller.

Die Kündigung und Umstrukturierungen lösten ein übles Beben im Unternehmen aus. Die Willkür des Chefs erschütterte die gesamte Belegschaft. Unbehagen machte sich breit, denn niemand wusste, ob er nicht der Nächste sein könnte.

Wir wissen nicht, ob es nur Heuchlerei, um Gutpunkte beim Chef zu sammeln war, oder echte Hilfestellung für Heinz, als Tommi Grobler ihm einen Ausweg in Sache Scheidung vortrug. „Heinz, du lebst nun schon einige Jahre von Karin getrennt. Du sorgst finanziell für sie und deine Tochter Maria, aber ihr hattet keinen persönlichen Kontakt. Deine Frau kann zwar auf der katholischen Unauflöslichkeit der Ehe beharren, nicht aber, nach dieser langen Trennung, auf der gesetzlichen. Es steht dir frei, dich auch ohne Einwilligung von Karin standesamtlich scheiden zu lassen."

„Gut, gut, – eigentlich ganz super! Kannst du für mich alles organisieren? Ich trete sofort aus der Kirche aus."

„Ein Austritt ist nicht unbedingt nötig. Du musst nur standesamtlich deine Scheidung einreichen."

„Ja, aber ich habe die Nase voll von der Kirche. All die Riten und die Geheimnistuereien. Karin kann machen, was sie will. Ich werde austreten. Wen geht es etwas an, woran ich glaube? Mir kann niemand etwas vorschreiben, ich habe die Kirche in mir, ich glaube, was ich glauben will. Ich bin meine eigene Kirche!"

Mit juristischer Hilfe von Tobias Molberg erledigte Heinz bald alle nötigen Schritte. Als er endlich sein Scheidungsdekret in Händen hielt, fiel ihm ein Stein vom Herzen.

Endlich, endlich. Wie wird Anna reagieren? Wir haben nun alles, was wir uns wünschten. Ich kann es nicht mehr erwarten, ihr die Neuigkeit zu verkünden. Jetzt hat sie keinen Grund mehr, mich nicht zu erhören.

Anna überflog das amtliche Schreiben mit Freude, umarmte Heinz und küsste ihn zärtlich. Der erste Schritt ihres Vorhabens war endlich gelungen. Nun wollte sie auch den zweiten verwirklicht sehen.

Ich will die Hochzeit so bald wie möglich. Heinz wird sich nun nicht mehr lange hinhalten lassen. Er muss mir einen Antrag machen. Ich glaube, jetzt besteht kein Risiko mehr. Wir wollen es doch beide.

Damit hatte sie recht! Heinz fragte sie, ob sie seine Frau werden wolle, worauf sie sofort freudig zustimmte. Sie rätselten über Datum und Ort, wurden sich aber bald einig, die Festlichkeiten im Schloss Mirabell in Salzburg abzuhalten. Und zwar sobald wie möglich. Anna und Heinz setzten nun alle Hebel in Bewegung, die für den Ablauf der Hochzeit nötig waren. Keiner der beiden wollte mehr auf den Frühling warten, weshalb sie den Termin für Jänner fixierten.

Für Heinz, und wir können sicher sein, auch für Anna, war endlich die qualvolle Enthaltsamkeit zu Ende. Die nächsten Tage – und auch Nächte – verbrachten sie in ekstatischer Klausur.

Eine kirchliche Heirat war für Heinz nicht mehr möglich, allerdings sollte die standesamtliche nicht minder prachtvoll ausgerichtet werden.

Molberg riet Heinz zu einem Ehevertrag, der das Eigentum des in die Ehe eingebrachten Vermögens festlegen sollte. Anna und Heinz begaben sich zu einem Rechtsanwalt, der ihnen den rechtlichen Inhalt des Vertrages darlegte. In heiterer Gemütsverfassung unterfertigten beide etwas sorglos den Vertrag, der bei einer eventuellen Scheidung, salopp gesagt, sich für Anna dahingehend auswirkte: Du bist mit nichts gekommen; du gehst mit nichts!

Allerdings muss angemerkt werden, dass Anna wohl alles unterschrieben hätte. Sie trug – und war sich seit einigen Wochen sicher – ein Kind unter ihrem Herzen. Die Hochzeit duldete nun keinen Aufschub mehr und fand auch zeitgerecht wie geplant statt.

Die Hochzeit war, um es gelinde zu sagen, pompös. Heinz hatte keine Kosten gescheut. Die Wintersonne schien, der Schnee glitzerte magisch weiß. In dicke Decken gehüllt fuhren sie in einer Pferdekutsche vor. Heinz in einem eleganten dunklen Winterpelzmantel, Anna im hellen Jenissei-Zobel. Das Schloss Mirabell strahlte im Lichterglanz, als sie die Engelstreppe zum Marmorsaal hochstiegen. Der Saal war in ein einziges Meer von Blumen gehüllt; frische Blumen, eingeflogen aus der weiten Welt. Einfach schön und bewundernswert zu dieser Jahreszeit.

Die Möglichkeit, den eigenen Familiennamen zu behalten, hatte Anna genützt: Also hieß sie weiterhin Bollmann. Heinz legte keinen Wert darauf, dass sie sich Tulbach nennen müsse. Er fand, Namen seien nur Schall und Rauch.

Nachdem der amtliche Abschnitt der Heirat feierlich vollbracht worden war, begann der fröhliche heitere Teil des Festes.

Anna hatte in Jugendtagen als Schülerin mehrmals ihre Ferien im Salzkammergut verbracht und liebte seither diese Gegend und ihre Menschen. Daher hatte sie einen Wunsch, dem Heinz gern Folge leistete: Auf den Einladungen zum Hochzeitsfest erbaten sie sich, dass die Gäste in Salzburger Tracht erscheinen mögen. Die meisten der geladenen Gäste kamen, obwohl es Winter war, dem Ersuchen auch nach, liehen oder kauften sich Tracht und erschienen daher in Dirndln und Lederhosen. Selbst Annas Eltern, Elisabeth und Thomas, zeigten sich in fescher Tracht. Als Kontrast fanden sich lediglich Anna im langen weißen Kleid und Heinz im Smoking ein.

Die Speisen waren jedoch international: die Vorspeise italienisch, ein französischer Hauptgang und das Dessert regional aus Salzburg. Zu Ansprachen und heiteren Klängen entstand bald eine recht feuchtfröhliche Stimmung. Es wurde getanzt und gescherzt, Geschäfte wurden besprochen und Kontakte geknüpft. All das war für Heinz zwar kein Novum, aber es war doch wieder ganz anders als damals. Diesmal war er an der Seite einer übermütigen jungen Frau, gewesen, die all den Prunk richtig genoss und es liebte, im Mittelpunkt des Ereignisses zu stehen.

Soll ich es ihm schon sagen? Ich brenne vor Neugier, sein Gesicht zu sehen, wenn er erfährt, dass er wieder Vater wird.

Bei einem langsamen Tanz flüsterte sie ihm die Neuigkeit ins Ohr. Er riss die Augen auf, küsste sie und hob sie vor Freude hoch. Sie zögerte noch:

Ist es heutzutage noch ein Tabu, vor der Hochzeit schwanger zu sein? Ich glaube, nicht! Es ist mir auch jetzt egal, was sie von mir denken.

Dann schwenkte sie den Brautstrauß und schrie lauthals in den Saal: „Wir bekommen ein Baby!"

Es waren wohl wenige, die diese Ankündigung als ungebührlich empfanden. Die meisten Gäste stimmten jubelnd zu und gratulierten dem Paar zum bevorstehenden freudigen Ereignis. Die euphorische Stimmung im Saal kannte nun keine Grenzen.

Noch Jahre später erinnerten sich viele Gäste an dieses Fest.

Eine längere Hochzeitsreise war aus Gründen der geschäftlichen Unabkömmlichkeit von Heinz momentan nicht möglich. Allerdings gönnten sie sich einige Tage im mondänen Kitzbühel, wo Heinz in einem noblen Hotel eine Suite bestellt hatte. Im Ort liehen sie sich Skier und versuchten, die berüchtigte Hahnenkammabfahrt zu meistern. Da beide nicht viel Übung hatten, wurde dieses Unternehmen bald aufgegeben und sie wichen auf leichtere Pisten aus. Die sportliche Betätigung, die sonnigen Hänge und die frische Bergluft erzeugten eine wohltuende Müdigkeit. Dennoch erfreuten sie sich abends an einem Spaziergang durch den Ort und kehrten gerne in eine Bar ein, um auch ein wenig den Trubel mitzuerleben. Natürlich ging das nicht, ohne da und dort Geschäftspartnern über den Weg zu laufen. Aber Heinz war das gewohnt und Anna machte es sogar Spaß, von Leuten erkannt zu werden.

Müde fielen sie am Abend ins Bett. Im Halbschlaf mit geschlossenen Augen ließen sie ihre Gedanken vorbeiziehen.

Heinz hat mir alles geboten, was ich mir wünschte: Status, Geld, – und bald auch ein Kind. Herz, was willst du mehr? Ich liebe ihn dafür. Es war harte Arbeit, ihn zu erobern. Nicht fürs Bett, wie meine Schwester, nein, das war nie mein Ziel. So billig geht das bei mir nicht. Auch mein Bruder ist versorgt. So gut hätte Papa das nie für uns bewerkstelligen können. Ich bin glücklich, zufrieden, selig, – muss jetzt schlafen.

Anna ist das schönste Weib, das ich je hatte. Jetzt ist sie meine Frau! Meine, meine ganz für mich. Ich genieße die neidischen Männerblicke, die ihr überall hin folgen. Sie hat mich lange gereizt, mich lange warten lassen. Ich bin stolz, sie erobert zu haben. Sie hat mich fast wahnsinnig gemacht. Nun liegt sie neben mir. Meine Geliebte, meine Frau! Bald die Mutter meines Kindes. Ich bin glücklich und kann nun ruhig schlafen.

Bald war der bezaubernde Kurzurlaub zu Ende und die tägliche Geschäftswelt erwartete sie. Heinz musste einiges nachholen, was er gezwungenermaßen durch den Hochzeitskram, wie er zu sagen pflegte, verabsäumt hatte. Meetings standen am Terminkalender. Filialen und Kunden mussten besucht werden.

Annas Bäuchlein wuchs. Die Schwangerschaft verlief bisher ohne Probleme. Eine Veränderung zeigte sich allerdings: In letzter Zeit reagierte Anna äußerst gereizt, wenn etwas nicht nach ihrem Willen ging. Das zeigte sich besonders stark, wenn Heinz nicht im Büro war. Sie begann Angestellte oft ohne Grund zu beschimpfen und herumzukommandieren.

Ihr könnt murren, wie ihr wollt. Wenn ich etwas will, dann wird es so gemacht und nicht anders. Punkt!

Eine Beschwerde über ihr Verhalten beim Chef verlief meist unbefriedigend, denn er führte als Entschuldigung ihre Schwangerschaft an oder reagierte völlig genervt über die Klagen. Seine Anna konnte einfach nichts falsch machen. Das hob die Stimmung im Unternehmen nicht. Besonders vorsichtig hatten sich Molberg und Grobler zu verhalten, denn ihnen war sehr wohl bewusst, wie Heinz hinsichtlich Theo Weller reagiert hatte, als dieser gegen Anna aufbegehrte.

Etwas Ruhe kehrte ein, als Anna, nun schon hochschwanger, von Heinz empfohlen bekam, sich bis zur Geburt in häusliche Pflege zu begeben. Sie brummte zwar in sich hinein, nahm seinen Rat aber schließlich an. Ihre Eltern und auch ihr Bruder besuchten sie nun recht häufig in der Villa, wenn Heinz seinen Geschäften nachgehen musste.

Während ihrer Schwangerschaft war Heinz von Anna auf sexuelle Kurzration gesetzt worden. Wenn immer möglich, schützte sie Kopfschmerzen oder irgendwelche andere Beschwerden vor. Etwas fand sich immer.

Ich habe alles erreicht, was ich wollte. Das genügt mir! Ich habe keine Lust auf Sex. Zumindest jetzt nicht. Es widert mich an, wenn er es fordert, mich berührt. Mich ekelt vor seinen oralen Wünschen. Das kann ich nicht!

Für Heinz, der, wie man sagt, voll im Saft stand, war das unbefriedigend.

Was ist los mit ihr? Da habe ich nun eine junge Frau neben mir – und die verweigert sich mir. Ich merke doch ihre gespielten Ausflüchte. OK, sie ist schwanger. Verkehr vielleicht jetzt nicht, aber es gibt andere Mittel und Wege, mich glücklich zu machen. Mit meinem Selfie-Stick zu spielen genügt mir nicht.

Im September war es dann soweit. Mit Hilfe einer Hebamme brachte Anna ein Mädchen zur Welt. Die Niederkunft verlief problemlos. Heinz kam erst, als die Kleine schon entbunden war, er wollte Anna weder in Wehen noch bei der Geburt leiden sehen. Er konnte nicht bestreiten, der Vater zu sein: Das Mädchen hatte ein ebenmäßiges Gesicht, hellen Teint und etwas rötliches Haar; keine Spur von Annas schwarzen Locken.

Dem Mädchen, und dabei stimmten Heinz und Anna überein, wurde nach Annas Mutter der Name Elisabeth gegeben. Es war nun das dritte Kind von Heinz: Das erste war Maria, dann kam der uneheliche Sohn Heinrich und jetzt das Baby Elisabeth. Wie auch seinerzeit bei Marias Geburt zog es Heinz vor, nicht im gleichen Zimmer mit dem Neugeborenen zu nächtigen. Kindergeschrei war nicht sein Ding.

Babys sind nicht mein Fall. Man kann mit ihnen nichts anfangen. Das Geschrei vertrag ich nicht. Wozu hat die Kleine die Mutter? Anna wird sich schon um Elisabeth kümmern. Ich habe andere Sachen im Kopf.

So ganz stimmte ihm Anna da nicht zu. Sie war zutiefst enttäuscht, dass Heinz sie bei der Betreuung des Babys nicht unterstützen wollte. Sie sagte nichts, aber dachte zornig:

Hey, Mister. Das ist auch deine Tochter! Was soll das? Du lässt mich hier im Stich. Das finde ich fies.

Doch bald fand Anna eine Lösung für ihr Problem. Sie stillte ab und übergab die Betreuung von Elisabeth dem Kindermädchen Margarete Brunner, das ihr von Freundinnen wärmstens empfohlen worden war. Damit war die Kleine bestens versorgt und Anna konnte wieder am gesellschaftlichen Leben teilnehmen.

Es dauerte nicht mehr lange und Anna mischte, nicht gerade zur Freude mancher Angestellten, wieder im Unternehmen mit. Immer wieder verschaffte sie ihrem Bruder Gregor Geschäfte, die von Rechts wegen anderen Außendienstmitarbeitern zugestanden hätten. Gregor selbst akquirierte kaum nennenswerte Aufträge, wurde aber als Schwager des Chefs nie öffentlich kritisiert. Die enormen privaten Ausgaben des Geschwisterpaars bereiteten zwar stets heimliches Kopfschütteln, doch niemand wagte, dagegen das Wort zu erheben. Heinz verschloss Augen und Ohren; er wollte ganz einfach davon nichts hören und wies alles mit einem Achselzucken ab.

Erleichterung breitete sich bei der Belegschaft aus, als bekannt wurde, dass Anna wieder schwanger war.

Es verging aber erhebliche Zeit bis sie sich bereit erklärte, sich wieder in häusliche Pflege zu begeben. Diesmal verlief ihre Schwangerschaft nicht so problemlos. Sie hatte Blutungen, musste zweimal die Klinik aufsuchen und es wurde absolute Ruhe empfohlen. Ein schwieriges Unterfangen beim Temperament von Anna. Sie wurde nervös, gereizt, und Tränen kamen unvermittelt. Dieser Kontrollverlust erzürnte sie maßlos.

Es war im sechsten Monat, als plötzlich heftige Wehen einsetzten. Anna war blutüberströmt. Obwohl sofort die Rettung gerufen wurde, konnte nur mehr eine Totgeburt festgestellt werden. Es wäre wieder ein Mädchen gewesen. Ein Nervenzusammenbruch und totale Verzweiflung überkamen sie.

Völlig irrational beschuldigte sie ihren Onkel Thomas Hofer, diesen Abortus bei ihr ausgelöst zu haben, da sie kurz davor mit Schrecken von seinem schweren Autounfall erfahren hatte. Mittlerweile war ihr Onkel aber schon wieder auf dem Weg der Besserung. Anna wurde psychologische Betreuung angeraten, die sie aber mit Vehemenz verweigerte.

Ich bin nicht wahnsinnig. Ich habe nur ein Kind verloren. Versteht ihr das nicht, ihr Idioten? Lasst mich gefälligst in Ruhe!

Anna bestand nun darauf, dass auch das Erbe, das Karins Tochter Maria zugestanden wäre, auf ihre Tochter Elisabeth fallen sollte. Tobias Molberg war darüber empört; er fand dieses Ansinnen unerhört und äußerte seine Meinung lautstark. Anna empfand das als Affront und brach bei nächster Gelegenheit mit Molberg wegen einer Nichtigkeit einen Streit vom Zaun, sodass dieser mit hochrotem Kopf das Zimmer verließ. Tobias schluckte noch einmal resignierend alle Anschuldigungen, denn er wusste, dass er in zwei Monaten, nach jahrelangem Dienst für das Unternehmen, in den wohlverdienten Ruhestand treten würde.

Für vernünftige Gespräche war Anna nicht bereit. Heinz versuchte immer wieder einzulenken, wenn sie ihre Wutanfälle hatte.

Schließlich wurde es auch ihm zu bunt, denn Anna begann wüst zu schimpfen und zu schreien, warf Gegenstände durch den Raum und ließ sich nicht beruhigen. Als sie einen Teller in Richtung Heinz donnerte, war das Maß voll: Sie hatte dem Stier die rote Muleta entgegengehalten!

Heinz bebte, es reichte ihm, er hob die Hand, zog sie wieder zurück und verließ den Raum. Beinahe hätte er zugeschlagen.

Was ist geschehen? Sie war doch meine große Liebe. So schnell kann sich doch nicht alles ändern. Liebe ich sie noch? Ja, ich denke, schon – es ist noch etwas da. Vielleicht liegt es an mir? Ich muss mich mehr bemühen! Schwierig, ganz schwierig.

Tatsächlich bemühte sich Heinz redlich um Annas Gunst. Er ging mit ihr aus, kaufte ihr teuren Schmuck, nahm sie zu Meetings mit, buchte Kurzurlaube, war zärtlich – doch was immer er versuchte, führte zu keiner Beruhigung der Lage. Sexuelle Annäherung wurde ihm verächtlich versagt, was dazu führte, dass Heinz eine nichtssagende Affäre mit einer Witwe begann. Er wollte, da ihm an der Frau selbst nicht viel lag, die Liaison vor Anna geheim halten, war dummerweise dabei aber recht unvorsichtig. Anna stellte Heinz mit einer Tirade von Vorwürfen zur Rede und schloss sich in ihrem Zimmer ein. Diese Episode zerstörte jegliche wohlwollende Annäherung zur Gänze.

Karin, die Ex von Heinz, erfuhr von seinen Eheproblemen und konnte nicht umhin, sich insgeheim über diese Zerwürfnisse zu freuen. An eine Versöhnung mit Heinz dachte sie aber nicht. Ihr Gesundheitszustand hatte sich in den letzten Monaten drastisch verschlechtert und bei einer Kontrolluntersuchung wurde Krebs diagnostiziert. Man versuchte in der Onkologie noch eine spezielle Therapie, leider war der Tumor aber schon zu weit vorangeschritten, sodass letztlich keine Chance mehr auf Heilung bestand.

Gevatter Tod war gerufen worden.

Ich bin immer bereit, wenn man mich braucht!

Als Heinz von ihrem Ableben erfuhr, erdreistete er sich mit einem gebrummten: Gott sei Dank!

An einen Teilnahme an ihrem Begräbnis verschwendete er keinen Gedanken. Das kam nicht in Frage!

Annas Bruder Gregor beobachtete die zunehmende Animosität zwischen den Eheleuten und warnte Anna.

„Schwesterherz, bedenke, was Melanie geschehen ist! Das mit dem Ehevertrag war auch recht leichtfertig. Eigentlich dumm. Wenn er sich scheiden lässt, dich hinauswirft, bist du allen Luxus los – und ich flieg wahrscheinlich gleich mit.“

„Ich weiß, du hast recht. Aber ich ertrag die ganze Situation nicht mehr.“

„Wenn Heinz uns rauswirft, dann wird es sehr eng für uns. Vaters Firma trägt uns beide finanziell nicht. Wir sollten trachten, dass wir selbst etwas Eigenes aufbauen. Dazu brauchen wir Startkapital. Ich habe schon versucht, etwas zu horten, aber es ist noch viel zu wenig.“

„Naja, ich habe auch schon ein eigenes Sparkonto eingerichtet, von dem Heinz nichts weiß. Aber wie du sagst, das wird nicht reichen.“

Die finanziellen Ungereimtheiten im Unternehmen mehrten sich. Leider hatte Anna die Prokura und konnte so ohne Konsequenz schalten und walten.

Bevor Molberg in Pension ging, wies er Grobler und Hofer noch darauf hin, die Angelegenheit zu prüfen. Grobler merkte zwar, dass Gelder oft ohne Belege abgezogen wurden und sehr wahrscheinlich entweder über Annas oder Gregors Ausgabenkonten flossen, doch waren dabei auch Sachen, die Heinz selbst nicht verbuchte. Quod licet Iovi, non licet bovi: Was salopp bedeutet, dass das, was der Chef darf, seine Angestellten nicht gleichermaßen dürfen.

Deshalb stimmten Hofer und Grobler überein, schon zum eigenen Schutz, die Dinge weiter zu beobachten. Sie vermuteten Verfehlungen, konnten aber selbst nicht den Finger auf die Wunde legen. Daher engagierten sie aus eigener Tasche heimlich das Detektivbüro Sekreto, um die brennenden Umstände aufzuklären. Fortan wurden die Schritte von Gregor und Anna sorgfältig überwacht.

Das Betriebsklima war momentan gänzlich im Keller; keiner traute dem anderen. Alle fürchteten die Unberechenbarkeit von Heinz. Niemand wusste, über wen er noch schützend die Hand hielt.

In letzter Zeit sah man Heinz oft grübelnd vor sich hinstarren, um sich dann unvermittelt an seinen rechten Fuß zu fassen. Waren es die angespannten Nerven der vorangegangenen Tage oder tatsächlich körperliche Schmerzen, die ihn quälten?

Ich habe alles, was sich ein Mensch wünschen kann: keine Geldsorgen, eine hübsche Frau, Kinder, Haus und Besitz. Das Geschäft geht gut. Und dennoch läuft alles aus dem Ruder!

Drei Tage später bestieg Heinz ein Flugzeug nach Kanada, wo er in Hamilton eine Woche in der Filiale nach dem Rechten schauen musste.

Gregor fuhr von Wien nach Klagenfurt, wo er am nächsten Tag einen Termin mit einem Kunden hatte. Dort nahm er für die Nacht Quartier im Hotel Goldener Adler. Nach dem Abendessen begab er sich noch auf einen Drink an die Hotelbar und machte dort Bekanntschaft mit einem neben ihm sitzenden eleganten Chinesen. Da der Chinese, der sich Gregor mit Doktor Li Chang vorstellte, fließend Englisch sprach, ergab sich bald ein recht freundschaftliches Gespräch. Sie fühlten sich einige Zeit gegenseitig auf den

Zahn, doch nach ein paar Drinks tauschten sie sogar private Interessen aus. Chang erzählte Gregor, dass er in Europa zwar auf Urlaub sei, aber zur gleichen Zeit die Mission habe, hier einige Pharmaunternehmen zu besuchen. Er wisse, dass man in Österreich recht weit in der Erforschung von Medikamenten gegen Multiple Sklerose sei.

Gregor hatte durch die kleine Firma seines Vaters einige pharmazeutische Ahnung, jedoch keine fundierte Ausbildung. Allerdings wusste er um die Forschungsarbeit von Medoktul in Graz und deren Erfolg auf dem Gebiet gegen fortschreitende MS.

Gregor versprach Doktor Chang, dass er am Morgen versuchen werde, für ihn einen Termin bei Doktor Brandner zu organisieren.

Am nächsten Morgen, zum Frühstück, saßen Gregor und Li Chang an einem Tisch. Bevor Gregor zu seinem Termin fuhr, rief er Doktor Brandner an und konnte für Chang ein Treffen am Nachmittag zur Firmenbesichtigung bei Medoktul in Graz erreichen. Gregor und Chang verabredeten, sich am Abend wieder im Hotel zu treffen und über das Meeting zu sprechen.

Gregors Termin bei einem Baumarkt brachte nur geringen Erfolg. Der Filialleiter bestand bei Sanitärbedarf auf zu hohen Preisnachlass, den Heinz gewiss nicht genehmigt hätte. Gregor gelang es schließlich bloß, einen Auftrag für zwei Spiegelschränke zu erlangen.

Abends, nachdem Chang von Graz zurück war, traf sich Gregor mit ihm in der Hotellounge. Chang berichtete Gregor von den Eindrücken der Führung bei Medoktul.

„Es ist ein sehr modernes Labor. Ich war beeindruckt von den Geräten, die mir Doktor Brandner und sein Team vorgeführt haben. Da ich an der Forschung der Mittel gegen Multiple Sklerose interessiert bin, hat er einige Methoden vorgestellt, die derzeit Anwendung finden. Die Injektionen von entzündungshemmenden Mittel wie Interferon-beta 1a oder Glatirameracetat, die allerdings Nebenwirkungen haben, kannte ich ja schon. Abgaben in Tablettenform wie Teriflunomid oder Cladribin werden auch bei uns öfters angewandt. Was mich mehr interessiert hätte, wäre das von seinem Team erforschte neue Präparat, das angeblich Wunder wirken soll und sich derzeit in der Testphase befindet. Ja, die chemische Zusammensetzung des Präparats, – die wäre Gold wert. Aber die wollte er natürlich nicht preisgeben."

„Ich habe von diesem Präparat gehört. Die Formel hat Doktor Brandner im Institut unter Verschluss. Es gibt noch eine Kopie der Forschungsergebnisse in Wien bei meinem Chef im Safe."

„Die Pharmaindustrie und das Gesundheitswesen sind weltweit wichtige Faktoren der Wirtschaft. Es werden Investitionen in Millionenhöhe in die Forschung gesteckt. Zum Beispiel: Für diese Formel würden wir einen hohen sechsstelligen Betrag bezahlen. Ich weiß, dass wir das dann mehrfach retour bekommen würden."

Gregor lachte und sagte leise: „Das ist nicht Ihr Ernst, oder?"

„Doch, das wäre uns das wert. Ganz sicher!"

Gregor lachte wieder und fügte schmunzelnd hinzu: „Da ließe sich was machen. Ich könnte versuchen, diese Formel bereitzustellen – falls es Ihnen mit dem hohen Geldbetrag ernst ist."

„OK, wann können Sie liefern?"

„Das weiß ich noch nicht genau. Aber ich kann Ihnen noch heute Bescheid geben. Oder spätestens morgen früh. Warten Sie, ich muss noch schnell telefonieren."

Gregor ging vors Hotel und tippte Annas Nummer ins Handy. Nach kurzem Läuten sah sie Gregors Nummer und meldete sich: „Hallo, was gibt's?"

„Steig ins Auto und komme sofort nach Klagenfurt!"

„Hey – weißt du, wie spät es ist?"

„Weiß ich, egal, komm sofort, ich bin im Hotel Goldener Adler, Zimmer 28; ich buche dich ein. Alles andere erklär ich dir später. Es ist wichtig; ich habe einen dicken Fisch an der Angel."

Was hat der wieder für Schmerzen? Muss aber sehr wichtig sein.

Sie packte in Windeseile einige Sachen, setzte sich in ihr Cabrio und fuhr die 320 km von Wien nach Klagenfurt, wo sie gegen halb eins ankam.

Dass Gregors Wege schon seit seiner Ankunft in Klagenfurt von einem Detektiv unter Aufsicht standen, wusste er nicht. Der Agent hatte im selben Hotel ein Zimmer genommen. Ein zweiter Mann war in Wien auf Anna angesetzt. Als sie nun abends abfuhr, heftete er sich an ihre Fersen und nahm mit dem Mann in Klagenfurt Kontakt auf. Beide Detektive konnten jetzt unbemerkt ihre Beobachtungen machen.

Anna checkte ein.

Anstatt ihr Zimmer aufzusuchen, begab sie sich schnurstracks zu Gregor, der sie schon erwartete. Es war schon jenseits Mitternacht, doch Gregor schilderte Anna noch das Angebot, dass er vom Chinesen bekommen hatte, und fragte sie: „Hast du Zugang zum Safe, wo diese Forschungsberichte liegen?“

„Ja, den habe ich! Vor einiger Zeit sind wir abends nach einem Konzert nach Hause gekommen, ich wollte mein Collier nicht mehr hinunter zum großen Safe bringen und habe deshalb Heinz gebeten, es rasch in seinem Büro-Safe verstauen zu dürfen. Er hat dann, das weiß ich genau, denn er war ein großer Verehrer vom brasilianischen Fußballspieler Pele, dessen Geburtsdaten als Nummerncode eingegeben. Also: 231040 ist der Code.“

„Grandios! Wir können dann morgen sehen, welches Angebot uns Doktor Chang machen wird.“

„Bist du sicher? Ich weiß nicht recht? Wir hintergehen unsere eigene Firma. Wir machen uns strafbar. Wir hintergehen Heinz. Ich betrüge ihn!“

„Ach, komm, ich weiß, auf welchen wackeligen Beinen deine Ehe steht. Du hast doch gesehen, dass er sich schon anderswo umsieht. Bis jetzt war noch keine dabei, die ihm genügt hat – aber warte nicht darauf, es könnte dann zu spät sein! Muss ich dich an Melanies Schicksal erinnern?“

„Aber ich bin mit ihm verheiratet, Melanie war das nicht!“

„Glaubst du wirklich, dass das den feinen Herrn auch nur im Geringsten stören wird? Mit dem vielen Geld wären wir prima abgesichert.“

„OK, – lass uns hören, was uns dieser Chinese morgen anbieten kann. Ich bin müde, ich muss jetzt schlafen.“

Am Morgen trafen die Geschwister den Chinesen im Frühstücksraum. Gregor stellte Anna Doktor Chang vor und gab ihm den Hinweis, dass sie den Zugangscode zum Safe habe. Li Changs Blicke waren voll auf Anna fixiert: Er hatte offenbar Schwierigkeiten, sich zu konzentrieren.

Welch zauberhafte Schönheit: großgewachsen, wunderbare Figur, lange Haare, schönes Gesicht. Traumhaft, beneidenswert!

Chang vermerkte, dass er an einem Handel sehr großes Interesse habe, er aber heute tagsüber noch einige Angelegenheiten erledigen müsse. Man vereinbarte daher, sich um acht am Abend beim Abendessen wieder zu treffen, um den genauen Ablauf zu fixieren.

Da es ein schöner sonniger Tag im Mai war – die Bäume und Sträucher standen in voller Blüte – fuhren die Geschwister mit Annas Auto in den Kurort Velden am Wörthersee, wo sie den Nachmittag an der Promenade beim Falkensteiner Schlosshotel verbrachten.

Auf der Terrasse sitzend genossen sie die warme Frühlingsluft. Anna, ihre Augen von dunklen Sonnenbrillen geschützt und Gregor, mit einem dünnen Pullover lässig über den Schultern, ergaben ein elegantes Paar. Gregor bestellte, von Euphorie beseelt, in Voraussicht auf den lukrativen Handel mit dem Chinesen, eine Flasche Champagner. Das schmucke Mercedes Cabrio von Anna fiel hier nicht auf, denn etliche andere Fahrer nutzten das schöne Wetter, um ihre Luxuskarossen vorzuführen.

Pünktlich um acht Uhr waren sie zurück in Klagenfurt und trafen Chang im Hotel zum gemeinsamen Abendessen. Bei höflicher, aber oberflächlicher Konversation genossen sie das viergängige Menü. Anna und Gregor rutschten schon ungeduldig auf ihren Stühlen herum, während Chang mit Anna kokett zu flirten begann. Es schien, als wollte der Chinese nicht zur Sache kommen.

Doch endlich, nach dem Kaffee, bat Chang sie in eine ruhige Ecke der Lobby, wo er sicher war, dass ihr Gespräch von niemanden abgehört werden konnte, und begann ihnen die Bedingungen darzulegen.

„Also: Für die Forschungsergebnisse und die Formel des neuen Präparats sind wir bereit, 750.000 Euro zu bezahlen. Wir denken, das ist eine angemessene Summe."

Gregor riss die Augen auf und Anna bekam den Mund nicht zu. Soviel hätten sie niemals zu erträumen gewagt.

Doktor Chang setzte fort: „Die Übergabe der Unterlagen muss streng geheim bleiben. Es werden zwei meiner Männer, einer ist ein Arzt und eine Koryphäe für Multiple Sklerose, die Sachen überprüfen. Sollte alles passen, wird gleichzeitig der Geldbetrag in bar ausgehändigt. Ich werde nicht bei der Übergabe anwesend sein. Die Männer werden sich mit dem Codewort *MS-Formel* ausweisen. Eure Antwort soll: *Verkaufen wir!* sein. Der Ort der Übergabe wird in Wien beim Donaupark sein, und zwar um Punkt zwei Uhr Nacht am Donnerstag, also in zwei Tagen, am Parkplatz Ecke Donauturmstraße und Arbeiterstrandbadstraße. Merkt euch das Codewort und den Treffpunkt. Bitte keine Notizen! Habt ihr verstanden? Damit ihr von der Ernsthaftigkeit unseres Geschäftes überzeugt seid, übergebe ich euch hier ein Kuvert mit 2000 Euro."

Anna und Gregor nickten unisono und übernahmen das Kuvert. Da beide ein gutes Gedächtnis hatten, war es kein Problem, alles in Erinnerung zu behalten. Sie kannten diesen Parkplatz.

Chang schlug nun vor, noch an die Bar zu gehen, um das Geschäft zu feiern, was sofort freudig angenommen wurde. Sie prosteten sich zu, boten sich das Du an und plauderten angeregt. Mit jedem Drink wurde die Stimmung lockerer. Chang flirtete mit Anna nun schon unverhohlen, wobei sie kokett sanfte Berührungen zuließ. Gregor betrachtete das Spiel etwas neidisch, zwinkerte Anna zu und zog sich bald auf sein Zimmer zurück.

Ich will ihr den Spaß gönnen. Sie hatte schon lange kein Vergnügen. Ist doch eine gute Investition.

Am nächsten Morgen kamen Anna und Chang gemeinsam aus Changs Zimmer und trafen Gregor zum Frühstück.

Die zwei Detektive hatten ihre Beobachtungen gemacht. Wo es möglich war, fertigten sie heimlich Fotos an. Von den Gesprächen konnten sie leider nichts erhaschen, denn dazu waren sie nie in Hörweite.

Nach dem Frühstück checkten Anna und Gregor aus, verabschiedeten sich von Chang und starteten mit ihren Autos die Rückreise nach Wien.

Beide Detektive folgten ihnen unbemerkt in einigem Abstand. Gregor fuhr ins Büro und Anna nach Hause in die Villa.

Am späten Nachmittag traf Gregor dann in der Villa ein. Zuvor war er einige Male auf Besuch bei seiner Schwester in der Villa gewesen, aber immer nur dann, wenn Heinz nicht anwesend war, denn diesem war die innige Vertrautheit der Geschwister suspekt.

Gregor drängte Anna sofort, den Privatsafe von Heinz zu öffnen.

Komm, Schwester, was zögerst du? Lass uns sehen, was uns so viel Geld bringen wird. Was ist, wenn der Chef den Code mittlerweile geändert hat?

Anna hatte immer noch Bedenken.

Ist das richtig, was wir da machen – was ich da mache? Was, wenn Heinz es bemerkt, dass ich ihn betrogen habe? Wie wird er reagieren? Kann ich noch zurück oder ist es schon zu spät? Ich habe dem Schacher zugestimmt.

Es ist zu spät, der Würfel ist gefallen, wir haben den Rubikon überschritten – es gibt jetzt kein Zurück mehr!

Gregor konnte es nun nicht mehr erwarten; die Anspannung war ihm ins Gesicht geschrieben:

„Komm, Anna, mach den Safe auf – komm!“

Anna tippte die Zahlenfolge 231040 ein. Ein leiser Klick und die schwere Tür sprang auf. Es war der richtige Code! Sie atmeten erleichtert auf.

Unter einem dicken Stapel Akten fanden sie die gesuchte Mappe. Es war zum Glück die zum Geldfluss. Fein säuberlich waren darin die Ergebnisse der Forschung von Doktor Brandner aufgelistet. Darunter irgendwo auch diese ominöse Formel, die sie aus Unkenntnis zwar nicht einordnen konnten, die ihnen aber den erwünschten Reichtum versprach.

Rasch wurden im Drucker Kopien von den Seiten der Laborergebnisse angefertigt und die Mappe hernach wieder an ihrem Platz im Safe verwahrt. Die losen Blätter stopfte Gregor hastig und etwas achtlos in eine Aktentasche und übergab sie Anna.

Beide Detektive hatten Position in Sichtweite zum Eingang der Villa bezogen und warteten geduldig, ob sich dort jemand zeigen sollte. Die Zeit floss dahin und alles blieb still. Es wurde später und später.

Knapp vor Mitternacht sagte ein müder, gähnende Detektiv zum Kollegen: „Da tut sich heute nichts mehr, die zwei schlafen sicher schon. Ich glaube, wir können jetzt abziehen."

„OK, morgen um sechs Uhr früh treffen wir uns wieder hier. Wir werden dann sehen, was sie im Schilde führen. Gehen wir! Jetzt wird nichts mehr passieren."

Da irrte er. Da irrte er gewaltig!

Denn es war kaum eine Stunde verstrichen, als Gregor mit Anna am Beifahrersitz aus dem Tor fuhr. Es war wenig Verkehr und sie erreichten den Parkplatz zwanzig Minuten vor zwei, schalteten die Lichter aus und warteten. Es war Neumond und ziemlich finster, nur schwaches Licht von den weit entfernten Straßenlaternen erhellte den Parkplatz ein wenig. Nichts rührte sich, alles war still.

Um diese Uhrzeit waren keine anderen Autos geparkt. Keiner der beiden wollte jetzt reden, doch die Anspannung war spürbar. Anna zitterte.

Ist das hier wahr oder war das nur ein übler Scherz von Chang? Es hat alles so ernst geklungen. Die 2000 Euro Anzahlung. War das nur Bezahlung für die Nacht? Mir ist kalt.

Sie umklammerte die Mappe und warf einen Blick hinüber zu Gregor, der vor sich hinstarrte. Doch plötzlich sah sie aus dem Augenwinkel einen kleinen Kastenwagen in den Parkplatz einfahren. Kurz hernach wurden die Lichter abgeschaltet. Gregor fasste Anna am Arm.

„Da sind sie! Bleib jetzt ruhig!"

Etwa zwei Minuten tat sich gar nichts. Doch dann stieg ein Mann vom Führerhaus des Kastenwagens und näherte sich ihrem Auto. Anna blieb im Auto sitzen, aber Gregor stieg aus und ging dem dunkel gekleideten Mann entgegen. Zirka drei Meter voneinander blieben sie stehen und der Mann, von dem man in der Dunkelheit das Gesicht kaum erkennen konnte, sagte: „MS-Formel."

Gregor antwortete: „Verkaufen wir!"

Damit war die Identifikation bestätigt. Sie schüttelten einander die Hände.

Gregor gab Anna ein Zeichen, dass alles in Ordnung sei und sie die Mappe bringen könne. In der Zwischenzeit kam auch der zweite Mann, der aus dem Kastenwagen drei schwere Säcke heranschleppte. In jedem der drei Säcke befanden sich 25 gebündelte Pakete zu je 10.000 Euro, alles in 100-Euro-Scheinen.

Die Chinesen kannten die Namen von Gregor und Anna, denn Li Chang hatte sie schon avisiert. Nun stellten sie sich ihrerseits vor und jener, welcher der Koryphäe auf dem Gebiet der Multiplen Sklerose war, nahm von Anna die Unterlagen der Forschung entgegen. Mittels einer Taschenlampe überprüfte er genau die Ergebnisse der Untersuchungen und war sichtlich euphorisch, als er auf die erhoffte Formel stieß.

Inzwischen begann Gregor, gebeugt über einen Geldsack, dessen Inhalt zu inspizieren. Anna war von all dem Geld völlig überwältigt.

Keiner der beiden richtete das Augenmerk auf den zweiten Mann hinter ihnen.

Dumpf zischend fielen die Schüsse zweimal kurz hintereinander, kaum hörbar, und zwei Körper lagen mit Einschusslöchern im Kopf blutüberströmt am Asphalt.

Ohne Hast packten die zwei Chinesen die Geldsäcke zurück in ihren Wagen, nahmen die Mappe mit und verschwanden im Dunkel der Nacht.

Der Tod war zur Stelle.

Hier bin ich. Diesmal hat mich das Schicksal nicht überrascht. Ich habe es kommen sehen. Zwei auf einen Streich. Soll mir recht sein.

Man muss schon einen stabilen psychischen Zustand aufweisen, um nicht ein Leben lang vom Anblick traumatisiert zu werden, der sich dem jungen Mann bot, als er um halb sechs Uhr morgens sein Auto am Parkplatz abstellte, um seine tägliche Laufrunde im Park vor Arbeitsbeginn zu absolvieren. Blanker Horror ließ ihn erstarren.

Mit zitternden Fingern tippte er den Polizeinotruf in sein Handy.

Nach wenigen Minuten bog der erste Polizeiwagen mit Blaulicht und Sirene in den Parkplatz ein. Zwei weitere folgten kurz danach. Sofort wurde der Tatort abgeriegelt, da sich durch die Polizeisirene angelockt, die ersten Gaffer einfanden.

Der junge Mann wurde von der Polizei auf Wie, Wann und Woher befragt, musste seine Personalien geben und war anschließend wahrlich nicht mehr imstande, heute seine Laufrunde zu machen.

In der Zwischenzeit erreichten zwei Kriminalbeamte und ein Gerichtsmediziner die Szene. Die Todesursache war eindeutig: zwei Kopfschüsse aus kurzer Distanz. Abgefeuert von einer Pistole, wahrscheinlich einer Glock. Von der Tatwaffe gab es keine Spur. Der Mediziner stellte fest:

„Der Todeszeitpunkt war bei beiden vor drei, höchstens vier Stunden."

Ein Kriminalbeamter durchsuchte Gregors Jacke und fand im Portemonnaie seinen Führerschein und 78 Euro in bar. „Die Mörder hatten es offensichtlich nicht aufs Geld abgesehen."

Dann inspizierte er den Führerschein und stellte fest: „Gregor Bollmann! Der Name kommt mir bekannt vor. Ist das nicht …?"

Währenddessen untersuchte der andere Beamte Gregors Wagen und rief plötzlich hinüber: „Hey, Franz. Das ist, … das ist, – ich glaub es nicht! Das ist Anna Bollmann, die Frau des Wirtschaftsmagnaten Tulbach! Heinz Tulbachs Frau – unglaublich!"

Ein Ermittlerteam versuchte Spuren zu sichern. An den beiden Leichen fand man Handys, und sie wurden zur Auswertung mitgenommen. Ein Kriminalist hatte die unangenehme Aufgabe, die Angehörigen zu informieren. Er rief in der Firma an. Die Dame im Empfangsbüro meldete sich und stellte ihn zu Thomas Hofer durch, da dieser bei Abwesenheit des Chefs der Ansprechpartner war. Der Kriminalist schilderte den Vorfall und bestand darauf, sofort mit einem Kollegen ins Büro kommen zu dürfen, um die Angestellten zu befragen.

Hofer war von der Nachricht des Beamten schockiert. Er konnte es nicht fassen. Anna und Gregor tot! Er verständigte sofort Grobler, der aus allen Wolken fiel, als er vom Doppelmord erfuhr.

Groblers erste Tat war – noch bevor er sich mit Heinz in Kanada in Verbindung setzen wollte –, die Detektei Sekreto anzurufen.

„Wo waren die auf Anna und Gregor angesetzten Detektive? Wieso konnte es zu einer derartigen Hinrichtung kommen, ohne dass jemand es bemerkt hätte?“

Man entschuldigte sich kleinmütig und versprach, alle gesammelten Unterlagen zur Klärung des Verbrechens bereitzustellen.

Dann blieb es Grobler aber nicht erspart, Heinz in Hamilton anzurufen. „Hallo Heinz. Äh, … es ist was Schreckliches passiert: Anna ist tot! – Gregor auch! Sie sind ermordet worden.“

Am anderen Ende der Leitung war es still; totenstill. Dann, Heinz schrie es fast: „Was? – Kannst du das bitte wiederholen? Was ist geschehen?“

„Anna und Gregor sind heute Nacht am Parkplatz beim Donaupark erschossen worden. Warum sie dort waren, weiß niemand; noch niemand. Es wäre gut, wenn du so schnell wie möglich nach Hause kommen könntest. Alles Weitere erfährst du, wenn du hier bist.“

Heinz brach seinen Aufenthalt in Kanada ab und buchte sofort einen Flug nach Wien, den er noch am Abend antreten konnte. Wie üblich flog er Erste Klasse, konnte aber trotz bequemer Liegesitze nicht einschlafen. Wieder fühlte er, wie so oft, den Schmerz in seinem Bein.

Was ist geschehen? Was hatten die zwei dort in der Nacht verloren? Schrecklich! Ja, wir hatten in letzter Zeit viele Eheprobleme – aber das habe ich ihr nicht gewünscht. Es gab auch so viele schöne gemeinsame Zeiten. Sie war doch die schönste Frau, die ich kannte. Sie war meine Frau; meine Anna. Warum nun das? Ich kann es nicht verstehen.

In Windeseile hatte sich der Mord herumgesprochen und bei Ankunft am Flughafen Wien Schwechat lauerten schon Reporter auf Heinz.

„Herr Tulbach, was haben Sie zum Verbrechen zu sagen? Haben Sie schon einen Verdacht, wer diese Untat verübt haben könnte?"

„Lasst mich in Ruh, ich weiß gar nichts. Kein Kommentar!"

Damit verschwand Heinz in der schwarzen Limousine, die schon für ihn bereitstand.

Alle Medien berichteten vom Doppelmord: manche seriös, mit den tatsächlichen Fakten, die bisher eher spärlich vorhanden waren; andere wieder ergingen sich in wüsten Spekulationen.

Nun begann die detaillierte Arbeit der Kriminalbeamten. Sämtliche Angestellten standen unter Schock und wurden einzeln befragt, ob sie in letzter Zeit Animositäten zwischen den Beschäftigten feststellen konnten.

Da die gefürchtete Chefin nicht mehr zugegen war, begannen die Fleischfliegen zu schwirren: Die Anschuldigungen gegen Anna verdichteten sich.

Sie wurde aufgrund einer Bemerkung beschuldigt, mit dem erst kürzlich eingestellten jungen Diener Harald Niemetz eine Affäre gehabt zu haben – was dieser aber vehement von sich wies.

Dann fand man in einer Schublade ein Gedicht, das ihr ein Bekannter gewidmet hatte.

Der holländische Jazzmusiker Mees van Sanders gab zwar zu, ihr den Hof gemacht zu haben, bestritt aber alle weiteren Intimitäten, was man ihm auch glaubte, da allgemein bekannt war, dass er eher dem eigenen Geschlecht zugetan war.

Jenny, die eifersüchtige Frau von Gregor, der schon immer die Vertrautheit ihres Mannes mit der Schwägerin ein Dorn im Auge war, verstieg sich sogar soweit, ihnen Inzest vorzuwerfen.

Allerdings verliefen sich die Anschuldigungen, die zur Aufklärung des Doppelmordes hätten führen können, allesamt im Sand.

Wirklich Feuer bekam die Sache erst, als Hofer und Grobler der Polizei bekannt gaben, dass sie Detektive zur Überwachung von Anna und Gregor eingesetzt hatten. Sofort wollte man die Protokolle der Wahrnehmungen offengelegt haben.

Heinz wollte von Grobler und Hofer wissen, warum sie einer Detektei den Auftrag zur Überwachung von Anna und Gregor gaben. Grobler erklärte: „Es gab zu viele finanziellen Ungereimtheiten im Unternehmen. Wir hatten zwar keine stichhaltigen Beweise, aber Indizien wiesen darauf hin, dass nur Gregor oder Anna dahinterstecken konnten. Wir wollten Aufklärung. Die konnten wir aber selbst nicht durchführen. Deshalb hatten wir die Detektei Sekreto beauftragt, herauszufinden, wohin diese hohen Geldbeträge fließen."

Es kam zu einer Ermittlung durch die Mordkommission. Anwesend waren die beiden Detektive sowie Hofer und Grobler wie auch Heinz. Sie saßen gemeinsam im Besprechungszimmer auf der Polizeistation, als der ältere der zwei Detektive seine Ausführung begann: „Ich folgte Gregor Bollmann nach Kärnten und quartierte mich im selben Hotel ein, im Hotel Goldener Adler. Herr Bollmann begab sich nach dem Abendessen zur Hotelbar, wo er bei einem Drink mit einem eleganten Chinesen ins Gespräch kam. Was sie gesprochen hatten, konnte ich, da ich doch aus einiger Entfernung beobachtete, nicht hören. Dann ging Herr Bollmann vor die Türe und ich sah ihn telefonieren. Er kam dann wieder herein, verabschiedete sich vom Chinesen, und ich hörte, wie er ein Zimmer auf den Namen Anna Bollmann buchte. Nur wenig später begab er sich auf sein Zimmer."

Nun schaltete sich der jüngere Detektiv in die Ausführung ein. „Ich saß im Auto und observierte die Villa der Tulbachs. Ich wusste, dass Frau Bollmann drinnen sein musste. Es war bereits Abend und ich wollte gerade die Observierung abbrechen, da ich nicht mehr vermutete, dass Frau Bollmann heute noch dic Villa verlassen würde. Da öffnete sich das Tor und das Mercedes Cabrio fuhr heraus mit Frau Bollmann am Steuer. Ich heftete mich unbemerkt an ihren Wagen, der bald auf den Zubringer zur Autobahn auffuhr und sich Richtung Süden bewegte. Über Handy war ich mit meinem Kollegen in Verbindung. Um zirka Mitternacht erreichten wir das Hotel in Klagenfurt. Unbemerkt ließ ich Frau Bollmann zuerst hineingehen und einchecken. Mein Kollege übernahm die Beobachtung und bemerkte, dass Frau Bollmann direkt ins Zimmer ihres Bruders ging. Dann kam auch ich herzu und wir konnten nun beide überwachen. Erst nach eins begab sich Frau Bollmann auf ihr Zimmer."

Der ältere Detektiv setzte nun die Erklärung fort: „Wir sahen am Morgen, dass Herr und Frau Bollmann mit dem Chinesen, der Li Chang heißt – ich erfuhr seinen Namen durch eine kleine Bestechung der Empfangsdame –, gemeinsam frühstückten. Nach dem Frühstück verabschiedete sich der Chinese von den Bollmanns. Anna und Gregor fuhren dann mit Frau Bollmanns Wagen nach Velden, wo sie den Tag ohne Auffälligkeiten im Ort und an der Promenade am Wörthersee verbrachten."

Der jüngere fiel ihm nun ins Wort: „Am Abend trafen die Bollmanns den Chinesen aber wieder im Hotel, und Herr Bollmann hatte mit Hilfe des Maître de Hotel einen gemeinsamen Tisch mit dem Chinesen arrangiert. Wir beobachteten, wie unter ihnen ein recht intensives Gespräch stattfand, das wir aber leider von der gebotenen Distanz nicht vernehmen konnten. Was uns aber dann aufmerken ließ, war, dass Herr Chang Frau Bollmann ein Kuvert übergab. Wir konnten von der Übergabe unbemerkt einige Fotos machen. Über den Inhalt wissen wir nichts."

„Als sie das Abendessen beendet hatten", setzte der ältere fort, „begaben sie sich gemeinsam zur Hotelbar. Dort ging es hoch her! Eine Flasche Champagner wurde bestellt. Offensichtlich hatten sie etwas zu feiern. Die Stimmung lockerte sich; es wurde gescherzt und gelacht. Frau Bollmann und der Chinese flirteten nun ungeniert. Intime Berührungen fanden statt. Wir haben Fotos davon. Nachdem sie noch einige weitere Drinks zu sich nahmen, verabschiedete sich Herr Bollmann von den beiden und ich hörte noch wie er Anna zurief: Habt noch eine schöne Nacht! – Und er begab sich in sein Zimmer."

Der junge Detektiv berichtete nun: „Vielleicht eine Viertelstunde später flüsterte der Chinese Frau Bollmann etwas ins Ohr, worauf sie lachend gemeinsam die Bar verließen. Chang legte ihr seinen Arm um die Schulter, zog sie eng an sich und gab ihr einen Kuss an den Hals. Es gelang mir dann noch verdeckt ein kurzes Video zu machen, als der Chinese mit Frau Bollmann in ihrem Zimmer verschwand. Mein Kollege und ich wechselten uns dann in der Beobachtung ab, allerdings verließ bis Mitternacht keiner mehr das Zimmer."

Heinz saß mit offenem Mund und starrte vor sich hin. Offensichtlich war ihm all das zu viel. Er konnte nicht glauben, was er da hörte. Ein Albtraum, ein wahrer Gewittersturm, peitschte durch seinen Kopf.

Anna, – nein! Anna soll das getan haben? Ich kann's nicht glauben! Wir hatten keine gute Ehe mehr; – aber so etwas? Nein!

„Erst in der Früh", schilderte der Detektiv, „es war etwas nach sieben, kam Herr Bollmann aus seinem Zimmer und ging hinunter zum Frühstücksraum. Bald danach öffnete sich auch die Tür von Frau Bollmanns Zimmer. Heraus kamen, noch etwas verschlafen, Frau Bollmann und Herr Chang. Wir haben alles auf Handyvideo dokumentiert. Sie trafen sich mit Gregor Bollmann und frühstückten gemeinsam, nachdem sie sich am Buffet bedient hatten."

Heinz verfiel nun komplett. Er saß wie ein Häufchen Elend in seinem Stuhl.

Wie konnte sie das nur tun? So niederträchtig! Gemeines Weib. War es eine Retourkutsche auf meine Affäre? OK, ich bin ein Mann, ein Mann mit Bedürfnissen. Aber dass sie eine Nacht mit einem Chinesen verbracht hatte, muss noch andere Ursachen haben. Miststück!

Nun schilderte der andere Detektiv: „Kurz nach dem Frühstück checkten Herr und Frau Bollmann aus. Sie verabschiedeten sich von Chang und fuhren – jeder in seinem Auto – Richtung Wien. Wir folgten ihnen in entsprechender Entfernung und kamen zirka um Mittag in Wien an. Wir konnten noch sehen, wie sie mit ihren Autos in den Parkplatz der Villa einfuhren. Wir bezogen Position und warteten, welche Unternehmungen die beiden heute noch vorhatten. Doch nichts bewegte sich; nichts geschah. Wir warteten. Sie blieben in der Villa. Es wurde später – ich und mein Kollege lösten uns stündlich in der Observierung ab. Knapp vor Mitternacht brachen wir in Übereinkunft die Beobachtung ab. Wir wollten dann frühmorgens wieder unsere Beobachtung fortsetzen, denn wir waren sicher, dass heute wohl nichts mehr geschehen würde. Es tut uns leid. Das war ein grober Fehler; da irrten wir gewaltig!“

Eine Kriminalbeamtin der Mordkommission hatte ein Tonbandgerät laufen und ihr Kollege machte nebenbei Notizen.

Sofort wurde die Polizeibehörde in Klagenfurt verständigt; man wollte den Chinesen befragen. Er war es ja, mit dem Gregor und Anna zuletzt Kontakt hatte. Sie fanden ihn auch: Chang logierte immer noch im Goldenen Adler, als die Kriminalbeamten dort vorsprachen. Sie erzählten ihm vom Tod der Bollmanns und wollten natürlich wissen, was er mit ihnen gesprochen hatte. Chang gab sich gekonnt entsetzt. Er war ein exzellenter Schauspieler.

„Unmöglich! Wie konnte das geschehen? Weiß man, wer die Tat begangen hat?“

Vorsorglich hatte er ein stichhaltiges Alibi, das von einigen Leuten bestätigt werden konnte, für die Tatzeit erarbeitet. Sein Handy, mit dem er mit den Verbrechern in Verbindung stand, war wohlweislich ausgetauscht worden. Gut vorbereitet erwartete er nun die Fragen der Polizisten.

„Was wurde gesprochen, was vereinbart?“

„Ich bin Mediziner und Herr Bollmann hatte mir einen Kontakt zu Doktor Brandner ermöglicht, der mir die Forschungserrungenschaften der Firma Medoktul veranschaulichte. Das war für mich eine feine Gelegenheit.“

„Wir wissen, dass Sie Herrn Bollmann ein Kuvert übergaben. Was befand sich im Kuvert?“

„Es war ein Dankeschön für die Vermittlung zur Firma Medoktul und ein kleiner Geldbetrag für ein Abendessen für zwei.“

„Wir wissen auch, dass Sie die Nacht mit Frau Bollmann verbracht hatten. Was haben Sie dazu zu sagen? Sie waren wohl der Letzte, der mit ihr Kontakt hatte.“

„Ja, das stimmt. Es war ein einvernehmlicher One-Night-Stand. Das ist unter Erwachsenen kein Verbrechen, oder?“

„Nein, ist es nicht. Es muss nur jetzt ein seltsames Gefühl für Sie sein.“

Man konnte Chang nichts nachweisen. Sein Alibi war hieb- und stichfest. Über seine Gespräche mit den Geschwistern Bollmann gab er nur nichtssagende Auskunft. Man wusste letztendlich genau so viel wie vorher.

Zwei Tage später reiste Doktor Li Chang zurück nach China.

Nach dieser Offenbarung pendelten die Gedanken von Heinz, geleitet von Selbstvorwürfen bis hin zu Zornesausbrüchen, ständig hin und her. Ein wahrer Tsunami wogte durch seinen Kopf.

Ich habe sie doch geliebt. War das nicht genug? – Ich war verrückt nach ihr. Sie war die schönste Frau in meinem Leben. Sie liebte mich doch auch; oder ist das alles nur von ihr gespielt gewesen? Oh, wie hasse ich dieses Dreckstück. Wie konnte sie mich so hintergehen? Ihr Bruder, dieser verdammte Intrigant. Ihre lebhafte Art wird mir fehlen. Zum Teufel mit ihr! Warum trifft mich das Schicksal so hart?

Heinz fiel in eine Depression, die sich derart negativ auswirkte, dass ihm Tommi Grobler riet, einen Therapeuten aufzusuchen. Dazu kam noch, dass sich sein unehelicher Sohn – sein einziger Sohn – Heinrich Blockfeld, mit einer Überdosis an Heroin das Leben nahm. Verzweiflung erfasste Heinz. Allerdings lehnte er den Vorschlag von Grobler entschieden ab. Therapeuten wollte er keinen sehen; er traute ihnen nicht zu, ihm zu helfen. Außerdem wollte er sich vor der Belegschaft keine Schwäche anmerken lassen. Er schlief schlecht, er träumte viel. Oft eigenartige Träume, die er kurz nach dem Aufwachen zu analysieren versuchte.

Da war ein dunkler Gang in einem Keller, ich schwebte hindurch, stieß ab und zu an den Wänden, die sich wie weiche Polster anfühlten, mit den Armen an. Wo kam der Sessellift her? Er fuhr an mir vorbei, ich konnte ihn nicht stoppen. Anna stand plötzlich vor mir. Nackt. Ich versuchte, sie zu berühren; starrte auf ihre Scham. Als ich aufsah, war ein anderes Gesicht zu sehen, unbekannt, hässlich verzerrt. Ein Kopf mit blonden Haaren verschwand im

Dunkeln. Ich suchte nach meiner Geldbörse mit all den Kreditkarten, doch konnte sie nicht finden. Panik breitete sich in mir aus.

Schweißgebadet wachte Heinz auf. Gott sei Dank, es war alles nur ein Traum. Kein Traum war allerdings der Verrat, die Untreue und der Tod seiner Frau.

Heinz schloss aus, dass Anna in der Gruft der Tulbachs beigesetzt werden konnte. Das kam für ihn nicht infrage. Er leistete zwar seinen Beitrag für das Begräbnis, bestimmte aber, dass Anna am Stammersdorfer Zentralfriedhof im Familiengrab der Bollmanns beerdigt werden sollte. An der Beerdigung nahm er, aus verständlichen Gründen, nicht teil. Vergeben konnte er Anna nicht und besuchte auch nie ihr Grab.

Es war seine Art, sie aus seinem Gedächtnis zu löschen.

3. DIE LIEBENDE

Ein halbes Jahr war nun seit dem Mord an Frau und Schwager vergangen. Doch immer noch war Heinz von der Arglist seiner Frau hasserfüllt und bedrückt.

Nikko Karner, ein Freund von Heinz seit Jugendjahren, hatte vor einigen Tagen ein längeres Gespräch mit Heinz geführt. Nikko hatte von Zeit zu Zeit noch Kontakt zu Maria, der Tochter der kürzlich verstorbenen Ex von Heinz. Heinz war darüber nicht gerade freudig gestimmt, denn er wollte mit dieser Verwandtschaft nichts mehr zu tun haben. Allerdings war Nikko nicht nur ein langjähriger Freund, sondern auch der kompetente Chef der Personalabteilung in der Zentrale bei Tulba International. Als Vertrauter von Heinz kam auch die depressive Stimmung des Chefs zur Sprache.

Nikko riet Heinz: „Du darfst dich nicht innerlich verbrennen. Du brauchst mehr Ruhe. Mehr Ausgeglichenheit. Eine Gefährtin an deiner Seite, die dir Geborgenheit schenkt. Geborgenheit, die dir die Möglichkeit bietet, alles Unangenehme zu vergessen, damit du deine geschäftlichen Aufgaben in Ruhe verrichten kannst."

„Ich weiß, aber es ist verdammt schwierig, all das, was geschehen ist, zu vergessen. Es schwirrt mir der Kopf; ich habe Migräne. Mein Fuß schmerzt. Wie finde ich wieder Ruhe?"

„Heinz, bei mir in der Abteilung gibt es eine nette, ruhige alleinstehende Frau, die du dir einmal ansehen solltest. Vielleicht kann sie dir helfen, wieder Ruhe zu finden."

„Bitte, Nikko, verschon mich! Von Weibern will ich derzeit nichts wissen."

„Ja, ich versteh dich schon. Aber schau doch einmal auf deinem Rundgang durch die Zentrale in der Personalabteilung vorbei. Komm, das bleibt ja unverbindlich. Die junge Frau heißt Josefine Seifert. Die Kollegen nennen sie Fini. Sie ist eine gute Kraft, immer freundlich und bemüht."

„OK, Nikko. Ich glaube, ich kenne sie sogar. Also gut – ich werde bei nächster Gelegenheit mit ihr sprechen. Wir werden sehen."

Nach dem Wochenende begab sich Heinz morgens, wie immer, wenn er nicht auf Geschäftsreise war, auf seine Runde durch die Abteilungen der Zentrale. Er begrüßte alle, wechselte mit diesem und jenem ein paar Worte und verbreitete, wie er es schon vom Vater gelernt hatte, Zuversicht bei seiner Belegschaft. Etwas, was er in letzter Zeit sträflich unterlassen hatte.

In der Abteilung für Personalwesen traf er nun auf Josefine Seifert. Während er mit ihr sprach, schwenkte sein Blick über die junge Frau und Heinz konnte nicht umhin, Nikkos Beobachtungen zuzustimmen.

Wie ruhig und unaufgeregt sie mit mir spricht. Sie ist ganz anders als Anna. Auch vom Aussehen her: blondes Haar, heller Teint. Vielleicht nicht so schön, nicht ganz so sexy. Aber ihre Ausstrahlung wirkt so angenehm beruhigend.

Bevor Heinz sich von ihr verabschiedete, um seinen Rundgang fortzusetzen, bat er sie noch: „Frau Seifert, könnten Sie bitte heute Nachmittag in mein Büro kommen? Wenn es Ihre Arbeit erlaubt? Wäre Ihnen drei Uhr recht? Ich hätte gerne etwas Persönliches mit Ihnen besprochen."

Josefine war etwas überrascht, fasste sich aber schnell und stimmte zu.

Was mag der Chef wohl von mir wollen?

Pünktlich um drei Uhr kam Josefine ins Büro von Heinz. Etwas verschüchtert fragte sie, ob sie etwas, was ihre Arbeit betraf, falsch gemacht hätte. Heinz lächelte nur und versicherte ihr, dass er mit ihrer Leistung sehr zufrieden ist.

Was will er dann von mir?

Heinz räusperte sich und sagte: „Ich habe am Donnerstag ein Meeting bei Italo Invest in Mailand und ich hätte gerne, dass Sie mich begleiten. Es wäre für Sie eine Gelegenheit mit den dortigen Leuten im Personalbereich Ideen auszutauschen. Mit Herrn Karner habe ich schon gesprochen; er hat Vorkehrung getroffen, Sie zwei Tage durch Frau Berger vertreten zu lassen. Wären Sie bereit mitzukommen?“

Josefine errötete etwas. Dass der Chef sie zu diesem wichtigen Meeting einlud, war für sie eine große Ehre.

„Gerne – ja, ich bin bereit. Ich werde morgen im Büro alles regeln.“

Die Sekretärin von Heinz organisierte Flugtickets und die Hotelbuchung für die Reise nach Mailand. Am Donnerstag früh holte er Josefine von der Firma ab, und ein Fahrer brachte dann beide in einer Limousine zum Flughafen. Heinz im Business-Anzug und Josefine in einem dunkelblauen Kostüm ergaben ein adrettes Paar. Ihr Flug war für 1245 angesetzt und sie überbrückten die Wartezeit in der VIP-Lounge bis zum Abflug mit Gesprächen über strategische Firmenangelegenheiten. Heinz war von Josefines Kompetenz beeindruckt.

Sie ist so sicher in ihrer Analyse. Ohne jemanden herabzusetzen, beurteilt sie die Mitarbeiter. Vorsichtig, aber punktgenau. Überzeugend scharfsinnig.

Die Maschine hob pünktlich ab. Heinz hatte First-Class-Plätze gebucht. Ein Luxus, den Josefine noch nie zuvor erlebt hatte, aber demütig genoss. Bald entwickelte sich zwischen ihnen, dank des natürlichen Frohsinns von Josefine, eine immer mehr persönliche Unterhaltung. Heinz gab zögernd Eheprobleme preis, und Josefine erzählte von ihrer gescheiterten Beziehung vor einem Jahr. Die Zeit verging, im wahrsten Sinne des Wortes, wie im Flug, und sie landeten nach ein und einer halben Stunde pünktlich in Mailand. Dort wurden sie von einem Chauffeur erwartet, der sie ins Park Hyatt Hotel brachte. Heinz hatte zwei Superior Suiten reserviert: eine für Frau Magister Josefine Seifert und die zweite für Herrn Direktor Heinz Tulbach. Josefine war vom Luxus überwältigt.

Noch am Nachmittag war ein Informationsgespräch mit dem Leiter der Finanzabteilung bei Italo Invest auf dem Programm. Nach kurzer Erfrischung nahmen Heinz und Josefine ein Taxi und fuhren zum Unternehmen, wo Signor Calvini ihnen mit Vorbehalt Einblick in die Finanzlage des Unternehmens gab, das er als recht solide präsentierte. Seine eigentliche Aufgabe war jedoch, die beiden Gäste aus Wien zu einem Abendessen in ein Restaurant einzuladen. Und er scheute keine Kosten, denn er buchte einen Tisch in einem hervorragenden Lokal in einer kleinen Gasse zwischen dem Mailänder Dom und dem Teatro alla Scala. Sowohl das Essen als auch das Service waren ausgezeichnet. Heinz und Josefine genossen den Abend in lockerer Atmosphäre, denn Herr Calvini war bedacht, keine geschäftlichen Themen anzuschneiden, sondern lenkte das Gespräch eher auf allgemeine Sachen, wie Sehenswürdigkeiten und Mode in Mailand.

„Frau Tulbach, waren Sie schon in Mailand? – Nein? – Sie müssen unseren Dom besuchen! Bei uns findet auch viermal im Jahr eine Modeschau, die Milano Moda Donna, statt. Das wäre gewiss interessant für Sie."

Dass Signor Calvini Josefine mit Frau Tulbach angesprochen hatte, wurde von Heinz und Josefine mit Augenzwinkern schelmisch zur Kenntnis genommen, aber keiner der beiden versuchte zu korrigieren.

Bei Dessert und abschließendem Kaffee klang der Abend aus. Sie verabschiedeten sich von Herrn Calvini, und Heinz versprach, ihn morgen nach seinem Meeting mit Signor Almaso, dem Abteilungsleiter des Personalwesens, nochmals aufzusuchen.

Ein Taxi wurde gerufen, das Heinz und Josefine zurück in ihr Hotel brachte. Heinz bot Josefine noch einen Gute-Nacht-Trunk an der Hotelbar an, den sie gerne annahm. Er bestellte eine Flasche Prosecco und merkte an: „Sag, Josefine, wir sind noch immer per Sie. Sollten wir das nicht ändern?"

„Ich weiß nicht? Ist das eine gute Idee, mit dem Firmenchef per Du zu sein? Wie werden das die anderen Angestellten auffassen?"

„Ich würde mich darüber freuen. Und es geht niemanden etwas an, mit wem ich per Du bin."

Etwas zögernd stimmte Josefine dann zu; und Heinz schenkte den Prosecco ein. Sie kreuzten die Arme, prosteten sich zu – und küssten sich. Ein Kuss, der flüchtig war, eher ein Begrüßungskuss.

„Vergiss nicht: Ich bin Heinz!", sagte er lachend.

„Und ich Josefine! Aber niemand nennt mich so. In der Firma sagen alle Fini zu mir. Also: Fini!“

Sie alberten noch eine Weile herum. Dann war es Zeit, schlafen zu gehen. Gemeinsam fuhren sie mit dem Lift hinauf zu ihren Zimmern, die sich gegenüberlagen. Im Flur umarmte Heinz Josefine und gab ihr einen Kuss, was sie ohne Widerstand geschehen ließ. Diesmal war der Kuss mehr als flüchtig und er spürte ihr Verlangen.

Seine Frage: „Fini, willst du noch auf einen Kaffee in meine Suite kommen?“, beantwortete sie ohne Ausflüchte: „Nein, Heinz!“

„Darf ich in deine Suite kommen?“, rief die gleiche Antwort hervor. Und damit war die Lage geklärt.

Es geschah nicht oft, aber immer, wenn Heinz bei seinen amourösen Avancen eine Zurückweisung bekam, war er irritiert, zornig und frustriert. Diesmal jedoch nahm er die Weigerung mit gelassener Ruhe hin. Im Gegenteil, er war sogar erleichtert, als Josefine seinem schnellen Drängen widerstand, denn in seinem Innersten begann er echte Gefühle für diese junge Frau zu entwickeln.

Am nächsten Morgen war das Meeting mit Signor Almaso bei Italo Invest angesagt. Italo Invest stand mit der Investment Branch von Tulba International in enger Kooperation.

Das Problem bestand, die Verkäufer auf gleichem Niveau einzuschwören, ihnen Richtlinien zu geben, die international eingehalten werden mussten und dennoch maximalen Gewinn bringen sollten. Heinz war auf diesem Gebiet selbst nicht so firm und überließ daher die geschäftlichen Feinheiten Josefine, die in telefonischem Kontakt mit ihrem Abteilungsleiter in Wien stand. Heinz erbat sich Zeit, um in der Stadt einige Besorgungen zu machen, während Josefine mit Signor Almaso und Nikko per Videokonferenz strategische Abläufe besprach.

Nach zirka einer Stunde kam Heinz zurück und holte Josefine ab. Heinz sah noch schnell bei Signor Calvini vorbei. Schließlich verabschiedeten sie sich von Herrn Almaso, bedankten sich für die aufschlussreichen Informationen und fuhren wieder zurück ins Hotel, wo sie ihr Mittagsmahl einnahmen.

Nachmittags war noch genug Zeit für einen Bummel durch die Innenstadt. Als erstes besichtigten sie den wunderbaren Dom. Josefine, die zuvor noch nicht in Mailand war, staunte über das gotische Bauwerk, diese monumentale Schönheit, die von tausenden Touristen täglich bewundert wird und dominierend die Piazza einnimmt. Es war vernünftig, dass Heinz am Tag zuvor schon ein Skip-the-Line–Ticket gekauft hatte. So brauchten sie nur durch die Sicherheitskontrolle geschleust werden und konnten somit rasch ins Innere des Domes gelangen.

Hernach führte sie Heinz durch den Triumphbogen in die überdachte Galleria Vittorio Emanuele II, die Einkaufsgalerie schlechthin in Italien, wo alle eleganten Modehäuser vertreten sind. Seiner Anregung, sich etwas Schönes hier zu gönnen, widerstand Josefine mit demütiger Bescheidenheit.

Hier kamen sie, wie viele andere Touristen auch, zu dem im Fußboden befindlichen Bild eines Stiers, der dem Aberglauben geschuldet, den Damen, falls sie dessen große Hoden berührten, Fruchtbarkeit verheißen sollte. Die Herren sollten sich auf dem wohlbestückten Teil des Stiers mit dem Absatz des rechten Schuhs einmal im Kreise drehen. Fini und Heinz waren zwar einer Meinung, dass sie diesen Unsinn nicht mitmachen sollten, beugten sich aber schließlich der Aufforderung lachender Zuseher, um nicht als Spaßverderber dazustehen.

Von den vielen eleganten Geschäften überwältigt, leitete Heinz Josefine zurück zum Kaufhaus La Rinascente. Hier fuhren sie mit dem Aufzug ins oberste Stockwerk, wo sich die Obica Mozzarella Bar befindet, von der sie einen grandiosen Ausblick auf den vis a vis gelegenen Dom hatten. Sie ergatterten einen Tisch, bestellten Aperol Spritz für beide und genossen das lockere Treiben in der Bar. Heinz betrachtete Josefine und war still in Gedanken verloren.

Wie angenehm es ist, hier neben ihr zu sitzen. Sie strahlt so viel Ruhe aus. Ganz anders als bei manch anderen lebhaften Frauen, mit denen ich zusammen gewesen bin. Bei Fini fühle ich mich richtig wohl.

Josefine stand kurz auf, blickte hinunter auf den Domplatz, der von oben ein Menschengewirr darbot. Wie Ameisen liefen die Touristen hin und her. Während sie lächelnd zum Tisch zurückkam, betrachtete sie Heinz, der zufrieden in seinem Sessel lümmelte.

Er ist viel ruhiger als in letzter Zeit in der Firma. Sieht gut aus, mit seinen grauen Schläfen. Ein stattlicher Mann. Weltgewandt. Wäre ein Mann zum Verlieben. Ich mag ihn. Schade, dass er mein Chef ist. Ich muss vorsichtig sein, ich will nicht als Teilzeit-Geliebte enden.

Sie plauderten noch angeregt und erfreuten sich an der langsam untergehenden Sonne. Für den Abend hatte Heinz im Restaurant Valentino Legend Milano, das in Gehdistanz vom Dom lag, einen Tisch gebucht.

Langsam schlenderten sie, sich scherzhaft wie Teenager Hand in Hand haltend, über den Domplatz Richtung Restaurant. In der freien Hand hatte Heinz eine Einkaufstasche, die er schon den ganzen Nachmittag mit sich trug. Eine kleine Tasche ohne Beschriftung. Josefine vermutete:

Wahrscheinlich hat er am Vormittag ein kleines Andenken von Mailand für mich erstanden, während ich mit Signor Almaso geschäftliche Angelegenheiten besprach.

Da irrte sie allerdings.

In der unbeschrifteten Tasche befanden sich nämlich zwei rote Schatullen, die sehr wohl beschriftet waren. Der Name Cartier prangte Weiß auf Rot. In der einen Schatulle befand sich ein Collier aus 750er Gold mit zahlreichen kleinen Brillanten von fast drei Karat. Im anderen Kästchen waren Ohrstecker, ebenfalls mit Brillanten besetzt.

Im Restaurant angekommen, wurden sie zu ihren reservierten Plätzen geleitet. Nach einem Aperitif empfahl man ihnen als Vorspeise Carpaccio di Bresaola mit Parmesan und Rucola, welche sie beide auch gerne annahmen. Heinz war gut gelaunt, scherzte und flirtete mit Josefine, die sich in seiner Nähe sichtlich wohl fühlte. Als ersten Gang bestellte sie eine Minestrone und er nahm ein Risotto alla Milanese mit Safran und Pistazien. Zum Hauptgang orderte sie den Seebarsch, einen Branzino alle Mandorle, und Heinz hatte Truthahnstücke vom Grill. Welch Köstlichkeiten! Senator Luccullus hätte Bacchus dafür danken müssen! Dazu kam eine Flasche Sforzato di Valtellina DOCG, ein ausgezeichneter trockener Rotwein, der ihre Körper nach dem zweiten Glas angenehm durchströmte. Bevor die

Nachspeise serviert wurde, kramte Heinz in seiner Papiertasche. Dann ging er um den Tisch herum, küsste Josefine sanft auf die Wange und stellte die zwei Schatullen vor ihr hin.

„Fini, eine kleine Anerkennung, dass du mir Gesellschaft leistest. Ich kann dir versichern, ich genieße es, mit dir zusammen zu sein. Es sind schöne Tage für mich. Danke, vielen Dank!“

Josefine starrte auf die Schatullen. Sie öffnete die Größere und schreckte zurück, als sie das Collier sah.

Nein, das geht nicht! Das ist kein Souvenir. Will er mich damit kaufen? Dieses Geschenk kostet gewiss mehrere tausend Euro. Das ist Wahnsinn. Das kann ich nicht annehmen.

Sie lehnte sich im Sessel zurück und schob die Schatullen langsam über den Tisch und sagte: „Heinz, bitte, sei mir nicht bös. Das kann ich bei bestem Gewissen nicht annehmen. Nein! Bitte, überlege mal, das geht nicht!“

Er war überrascht, schockiert. Zitternder Hand nahm er die Schatullen und schob sie zurück in die Tasche.

Was habe ich falsch gemacht? Der Abend verlief so angenehm – und nun das. Wo liegt mein Fehler? Ich wollte ihr nur Freude bereiten. Vielleicht hat sie Recht? Schade. Das wollte ich nicht! Vergib mir!

Zerknirscht blickte Heinz hinüber zu Josefine, die ihren Blick gesenkt hatte. Heinz versuchte die Stimmung zu retten und stellte fest: „Sei nicht böse – vergib mir! Fini, es war ein Fehler von mir. Lass uns das gute Dessert genießen. Ein Digestiv kann nun auch nicht schaden!“

Er verzog das Gesicht und lächelte etwas gezwungen. Und das brachte Josefine zum Lachen. „Heinz, sei nicht albern! Alles ist gut. Dieser Schmuck ist grandios. Aber nichts für mich. Bitte, versteh mich!“

Sie aßen ihre Nachspeise und tranken dann noch einen Limoncello zur Versöhnung.

Auf dem Heimweg hakte sich Josefine bei Heinz ein und strich ihm zärtlich über seinem Arm. Im Hotel angekommen, küssten sie sich, bevor jeder in seinem Zimmer verschwand, denn sie hatten morgen noch einen zusätzlichen Tag, um die Sehenswürdigkeiten der Stadt zu erkunden. Aber sie konnten beide nicht gleich einschlafen. Heinz überdachte die vergangenen Ereignisse.

Ich habe sie so gern in meiner Nähe. Ich möchte sie nicht verlieren. Mit dem Collier habe ich einen Fehler gemacht. Ihr so ein teures Geschenk zu machen, war falsch. Wir kennen uns noch gar nicht richtig. Ich habe sie dadurch in Verlegenheit gebracht. Sie fühlte sich bezahlt; gekauft. Ich habe mir dabei nichts Böses gedacht – aber jetzt verstehe ich, warum sie das Geschenk nicht angenommen hat. Ich muss behutsamer vorgehen. Fini, ich mag deine Art zu lachen, deinen angenehmen Frohsinn. Ein wenig verliebt bin ich schon. Ob sie mich nur als Chef sieht – oder doch auch als Mann? Kann sie mich je als Liebhaber sehen?

Im Zimmer gegenüber versuchte Josefine einzuschlafen, aber ihre Gedanken kreisten über den vorhergegangenen Stunden.

Ich mag ihn, er ist hier so anders, als ich ihn in der Firma erlebt habe. Das mit dem Collier, ja, da konnte ich gar nicht anders. Ich musste es ablehnen. Was hätte er von mir gedacht, wenn ich sein Geschenk angenommen hätte: Wieder eine, die es auf mein Geld abgesehen hat. Es geht mir nicht darum. Ok, ich finde es schon angenehm, nicht jeden Cent umdrehen zu müssen – aber Leute, die protzen, mag ich nicht. Er ist manchmal so süß, sogar unbeholfen, wenn er mir imponieren will. Wenn er sich öffnet, sogar verletzlich. Ich mag ihn ja, so, wie er jetzt ist. Wird er sich nach der Reise noch so benehmen? Ich weiß es nicht – ich hoffe es. Als Mann ist er ein Traum jeder Frau: weltgewandt, wohlhabend, mittleres Alter, gutaussehend. Zuvorkommend – zumindest mir gegenüber. Soll ich es wagen, mich mit ihm einzulassen? Wollen tu ich es ja – aber ist es auch vernünftig?

Am nächsten Morgen, beim Frühstück, besprachen sie, welche Dinge sie noch in der Stadt in Angriff nehmen wollten. Heinz versuchte Josefine zu motivieren, die hervorragenden Einkaufsmöglichkeiten von Mailand zu nutzen, was sie aber lächelnd ablehnte. Sie machte ihm klar, dass sie viel lieber einige Kunstschätze der Stadt sehen wollte. Ein gemütlicher Stadtrundgang würde sie zu vielen Sehenswürdigkeiten führen. Heinz war einverstanden. Er hatte schon von Wien aus für den Besuch des Refektoriums, wo sich das weltbekannte Gemälde „Das Abendmahl“ von Leonardo da Vinci befand, On-line-Tickets gebucht. Zuerst wanderten sie jedoch zum Königlichen Palast, der sich gleich beim Dom befand, und bewunderten im Inneren einige Meisterwerke. Hernach überquerten sie den großen Platz, schlenderten durch die Galleria bis zum

Teatro alla Scala, dem berühmten Opernhaus. Hier nahmen sie an einer Führung teil, die ihnen das prunkvolle Innere des Gebäudes, das von außen gar nicht so spektakulär wirkte, offenbarte. Für eine Abendveranstaltung hatten sie weder Karten noch war genügend Zeit vorhanden. So wanderten sie weiter bis zum großen Parco Sempione, vor dem sich das beeindruckende Castello Sforzesco befand. Müde vom Flanieren ruhten sie sich einige Zeit im Schatten des Schlossparks aus, bevor sie den Park querten und vor dem Arco della Pace, einem Triumphbogen, Halt machten. In seiner Nähe befanden sich einige nette Lokale, und da es schon früher Nachmittag war, gönnten sie sich einen kleinen Imbiss. Es war gut, hier zu rasten. Heinz und Josefine saßen nebeneinander und sahen dem regen Treiben der Italiener zu. Josefine legte ihre Hand auf den Arm von Heinz.

Wie schön es ist, so neben ihm zu sitzen. So ruhig, so angenehm. Doch kann es so bleiben? Augenblick, verweile! Nein, das gibt es nicht! Ich will den Augenblick genießen. Hier und jetzt.

Langsam wurde es Zeit, sich auf den Weg zu machen, um zum Kloster bei der Kirche Santa Maria delle Grazie zu gelangen, wovon sie die vorbestellten Karten für den Besuch des berühmten Abendmahls von Da Vinci hatten. Als sie dort anlangten, war schon eine lange Reihe von Menschen versammelt, um Einlass zu finden. Heinz präsentierte die Karten und es wurde ihnen zur angegebenen Zeit Zutritt in einer kleinen Gruppe gestattet. Da standen sie nun persönlich vor dem Gemälde, das sie von so vielen Abbildungen kannten. Eine glückselige Begeisterung erfasste beide. Sie hielten sich an den Händen, staunten stumm und warfen einander zufriedene Blicke zu. Heinz raunte Josefine zu: „Ich kann es förmlich spüren, wie Jesus zu seinen Jüngern spricht: Einer von euch wird mich verraten.“

Josefine nickte zustimmend und machte Heinz darauf aufmerksam, dass es in der Wiener Minoritenkirche ein Mosaik mit gleichem Motiv gibt, das allerdings weit weniger bekannt ist. Bald wurde die Gruppe, in der sie sich befanden, wieder aus dem Saal hinaus gebeten, denn die nächsten Touristen warteten schon auf ihren Einlass. Ja, das war wohl der Höhepunkt des heutigen Nachmittags für Josefine und Heinz. Gemächlich wanderten sie zurück zum Hotel, um sich etwas frisch für den Abend zu machen.
Heinz hatte eigentlich vor, Josefine noch in ein Nobelrestaurant einzuladen. Das lehnte sie aber mit einer Bitte ab: „Ich möchte den letzten Abend in Mailand lieber in einem kleinen typisch italienischen Lokal im Naviglio-Viertel mit dir zu verbringen. Nichts Pompöses, nichts Elegantes mehr.“

Sie schlenderten also zum Naviglio Grande und fanden dort im Freien ein schmuckes Lokal. Bei herrlichem Sonnenuntergang über dem Kanal orderten sie Pizza und Wein. Josefine hatte ihr Haupt an die Schulter von Heinz gelegt. Eine korpulente Serviererin mit üppigem Vorbau servierte ihnen eine Flasche Rotwein, wobei sie Heinz unverfroren zuzwinkerte und warnte: „Fa attenzione, bel ragazzo. Questo vino ha ancora causato problemi ad alcuni uomini!“

Sein Italienisch war zwar mangelhaft, aber Heinz konnte erahnen, was sie meinte und konnte daher nicht umhin, zu lächeln. Er zog Josefine nahe an sich. Romantik pur. Ein Wohlgefühl durchströmte ihre Körper. Sie saßen noch lange im Lokal, tranken Wein und beobachteten aneinandergeschmiegt die auf und ab flanierenden Leute. Als sich die ersten Sterne am Himmel zeigten, begaben sie sich frohgestimmt auf den Heimweg.

Im Hotel angekommen, versuchte Heinz nochmals sein Glück und küsste Josefine leidenschaftlich. – Und hätte Josefine nur ein Glas mehr getrunken – wer weiß –, dann hätte sie seinem Drängen wahrscheinlich nicht mehr standgehalten. So aber schliefen beide wieder in ihren eigenen Zimmern.

Am nächsten Morgen, nach dem Frühstück und Auschecken, brachte sie eine Limousine zum Flughafen. Der Abflug war für 10:50 Uhr angesetzt, was ihnen noch einige Zeit zum Verweilen in der VIP-Lounge gab. Heinz war heute Morgen nicht sehr gesprächig; in seinem Kopf geisterten schon wieder die Geschäftstermine für die nächste Woche. Auch Josefine verhielt sich recht still; sie ließ in Ruhe die schönen Tage in Mailand noch einmal Revue passieren.

Die Maschine hob plangemäß ab. Heinz und Josefine hatten ihre Plätze in der First Class eingenommen. Das gleichmäßige Surren der Triebwerke erzeugte bald angenehme Müdigkeit. Josefine schloss die Augen und dachte über ihre Beziehung zu Heinz nach.

War das alles nur eine Episode; etwas, was bald wieder vorbei sein wird? Wir kennen einander erst so richtig seit ein paar Tagen. Kann ich mich auf eine Beziehung einlassen? Ich möchte ja – aber kann ich es wagen? Wird sich Heinz nach der Reise anders benehmen? Während unseres Aufenthalts war er so nett, charmant und zuvorkommend.

Ein angenehmer, galanter, liebenswürdiger Mann. Ich mag ihn so, ich lieb ihn so. Wird er in der Firma mit mir wieder per Sie sein? Wir werden sehen; ich lass mich überraschen.

Heinz hatte eine Broschüre in der Hand. Er starrte nur darauf, ohne zu lesen. Seine Gedanken waren ganz woanders.

Hier neben mir sitzt das liebenswerteste Geschöpf, das ich seit vielen Jahren kennengelernt habe. Danke, Nikko, dass du mir diese Frau empfohlen hast! Kann man sich in wenigen Tagen in jemanden verlieben? Ja – ich denke schon. Meine Gedanken kreisen stetig um sie. Wenn man in der Früh aufwacht und an jemanden denkt, tagsüber und abends im Bett immer noch, dann muss das doch Liebe sein, oder? Ich möchte sie nicht verlieren. Ich werde mich um sie bemühen, darf sie nicht aus den Augen lassen. Gleich, wenn wir ankommen, werde ich ein Rendezvous vereinbaren. Ich muss sie bald wiedersehen.

Die Maschine landete pünktlich in Wien-Schwechat. Bevor sich Heinz von Josefine verabschiedete, erbat er sich ein Treffen. Gleich am Beginn der Woche hatte er Termine in München und Salzburg, aber am Donnerstag sei er wieder in Wien. Josefine notierte sich Tag, Zeit und Ort im Gedächtnis und versicherte Heinz, dass sie sich auf das Wiedersehen freue. Er küsste sie noch innig, bevor der Chauffeur mit der Firmenlimousine vorgefahren kam. Erst brachte der Fahrer Josefine zu ihrer Wohnung und dann Heinz in die Villa.

Noch am selben Abend rief Heinz bei Josefine an, erkundigte sich nach ihrem Befinden und meinte scherzhaft: „Wehe, du sagst in der Firma Herr Tulbach zu mir! Ich heiße dann, bitte, immer noch Heinz."

„Ich werde es mir merken – hoffentlich –, wenn du nicht vergisst, dass man mich Fini nennt", antwortete sie ihm.

So telefonierten sie täglich und alberten herum. Der Donnerstag kam, und sie fanden sich beide pünktlich am Treffpunkt ein. Josefine konnte sich den Nachmittag freinehmen. Heinz hatte eine kleine Konditorei in der Innenstadt auserwählt. Sie begrüßten sich mit einem sanften Kuss und bestellten Kuchen und Kaffee.

Heinz war nervös, unruhig und wusste nicht recht, wie er das, was er mehrmals geprobt hatte, formulieren sollte. Dann nahm er seinen ganzen Mut zusammen, fasste sich ein Herz und fragte sie flüsternd: „Fini, willst du mich heiraten? Willst du meine Frau werden?"

Josefine war derart überrascht, dass sie ihn nur anstarrte und kein Wort herausbrachte. Sie hätte mit allem gerechnet, aber niemals damit. Es war ihr schwindlig im Kopf.

Jetzt ist er wahnsinnig. Er will mich heiraten!? So schnell? Natürlich will ich. Ja – ich will!

Es war nun auch für sie nicht leicht, die Antwort in Worte zu fassen: „Heinz – ja ich will. Hast du dir das gut überlegt? Schatz, ich will. Ich liebe dich!"

Heinz hatte weder Blumen noch irgendein Geschenk dabei. Er war ein gebranntes Kind. Sie hatte ihn zuvor schon einmal zurückgewiesen. Diesmal wollte er ihre Entscheidung ohne Bestechung hören. Vielleicht hätte ein Strauß

Blumen doch nicht geschadet. Aber Josefine war von seinem Antrag derart überwältigt, dass sie ihm auch das verzieh. Die Emotionen waren beiden ins Gesicht geschrieben. Seine Wangen waren gerötet, ihre Augen glänzten tränenreich. Heinz schlug eine Verlobungsfeier in kleinem Rahmen vor, doch Josefine wehrte ab. Sie wollte eine Feier – aber bitte nur zu zweit!

Heinz rief in der Firma an, sagte seiner Sekretärin, dass er bis Montag unabkömmlich sei. Dann verständigte er Nikko Karner und bat ihn, Frau Simone Berger Josefines Arbeitsbereich zu übertragen. Nikko wollte wissen, wie lange Frau Berger nun Josefine vertreten sollte, worauf ihm Heinz antwortete: „Nikko, von nun an immer!"

Heinz konnte nur noch Nikko seufzen hören, bevor er das Gespräch beendete.

Heinz führte noch einige weitere Telefonate. In der Firma gab er Anweisungen, eventuell auftretenden Rückfragen zur dementsprechenden Vertretung umzuleiten. Dann brachte er Josefine nach Hause und versprach ihr, sie um sieben Uhr abzuholen. Von einer Catering–Firma bestellte er Champagner, Blumen und exquisites Abendessen in die Villa.

Er fuhr nun in die Villa und sah zu, dass alles für den Abend perfekt hergerichtet wurde. Der Tisch wurde festlich gedeckt, Blumen arrangiert und Kerzen für das Candlelight Dinner bereitgestellt.

Der Schmuck von Cartier lag bereit. Diesmal erwartete Heinz keine Ablehnung. Die Verlobungsfeier konnte beginnen.

In der Zwischenzeit hatte sich Josefine zu Hause für den Abend zurechtgemacht: geduscht, eingecremt, parfümiert, die Haare offen, Lippen glossiert, geschminkt. Frische Wäsche unter dem eng anliegenden schwarzen Kleid. Sie war bereit für die Verlobungsfeier.

Ich will heute Nacht bei ihm bleiben. Ich bin bereit. Wie wird er agieren? Zärtlich rücksichtsvoll – oder grob fordernd? Ich habe nun schon lange keinem Mann beigewohnt. Es soll schön für uns beide werden. Ja, ich bin bereit. Die Pillen als Sicherheit; ich will jetzt nicht schwanger werden.

Um sieben Uhr stand Heinz vor ihrer Tür. Von ihrem Anblick begeistert, umarmte er sie und führte sie zu seinem Wagen. In wenigen Minuten erreichten sie die Villa. Heinz hatte allen Bediensteten für den heutigen Abend freigegeben. Josefine staunte über die festlich gedeckte Tafel. Bei einem Glas Champagner besiegelten sie ihre Verlobung mit einem innigen Kuss und versprachen, sich in allen Lebenslagen treu zur Seite zu stehen. Dann überreichte Heinz Josefine das Geschmeide von Cartier. Sie lächelte nur und sagte sanft: „Diesmal nehme ich dein Geschenk gerne an."

Sie öffnete die Schatulle und Heinz half ihr, das Collier anzulegen. Wie wunderbar es an ihr glitzert!

Die Catering-Crew war von Heinz weggeschickt worden und nun servierte er selbst elegant das Dinner. Jeder Gang wurde von ihnen zelebriert. Josefine war wie im siebenten Himmel; das alles war reiner Luxus und Genuss für sie. Das Dessert war kaum angerührt. Es war alles viel zu reichhaltig. Aber ein zweites Gläschen Wein bewirkte, dass sie beide zu albern begannen, sich Küsse zusandten und bald das Dinner für beendet erklärten.

Sie nahmen ihre Gläser mit und begaben sich auf die bequeme Couch im Wohnzimmer. Josefine sah Heinz tief in die Augen, berührte sanft seine Arme, dann seine Schenkel, gefolgt von einem leidenschaftlichen Kuss. Heinz glühte, atmete in tiefen Zügen. Es gab kein Zurück mehr. Er nahm sie bei der Hand und zog sie in sein Schlafzimmer. Josefine folgte Heinz, ohne zu zögern.

Sie halfen sich gegenseitig beim Entkleiden. Josefine bestand darauf, das edle Geschmeide anzubehalten. Vom Schamgefühl befreit, lagen sie nun nackt nebeneinander. Josefine sah seine Erregung, massierte ihn sanft und bedeckte ihn mit zärtlichen Küssen. Sein Atem wurde ekstatisch. Plötzlich ging ein Zucken durch seinen Leib – und Josefine spürte seine warme Nässe an ihrem Körper. Es war Heinz peinlich, äußerst peinlich. Seit seinen Jugendjahren war ihm das nie mehr passiert. Er wollte etwas sagen, aber Josefine bedeckte seinen Mund mit ihrer Hand und beruhigte: „Es ist ok, Heinz. Alles ist in Ordnung. Sei ruhig, schhh…, sei still, Liebling! Alles ist ok."

Sie schmiegte sich nah an ihm und streichelte ihn sanft. So lagen sie noch lange wach. Doch schließlich siegte die Müdigkeit und sie schlummerten nebeneinander in ruhigen Atemzügen.

Es war noch nicht hell, als Heinz erwachte. Er liebkoste Josefine, die sich zu ihm neigte und halb verschlafen lächelte. Bald durchströmte sie beide die morgendliche Lust. Und nun war es Josefine, die ihre Glückseligkeit knapp vor der seinen stillen konnte.

Das Wochenende verbrachten die beiden Liebenden in trauter Zweisamkeit. Sie mieden jeglichen Trubel, spazierten durch den Wienerwald, genossen die Sonne im Stadtpark, saßen eng aneinander gekuschelt auf der Terrasse der Villa – und gestatteten Amor am Abend freies Ziel.

Pläne für die Hochzeit wurden diskutiert. Noch kamen sie zu keinem Entschluss, der sowohl Josefine als auch Heinz vom Herzen zusagte. Heinz dachte an ein Fest mit einer Schar von Gästen. Dies aber war nicht im Sinne von Josefine. Sie strebte ein Fest in kleinem Rahmen an. Ohne viel Pomp. Irgendwo, wo sie still genießen können, wo sie von niemanden erkannt werden: eine Unmöglichkeit in Österreich. Schon gestern, beim Spaziergang durch den Stadtpark, wurde Heinz von Passanten erkannt: Heinz Tulbach. Wer war die Frau an seiner Seite?

Vorerst traf Heinz eine Entscheidung: Josefine hatte ihre Stelle in der Personalabteilung aufzugeben.

„Fini, als meine Frau kannst du unmöglich in dieser Abteilung weiterarbeiten. Das führt zu Schwierigkeiten, zu Eifersucht. Deine Mitarbeiter werden es nicht wagen, mit dir frei zu sprechen, auch wenn ich versuche, jeden von euch gleich zu behandeln. Sie werden immer wissen, dass du die Augen und Ohren des Chefs bist. Herr Karner würde das auch nicht gutheißen. Ich denke, Nikko hat mit Frau Simone Berger in der Personalabteilung eine fähige Person, die deinen Posten füllen kann."

Josefine sah ein, dass sein Argument valide war, wollte aber nichts davon wissen, in Zukunft Hausfrau zu spielen. Sie hatte ein abgeschlossenes Studium; sie konnte gut mit Menschen arbeiten; sie arbeitete gerne. Also: Eine andere Aufgabe musste gefunden werden!

Heinz fand die Lösung: Sie sollte ihm helfen, die zahlreichen Kunden des Unternehmens zu betreuen. Ihr Charakter und ihre Intelligenz waren ausgezeichnete Voraussetzungen für diese Aufgabe. Josefine überlegte kurz: „Heinz – ja. Ich glaube, damit kann ich leben. Das klingt interessant!“

So verabschiedete sich Josefine mit einem kleinen Fest von ihren Arbeitskollegen und trat die interessante, für sie neue Stelle als Kundenbetreuerin an.

Als Einstiegsgeschenk übergab ihr Heinz das Mercedes Cabrio, das einst von Anna gefahren wurde und nun schon lange in der Garage stand. Josefine war von dem kleinen, flinken Auto begeistert und liebte es, mit offenem Verdeck zu fahren.

Die Beziehung von Heinz und Josefine wurde publik. Immer öfter traten sie gemeinsam öffentlich auf. Reporter waren hinter ihnen her, wollten Fotos und Interviews. Zeitschriften und Magazine füllten Seiten mit Berichten, die teils wahr, teils frei erfunden waren. Man hatte wieder Stoff, über die High Society und über den Wirtschaftsmagnaten Heinz Tulbach zu schreiben.

Nun begannen Heinz und Josefine ernsthaft über die bevorstehende Hochzeit zu sprechen. Über den Zeitpunkt waren sie sich bald einig: Die Vermählung sollte Ende Mai des folgenden Jahres stattfinden. Das ließe genügend Zeit, alles in Ruhe zu organisieren. Das Wann war also fixiert. Über das Wie waren sie sich auch bald einig: Josefine überzeugte Heinz, das Fest ganz klein zu halten; am besten nur zu zweit. Das Wo bereitete die meisten Schwierigkeiten. Josefine dachte an London, aber Heinz gab zu bedenken, dass England, was das Wetter anbelangte, nicht gerade der ideale Platz für eine Hochzeitsveranstaltung im Freien wäre, was Josefine letztlich auch einsah. Das Problem der Wettersituation ergab sich gleichermaßen bei der Überlegung, das Fest in Gretna Green in Schottland abzuhalten.

Gretna Green wäre sonst natürlich auch als origineller und beliebter Ort für eine Eheschließung infrage gekommen. Beim Gedanken an die Originalität von Gretna Green kam Heinz Las Vegas in den Sinn. Dort gibt es doch die Graceland Wedding Chapel, von der er gehört hatte, dass man als Belustigung einen Elvis-Imitator als Sänger buchen kann. Heinz unterbreitete Josefine den Vorschlag, den sie anfangs skeptisch aufnahm, dann aber, als Heinz ihr die Vorzüge des Ortes darlegte, ganz originell und passend fand. Heinz führte das gute sonnige Wetter, die Casinos und die vielen Shows der wahrlich lebhaften Stadt ins Treffen. Und nicht weit entfernt wäre, für Ausflüge geeignet, der imposante Grand Canyon sowie auch der wunderbare Bryce Canyon. In Las Vegas wären sie auch sicher anonym, kein Reporter würde sie dort aufspüren. Im Nu war Josefine Feuer und Flamme für diesen Hochzeitsort.

Nun war alles beschlossen. Josefine gab Heinz erstmals in seinem Leben das Gefühl von Zufriedenheit. Sie behielt zwar ihre kleine Wohnung, verbrachte aber die meiste Zeit bei ihm – und schließlich zog sie in die Villa ein.

Heinz war glücklich. Des Schicksals milde Hand war offen ausgebreitet.

Ich bin so glücklich an ihrer Seite. Wenn ich abends nach Hause komme, ist sie für mich da. Es ist so schön, mich an sie zu lehnen, mit ihr zu diskutieren. Ich schätze ihre Intelligenz, ihr Urteilsvermögen. Sie ist ein Geschenk für mich. Ihr liebes Gesicht, ihr schlanker Körper, ihre zarten Hände. Ich war schon öfter in Frauen verliebt, aber nachdem ich mit ihnen geschlafen hatte, verblasste die Verliebtheit recht schnell. Nicht so bei Fini. Ich bin nun schon sieben

Monate mit ihr zusammen, aber ich liebe sie noch wie am ersten Tag.

Josefine fand ihre neue berufliche Aufgabe recht interessant. Mehrmals wöchentlich fuhr sie nun zu Kunden mit ihrem kleinen Cabrio. Sie wusste mit ihrer Menschenkenntnis rasch mit den Gesprächspartnern und deren verschiedenen Charakterzügen umzugehen. Wenn sie dann abends nach Hause kam, besprach sie mit Heinz die eine oder andere Begebenheit. Sie strahlte Zufriedenheit aus.

Ich mag es, mit ihm zu diskutieren. Er hört mir zu. Er interessiert sich für meine Ideen. Ich mag es, wenn er mich so von der Seite ansieht; mich dann umarmt. Ich mag sein Parfüm, seine großen Hände. Er gibt mir Zuversicht, Geborgenheit. Ich bin glücklich, ich bin zufrieden.

Die Wochen und Monate vergingen. Der angestrebte Urlaub mit der Vermählung in Las Vegas rückte heran.

Heinz hatte alle nötigen Vorbereitungen erledigt: Visa, Flüge, Hotel, die Wedding Chapel, und so weiter – alles war gebucht.

Nach einem langen, durch Zwischenstopps verzögerten Flug erreichten sie abends endlich Las Vegas. Hier wurden sie von einem Chauffeur mit einer Limousine, in der ihnen zur Begrüßung ein Glas Sekt präsentiert wurde, abgeholt.

Über den berühmten Strip mit seinen unzähligen Leuchtreklamen ging es dann in ihr gebuchtes Hotel. Heinz hatte eine Suite in der 31. Etage des Hotels Bellagio mit Aussicht auf den großartigen Springbrunnen gebucht. Obwohl sie müde waren, holten sie sich aus der Minibar noch einen Drink, setzten sich auf den Balkon und erfreuten sich an dem Schauspiel des mit Musik untermalten, sich in seiner Intensität stets wechselnden Brunnen.

Dann war es aber Zeit, schlafen zu gehen.

Durch die Zeitverschiebung wachten sie fast gleichzeitig auf, als es draußen noch ganz dunkel war. Sie blieben noch im Bett und dachten an das, was sie heute vorhatten. Denn heute sollte es zum großen Tag für Josefine und Heinz kommen. Heute wollten sie den Bund fürs Leben schließen. Heinz hatte keine Zweifel.

Sie ist die Richtige; ich fühle das. Bei noch keiner anderen Frau war ich so sicher. Verliebt war ich schon mehrmals, aber diesmal wird es mehr als eine kurze Episode sein. Ich habe mich so an sie gewöhnt und liebe sie noch immer. Mit ihr möchte ich mein Leben verbringen.

Er schmiegte sich an ihren warmen Körper und küsste sie liebevoll. Josefine erwiderte seinen Kuss und strich ihm mit der Hand durchs Haar.

Er ist so einfühlsam, so lieb zu mir. Bei ihm ist mir noch nie langweilig geworden. Heute wird er mein Mann werden. Ich freue mich auf unser gemeinsames Leben. Ich liebe ihn, wie er ist, mit allen Fehlern und Eigenheiten. Ich werde mich bemühen, ihm eine gute Ehefrau zu sein. Ich liebe ihn.

Der Tag brach an. Sie frühstückten im Hotel und begaben sich dann zur Wedding Chapel. Dort empfing sie ein Kaplan, der ihre Anmeldung entgegennahm. Anschließend fuhren sie zum Gerichtsgebäude, wo sie alle nötigen Formalitäten erfüllen mussten. Und dann? Ja, dann wurde ihnen gratuliert. Offiziell und amtlich waren sie nun vermählt. So schnell, so einfach wurden sie ein Ehepaar.

Die Hochzeit in der Chapel war für sieben Uhr am Abend angesetzt.

Es wäre auch möglich gewesen, in der Kapelle mit Freizeitkleidung zu heiraten, aber das wollten weder Josefine noch Heinz. Dazu waren sie dann doch viel zu konservativ. Bei aller Lockerheit einer Heirat in Las Vegas – nein, das kam nicht in Frage. Etwas Romantik in festlicher Kleidung war ihnen wichtig. Daher besuchten sie ein Geschäft, das sich auf die Anfertigung von Hochzeitskleidung spezialisierte. Die Auswahl war recht groß und so fand Josefine nach einiger Anpassung durch einen mexikanischen Schneider ein wunderschönes Brautkleid. Heinz war begeistert.

Wie bezaubernd sie darin aussieht! Entzückend, alles passt perfekt! Ich liebe meine Frau.

Den passenden dunklen Anzug für Heinz zu finden war dann auch kein Problem. Er beglich die Rechnung per Kreditkarte und ließ die Sachen ins Hotel liefern.

Sie hatten noch genügend Zeit, einige Hotels mit ihren diversen Themen am Strip zu besuchen. Las Vegas, der quirlige Ort in Nevada, ist die Glückspiele-Stadt schlechthin, daher liefen schon am Nachmittag überall die Automaten heiß. Weder Heinz noch Josefine waren Spieler. Aber nun waren sie schon hier und wollten daher zum Spaß wenigstens mit ein paar Dollar das Spielglück an den Einarmigen Banditen herausfordern. Sie setzten sich ein Limit von je 20 Dollar. Josefine hatte zwar einmal Glück und gewann einige Dollar, aber so schnell sie schauen konnte, schluckte der Automat wieder ihr Geld – und bald auch jenes von Heinz. Ja, sie waren hier, sie konnten lachend sagen: wir haben gespielt – und nichts gewonnen!

So kehrten sie ins Hotel zurück, ruhten sich etwas aus und kleideten sich dann festlich. Welch entzückendes Paar strahlte ihnen aus dem Spiegel entgegen!

Um halb sieben wurden sie mit einer Limousine abgeholt und zur Wedding Chapel gebracht. Dort empfing sie der Pastor mit herzlichen Worten und geleitete sie zum Altar. Zwei Trauzeugen wurden ihnen beigestellt und der Pastor begann die Zeremonie. Sie mussten die Sätze, die ihnen der Pfarrer vorsprach, nur wortgetreu nachsprechen. Der ganze Ritus wurde auf Englisch abgehalten, was aber weder Josefine noch Heinz Probleme bereitete. Die Ringe wurden gegenseitig angesteckt. Während sie vor Gott zu Mann und Frau erklärt wurden, überkam Heinz die Emotion.

Gott, ich habe dich verleugnet; gesagt, dass es dich nicht geben kann. Du hast mich mit so schrecklichen Dingen geprüft. Mir wurde gesagt, dass deine Wege unergründlich seien. Der Glaube an einen Gott, der mir seine Absicht nicht offenbart, hat mir immer gefehlt. Nun hast du mir dieses Glück durch diese Frau beschert. Ich liebe sie. Ich danke dir! Ich glaube, es gibt dich doch! Ich brauche kein Jenseits, ich habe das Paradies auf Erden gefunden.

Der Pastor wünschte ihnen noch alles Gute für ihr Eheleben und gestattete ihnen, sich nun zu küssen.

Da erschien der skurrile Elvis-Imitator und begann sanft zu singen:

Love me tender, love me sweet,
never let me go,
you have made my life complete
and I love you so.
Love me tender, love me true,
all my dreams fulfill,
for my darling I love you
and I always will.

Nun konnte Josefine ihre Rührung nicht mehr zurückhalten. Tränen kullerten über ihre Wangen. Sie weinte vor Glück. Aber auch Heinz hatte wässrige Augen vor Ergriffenheit.

Für Heinz war das bereits die dritte Hochzeit. Keine zuvor war so schlicht, so kurz – aber keine war für ihn so schön.

Sie verabschiedeten sich vom Pastor, verließen die Chapel und stiegen in die wartende Limousine. Darin waren für sie belegte Brötchen, Gläser und Sekt bereitgestellt. Hungrig waren sie nicht, aber ergriffen vor Glück prosteten sie sich mit einem Glas Sekt zu. Ein zweites Glas folgte. Ihre Wangen begannen zu glühen.

Beim Hotel angekommen, applaudierten ihnen die vorbeigehenden Leute, als sie Josefine in ihrem Hochzeitskleid sahen. Niemand wusste, wer sie waren, niemand erkannte Heinz.

Während der Fahrt hinauf zu ihrer Etage küssten sie sich leidenschaftlich ungeachtet der anderen Passagiere. Heinz entsperrte die Zimmertüre, hob Josefine hoch und trug sie über die Schwelle. Er schloss die Türe mit dem Fuß, ließ Josefine auf das Bett fallen und … so, wie sie waren, mit

Jacke und Hochzeitskleid, nur vom Nötigsten befreit, machten sie Liebe. Liebe bis zur Glückseligkeit.

Erschöpft und befriedigt halfen sie sich gegenseitig aus der Kleidung, duschten und fielen alsbald in einen traumlosen, erholsamen Schlaf.

Die Hochzeitsnacht neigte sich dem neuen Morgen zu. Josefine war zuerst wach, sah hinüber zu Heinz, schob seine Decke zur Seite und begann seinen Körper mit sanften Küssen zu liebkosen. Heinz rekelte sich, öffnete die Augen und sah in ihr lachendes Gesicht.

Wie schön sie doch ist ... Selbst nach einer langen Nacht und ungeschminkt, ist sie so wunderschön.

Er zog sie nah an sich, merkte die anschwellende Erregung und fand ihre willige Bereitschaft zur Vereinigung. Mit erst sanften, dann immer leidenschaftlicheren Atemzügen kündigte sich bei beiden die Lösung der Erregung an.

Sie blieben hernach noch lange im Bett, bestellten Frühstück aufs Zimmer und hörten dem lebhaften Treiben der erwachenden Stadt zu.

So beiläufig, Kaffee trinkend, sagte Josefine zu Heinz: „Schatz, ich hätte gerne ein Kind von dir. Was hältst du davon?“

Heinz war etwas verblüfft von diesem plötzlichen Ansinnen von Josefine, reagierte aber nach kurzem Zögern. „Es ist seltsam, dass du das fragst. Vor einigen Minuten hatte ich die gleiche Idee. Ich fände es super, wenn wir ein Kind hätten. Wir wären dann eine richtige Familie. Ja, Liebling. Ich würde mich riesig freuen.“

Josefine gab ihm einen Kuss, nahm das Päckchen Xyliette vom Nachtkästchen und warf es in den Mülleimer.

„Das brauchen wir jetzt nicht mehr!“

Die nächsten Tage verbrachte das frischvermählte Paar mit Ausflügen.

Heinz hatte einen Flug mit einer kleinen Maschine über den Grand Canyon gebucht. Es war schon faszinierend, von oben den riesigen Lake Mead zu sehen, bevor sie am kleinen Flughafen beim Grand Canyon West landeten. Ein Shuttle brachte sie von dort zum West Rim, wo sich der spektakuläre Skywalk befand. Heinz war auf einer seiner Geschäftsreisen schon einmal hier gewesen und freute sich, nun seinem Liebling dieses herrliche Panorama zeigen zu können. Josefine war von den steilen Felswänden und tiefen Schluchten beeindruckt. Sie mussten sich Überschuhe anziehen, denn der hufeisenförmige Skywalk hatte einen Glasboden. Als sie sich langsam auf den Walk hinausbewegten, überkam Josefine ein eigenartiges Gefühl. Sie hatte kurz durch den Glasboden in die Schlucht geblickt, da stieg eine Hitzewelle in ihr hoch und hätte sie Heinz nicht aufgefangen, wäre sie zu Boden gesackt.

Er leitete Josefine sofort zum Ausgang. Dort wies er sie an, sich zu setzen und gab ihr Wasser zu trinken.

„Fini, Liebling, was war das? Hast du zu wenig getrunken?“

„Nein, Heinz. Als ich hinunterblickte, hatte ich Angst. Große Angst zu fallen; zu sterben. Und dich zurücklassen zu müssen. Ich will nicht, dass wir einander verlieren. Kannst du das verstehen?“

Sie zitterte am ganzen Körper und Tränen liefen ihr über die Wangen.

„Schatz, es ist alles gut. Alles gut! Bitte, beruhige dich! Ich bin bei dir! Ich will immer bei dir sein!“

Um nicht mehr in die Tiefe blicken zu müssen, ging Josefine nie mehr nah an den Abgrund heran. Auf dem Rückflug saßen sie nebeneinander und hielten sich an den Händen. Josefine hatte sich langsam wieder beruhigt.

Ein weiterer Ausflug brachte sie zum etwas weiter entfernten Bryce Canyon Nationalpark. Hier hatten sie einen einfachen, aber zweckmäßig bequemen Bungalow für zwei Tage gemietet. Josefine hatte ihre Angst verloren. Ihre Lebensfreude war zurückgekehrt; sie lachte, scherzte und erfreute sich an der bezaubernden Natur, die dieser Park zu bieten hatte.

Sie machten Wanderungen, wobei Heinz zugeben musste, dass seine Frau die bessere Kondition hatte. Vor orangefarbenen Felsspitzen machten sie Selfie-Fotos. Knapp vor Sonnenuntergang war ein Halt am Sunset Point vorgesehen, wo sie das Lichtspiel der Sonne an den Berghängen, wie viele andere Touristen auch, bewundern konnten. Das Panorama war überwältigend; fast zu schön, um wahr zu sein.

Abends saßen sie dann auf der Veranda vor ihrem Bungalow und genossen die Stille. Tausende von Sternen glitzerten; die Sichel des Halbmonds stand klar am Himmel; romantisch, fast kitschig. Eng aneinander geschmiegt saßen Josefine und Heinz und gönnten sich noch einen Schlummertrunk, bevor sie zufrieden ins Bett schlüpften.

Am folgenden Tag traten sie die Rückfahrt nach Las Vegas an. Hier besuchten sie am Abend noch eine Show des Cirque du Soleil.

Nun war aber das Ende ihrer Flitterwochen gekommen. Der Heimflug musste angetreten werden. Die tägliche Arbeit im Unternehmen TULBA konnte nicht länger warten.

In Wien hatten Nikko Karner und Tommi Grobler den Chef während seiner Abwesenheit würdig vertreten. Sie waren aber froh, dass er nun wieder zurück war, denn es standen einige wichtige Entscheidungen an, die nur von ihm abgesegnet werden konnten.

Josefine hatte einige überfälligen Besuche bei Kunden und Geschäftspartnern zu machen. Sie liebte ihre neue Aufgabe im Unternehmen.

Die geplante Schwangerschaft ließ auf sich warten. Josefine wurde und wurde nicht schwanger; obwohl sie sich redlich bemühten. Ein Spermatest bei Heinz und ein Arztbesuch von Josefine zeigten kein Hindernis für eine Schwangerschaft. Sie wurden vertröstet, dass sie geduldig sein müssten. Kein Stress; es sei physisch alles in Ordnung. So vergingen Sommer und Herbst. Weihnachten kam und das Jahr neigte sich dem Ende zu – aber noch immer kein Zeichen vom geplanten Nachwuchs.

Im Februar hatten sie eine Woche Ski–Urlaub in Schladming gebucht. Nach Neuschnee gab es glücklicherweise diese Woche herrlichen Sonnenschein. Sie logierten in einem schönen Hotel nahe der Gondelbahn, die sie hinauf zur Planai brachte.

Es wurde ein traumhafter Winter-Wellness-Urlaub. Sie fuhren Ski, entspannten sich sonnend im Liegestuhl im Schnee und gönnten sich im Hotel eine Massage.

Es gab zwar immer wieder Leute, die sie erkannten und ein gemeinsames Foto erbaten, aber das ließen sie höflich geschehen. Erholt und braun gebrannt kamen sie zurück nach Wien.

Sie nahmen wieder ihre Arbeit auf. Für Josefine war Arbeit normalerweise keine Belastung, sie liebte es, mit Menschen zu sprechen. Doch in den letzten Tagen fühlte sie sich am Morgen nicht wohl. Sie ahnte es, wollte es aber vom Gynäkologen abgeklärt wissen. Die Bestätigung war eindeutig: Ja, sie war schwanger! Endlich! Sie überlegte, ob sie Heinz sofort Bescheid sagen sollte.

Ich weiß nicht, es ist noch so früh, vielleicht zu früh. Was, wenn der Embryo abgeht? Ich glaube schon, dass er sich freuen würde. Ein Kind ist auch sein Wunsch. Nein, ich kann es ihm nicht verheimlichen. Ich kann es nicht. Meine Freude ist zu groß. Ich bin sicher, dass er sich auch freuen wird. Er muss es wissen!

Als Heinz am Abend nach Hause kam, fiel sie ihm um den Hals, küsste ihn und eröffnete ihm die frohe Botschaft:

„Heinz, Liebling – du wirst Vater!“

Er schob sie sanft von sich, hob sie hoch und fragte: „Fini, wann, wann ist es soweit? Du musst aufhören zu arbeiten. Du musst dich schonen, nichts Schweres heben. Schatz, ich freue mich so! Wir werden eine richtige Familie sein. Mit Kind – und allem.“

Josefine lachte nur. Sie empfand große Genugtuung über seinen Enthusiasmus. Doch mit dem Nicht-mehr-Arbeiten biss Heinz auf Granit.

„Liebling, ich bin schwanger – nicht krank! Unserem Kind wird nichts geschehen. Ich kann mir nicht vorstellen, monatelang zu Hause zu sitzen und auf den Geburtstermin zu warten. Ich brauche meine Arbeit, ich arbeite gerne."

Das musste Heinz schließlich notgedrungen einsehen. Er liebte seine Frau zu sehr, um ihr seinen Willen aufzuzwingen.

Josefines Bäuchlein begann zu wachsen. Ab Mai wurde öffentlich bekannt, dass die Frau des Wirtschaftsmagnaten Tulbach Nachwuchs bekommt. Regelmäßige Untersuchungen beim Gynäkologen zeigten: alles ok, alles in Ordnung.

Wenn Heinz auf Konferenzen war, kamen nun oft Freundinnen von Josefine vorbei, um ihr abends Gesellschaft zu leisten. Sie war immer erfreut über diese Besuche. Besonders freute sie, wenn Maria, die Tochter der ersten Frau von Heinz, sie besuchte. Es bestand ein inniges Verhältnis zwischen den beiden Frauen. Die junge Maria brachte Josefine einmal einen großen Einkaufskorb mit Spezialitäten als Gastgeschenk, worauf ihr Josefine als Dank einen Ring schenkte, den sie von ihrer Mutter einst zur Firmung bekommen hatte. Heinz hatte zu seiner Tochter ein eher ambivalentes Verhältnis. Einerseits wollte er mit der Familie seiner ersten Frau nichts mehr zu tun haben, andererseits war Maria doch seine Tochter und auch eine Freundin von Josefine.

Als Josefine im fünften Monat ihrer Schwangerschaft war, besuchte sie, gemeinsam mit ihrem Mann, ihren Gynäkologen. Sie hatte schon gespürt, wie ihr Kind im Bauch herumturnte und die Hand von Heinz genommen, damit auch er es fühlen konnte. Josefine lag bei der Ultraschall-Untersuchung auf dem Rücken und der Arzt strich mit dem Fühler über ihren Bauch. Er zeigte ihnen am Bildschirm das Ungeborene. Dann lächelte er die beiden an und sagte:

„Das schaut gut aus, alles bestens. Sie können sich auf einen kräftigen Jungen freuen. Ja, – hier können Sie es sehen: Es wird ein Bub.“ Er zeigte dabei mit seinem Finger auf eine Stelle auf dem Monitor.

Weder Heinz noch Josefine konnten wirklich erkennen, was er ihnen da klarmachen wollte, aber beide stießen unisono einen Jubelschrei aus. Endlich war ein männlicher Nachwuchs im Kommen. Für Josefine würde es das erste Kind werden, und es wäre ihr gleichgültig gewesen, welches Geschlecht ihr Baby haben würde – aber sie freute sich mit Heinz.

Sein einziger Sohn war der schon früh verstorbene, missratene Junge aus einer außerehelichen Beziehung. Nun soll es aber ein kleiner Knabe werden, der in einer intakten Familie würde aufwachsen können.

Nach dem Arztbesuch verließen Heinz und Josefine die Klinik, wobei er sie neckte: „Hallo Dickbauch. Wir bekommen einen Sohn. Einen Sohn! Ich freu‘ mich so!“ Er dankte dem Schicksal für diesen Glücksmoment.

Josefine gab ihm einen Kuss, während ihr vor Glück Tränen über die Wangen liefen.

Es war an einem regennassen Tag Anfang Oktober. Heinz hatte einen Manager einer Filiale zu einem Treffen in die Zentrale geladen. Es ging um das Gewähren von Skonti bei verspäteten Rechnungen, die unberechtigterweise genehmigt wurden. Heinz hatte angeordnet, dass sie nicht gestört werden dürfen.

So saßen sie im Konferenzzimmer und waren im Gespräch vertieft, als die Türe ohne anzuklopfen aufgerissen wurde. Frau Haunold, die Sekretärin von Heinz, stürmte herein. „Chef, Chef, – ein ganz wichtiges Gespräch. Kann ich es zu Ihnen durchstellen?“

Heinz überlegte.

Was ist jetzt los? Was kann so wichtig sein? Ist etwas mit Fini? Sie hat doch noch drei Wochen bis zum Geburtstermin.

Er entschuldigte sich bei seinem Gesprächspartner und orderte an, das Telefonat durchzustellen. Am Apparat war eine Männerstimme: „Herr Tulbach?“

„Ja? – bitte!“

„Polizeiinspektor Bellmann hier. Herr Tulbach, ich muss Ihnen leider mitteilen, Ihre Frau war in einen schweren Verkehrsunfall verwickelt. Sie ist im Helikopter ins Unfallkrankenhaus Meidling geflogen worden.“

Heinz war derart geschockt, dass er erst nach mehreren Atemzügen fragen konnte: „Wie schwer ist sie verletzt?“

„Das kann ich nicht sagen, das weiß ich nicht. Sie hat gelebt, als sie vom Helikopter abtransportiert wurde. Kontaktieren Sie bitte die Klinik!“

Mit einem „Danke“ beendete Heinz das Gespräch, entschuldigte sich beim Manager und wies seine Sekretärin an, sich um ihn zu kümmern.

Dann lief er hinunter, rief seinen Chauffeur und befahl ihm, so rasch wie möglich in das Unfallkrankenhaus zu fahren.

Was während der Fahrt in seinem Kopf vor sich ging, war so verwirrend, so irrational, dass es nicht möglich wäre, es in geordneten Worten widerzugeben.

Nach rasanter Fahrt erreichten sie die Klinik. Heinz stürmte zum Empfang und rief: „Meine Frau hatte einen

Unfall. Frau Josefine Tulbach. Sie ist mit dem Helikopter eingeflogen worden. Wo? – was?“

„Ja, wir wissen Bescheid. Beruhigen Sie sich. Sie befindet sich im OP. Wenn Sie bitte zum Warteraum vor dem Operationssaal gehen. Ein Arzt wird Sie dann informieren. Derzeit sind die Ärzte noch im OP beschäftigt. Es kann dauern – gedulden Sie sich.“

Im Wartesaal standen einige Stühle, aber Heinz wollte sich nicht setzen; er lief auf und ab wie ein gereizter Löwe. Die Zeit verging. Noch immer erschien kein Arzt aus dem Operationssaal. Ermüdet und nervös setzte sich Heinz schließlich, beugte sich vor und nahm seinen Kopf in beide Hände.

Es ist schwer zu sagen, aber für Heinz fühlte es sich an wie eine Ewigkeit, als sich endlich, endlich die Tür vom OP öffnete. Heraus kam ein Chirurg mit ernstem Blick und ging auf den vom Sessel aufspringenden Heinz zu.

„Herr Tulbach,“ er machte eine kurze Pause, „es ist meine traurige Aufgabe, Ihnen mitteilen zu müssen, dass Ihre Frau verstorben ist. Wir konnten ihr Leben beim besten Willen nicht retten. Wir haben alles versucht. Es tut mir leid. Mein aufrichtiges Beileid.“

Heinz war stumm und starrte nur mit trüben Augen vor sich hin. Er konnte noch gar nicht realisieren, was geschehen war. Der Arzt führte weiter aus: „Die Kopfverletzungen waren zu groß. Durch einen Kaiserschnitt gelang es uns jedoch das Kind zu holen. Der Knabe ist, soweit wir es jetzt beurteilen können, gesund. Wir haben ihn unter Beobachtung. Er ist gut versorgt.“

Das erste, was Heinz herausbekam, war: „Kann ich zu meiner Frau, kann ich sie sehen?“

„Äh – ja. Aber, bitte, Herr Tulbach. Der Anblick ist nicht schön, die Kopfverletzungen sind im Gesicht sehr groß. Behalten Sie sie in ihrer Erinnerung, wie sie vorher war. Es ist besser so, glauben Sie mir."

Heinz zögerte, sah aber dann ein, dass er Josefine, seine Fini, besser so im Gedächtnis behalten sollte, wie er sie kannte: fröhlich, freundlich, lieb.

Seine große Liebe war verloren gegangen. Es war final. Die Faust des Schicksals hatte ohne Erbarmung zugeschlagen. Seine geliebte Frau war tot.

Gevatter Tod stand mit versteinertem Gesicht an der Schwelle.

Die Schicksalsgöttin hat mich gerufen. Hier bin ich!

Es ist schon seltsam. Warum fürchten mich so viele Menschen? Warum gerade mich? Von eurer Geburt an bin ich mit jedem von euch verbunden. Unzertrennlich verbunden. Kein Lebewesen, ob Tier, ob Mensch, kann mir entfliehen. Nur in manchen Köpfen geistert der Glaube, mich überlisten zu können. Ich kann euch versichern, nach mir gibt es kein Leben mehr. Doch fürchtet euch nicht! Ich bin nicht grausam. Ananke, die Schicksalsgöttin, ist das Biest. Ein allmächtiges Biest ohne Empathie. Sie kann euch lieben und dann aus heiterem Himmel verzweifeln lassen. Zu ihr könnt ihr nicht beten, mit ihr nicht handeln. Sie hat euer Los nicht vorbestimmt; das Schicksal trifft euch willkürlich, oft ganz ohne Ankündigung.

Was war geschehen?

Josefine, hochschwanger, hatte einen Termin bei einem Kunden in Baden bei Wien. Sie fuhr mit ihrem Cabrio mit geschlossenem Verdeck auf der rechten Spur der Autobahn hinter einem Lastwagen, da sie in wenigen Metern die Ausfahrt nehmen wollte. Die Straße war regennass. Plötzlich bremste der Lastwagen vor ihr aus unbekanntem Grund. Josefine reagierte schnell und kam noch hinter ihm zum Stillstand.

Nicht aber der nachfolgende Schwertransporter!

Er schlitterte und schob den kleinen Mercedes mit voller Wucht in und unter den Lastwagen. Josefines Cabrio wurde förmlich zwischen den zwei großen Fahrzeugen zermalmt. In wenigen Minuten hielten andere Autofahrer und verständigten Rettung und Feuerwehr. Josefine wurde bewusstlos aus dem Wrack befreit und mit einem Helikopter in die Unfallklinik nach Wien gebracht.

Verzweiflung und Depression machten Heinz zu schaffen. Er begann zu weinen, schloss sich in seinem Zimmer ein und klagte zornig Gott an.

Du Betrüger, du elender Verräter. Wo bist du? Stell dich! Wage es, dich zu zeigen – versteck dich nicht! Ich habe an deine Güte, an deine Liebe zu mir und den Menschen geglaubt. Du hast mich getäuscht, mich durch die Harmonie zu meiner lieben Fini nach all den vorher missglückten Beziehungen wieder an dich glauben lassen. Und nun das! Boshaft hast du mir das Liebste genommen. Wie grausam kannst du sein? Ha – wo ist deine Allmacht, wo deine Liebe? Kein allmächtiger, liebender Gott wäre dazu fähig. Nein, und nochmals Nein! Dich gibt es nicht; dich kann es nicht geben! Alles Lug und Trug.

Man kann Heinz seine Asebie gegen Gott nicht verübeln, aber dennoch war sein Frevel ein Schlag ins Leere – er glaubte ja nicht mehr an Gottes Existenz.

Schließlich durfte Heinz seiner Verzweiflung keinen Raum mehr geben. Er hatte für ein würdiges Begräbnis für Josefine zu sorgen.

Sie wurde in der Familiengruft der Tulbachs beigesetzt. Tausende kamen und erwiesen Josefine die letzte Ehre. Selbst seine zwei Töchter, Maria und die kleine Elli, standen in erster Reihe. Ein Meer von Kränzen und Buketts umrankten das Grabmal.

Diesmal gab es für Heinz kein Weglaufen, wie er es beim Begräbnis seines Bruders tat; kein Drücken vor der Verantwortung. Wie im Dämmerzustand ertrug er alles mit stoischer Teilnahmslosigkeit. Er wäre gerne mit seinem Schmerz allein gewesen – aber das ging diesmal nicht. Josefine hatte ihre letzte Ruhestätte gefunden.

Warum hast du mich verlassen? Mein Schmerz ist unermesslich. Fini, ich habe dich geliebt!

Für sein Baby, seinen kleinen Sohn, konnte Heinz eine Amme finden. Der Kleine wurde auf den Namen Erwin getauft, wobei Maria, die große Tochter von Heinz, die nun schon erwachsen war, als Taufpatin einsprang.

Für die Halbwaisen Elisabeth und Erwin fand Heinz in Fräulein Magarete Breiner ein geeignetes Kindermädchen, das sich rührend um die Sprösslinge kümmerte und letztendlich als deren Ersatzmutter fungierte.

4. DIE ENTTÄUSCHUNG

Man sagt: Zeit heilt Wunden! Mag sein, mag sein – aber nicht bei Heinz. Dazu hatte er ein viel zu gutes Gedächtnis. Immer wieder poppten Geschehnisse der Vergangenheit hoch. Brachten ihn um den erholsamen Schlaf, quälten ihn. Sein Gesundheitszustand verschlechterte sich. Ein kurzer Spitalaufenthalt war nötig, bei dem man einen kleinen Herzfehler festgestellt hatte.

Auch sein Fuß bereitete ihm wieder Probleme. Ein Ziehen, bis in die Wade hinauf, versuchte er mit einem Gehstock abzufedern.

Gekonnt überspielte Heinz diese Gebrechen, indem er sich voll auf das Geschäftsleben konzentrierte, was allerdings nicht zur körperlichen Besserung führte, geschweige denn zur psychischen. Gestresst und überlastet begann er sich durch alkoholische Getränke und vermehrte Nahrungsaufnahme inneren Frieden vorzugaukeln. Innerhalb von fünf Monaten brachte er zusätzliche zehn Kilo auf die Waage.

Die Wandlung war vollzogen: Aus dem eleganten, distinguierten Kavalier war ein mürrischer Choleriker, ein beleibter Kerl mit unberechenbarem Temperament geworden.

Unsicherheit machte sich in der Firma breit. Seine frühere Gewohnheit, morgens durch die Abteilungen zu gehen und seinen Angestellten einen guten Tag zu wünschen, hatte Heinz abgelegt. Auseinandersetzungen mit seinen Managern, oft wegen nichtigen Angelegenheiten, waren immer wieder auf der Tagesordnung.

Es schien, als würde er seine nun schon lange anhaltende ungewollte sexuelle Abstinenz durch unwirsche Verhaltensweise sublimieren wollen. Dadurch verlor er die meisten seiner Vertrauten, denn sie wussten jetzt bei Heinz nie, woran sie waren. Einzig mit Tommi Grobler stand er noch auf freundschaftlichem Fuß.

An einem Sonntag war nun der Witwer Thomas Grobler, – seine Frau war schon vor einigen Jahren verstorben – von Heinz in seine Villa eingeladen worden. Tommi Grobler war ja durch seinen Sohn Gernot, der mit Josefines Schwester Emmi verheiratet ist, sozusagen eng mit Heinz verbunden.

Sie saßen auf der Veranda und besprachen einige geschäftliche Aspekte, drifteten dann aber bald ins Persönliche ab. Nach einigen Gläsern Wein löste sich die Zunge von Heinz und er begann – und das war normalerweise nicht seine Art – sich bei Tommi über seine derzeitige Situation zu beklagen. Heinz fühlte sich einsam, fühlte sich vom Schicksal betrogen; war frustriert und froh, dass ihm jemand sein Ohr leihen wollte. Tommi dachte ein Weilchen nach und begann Heinz etwas in Erinnerung zu rufen.

„Wir waren doch in Bangkok, Heinz, kannst du dich noch erinnern? Dort, wo du die kleine Thai so entzückend gefunden hast.“

„Ja – wie könnte ich es vergessen, das war noch eine schöne Zeit, eine andere Zeit. Da war ich noch viel jünger. Und verliebt. Ja – wahnsinnig verliebt.“

„Hm, ich weiß, diese Frauen sind recht nett anzusehen. Sie haben meist auch eine angenehme Art, uns Männer zufriedenzustellen. Ja, hm. – Heinz, – ich habe da einen Kontakt mit einer Agentur, die sich darauf spezialisiert, hübsche Thai-Frauen mit Männern aus Europa zu …, zwecks Heirat, bekannt zu machen. Herr Watthana leitet die Agentur THAIWED, und ich kann mir von ihm eine

Liste mit heiratswilligen Frauen geben lassen. Wäre das nichts für dich?“

„Bitte, Tommi, nein. Ich weiß nicht. Wie kann ich mich mit so einer Frau unterhalten? Wie geht das?“

„Naja, aber versuchen kannst du es ja; ich werde mal mit Khun Watthana sprechen. Er hat sicher einen Katalog – ich sage dir dann Bescheid.“

Eine Woche später kam Grobler ins Büro von Heinz. In der Hand hielt er eine Mappe mit Fotos von Thaifrauen.

„Schau, Heinz, Khun Watthana hat mir diese Mappe mitgegeben. Für dich zum Ansehen. All diese Frauen und Mädchen möchten gern einen europäischen Mann finden, der ihnen ein besseres Leben ermöglichen kann.“

Heinz blätterte die Mappe etwas unachtsam durch. Er blieb aber dann doch bei der einen oder anderen Seite länger, las sich die dazugehörige Beschreibung durch und schüttelte den Kopf.

Was erwarten sich diese Frauen? Fremde Sprache, fremde Kultur, ein fremder Mann. Wie soll das funktionieren? Manche sehen recht gut aus!

Tommi beobachtete Heinz von der Seite und meinte:

„Auf Seite sieben ist eine Frau, die mir Herr Watthana für dich empfohlen hat. Angeblich spricht sie deutsch, wogegen die meisten anderen nur in Englisch kommunizieren können. Sie ist zwar um einige Jahre jünger als du, so um die fünfundzwanzig, also halb so alt wie du – aber das sollte ja kein Hindernis sein, oder? Es heißt doch: junges Blut, immer gut! Ihr Name ist Anong Khumpai, nennt sich aber nach ihrem Spitznamen Nu, was auf Thai Mäuschen heißt. Sieh dir das Foto mal an!“

Heinz blätterte zur empfohlenen Seite und betrachtete das Bild der jungen Frau.

Naja, ihr Gesicht sieht ja nicht so schlecht aus. Leichte Mandelaugen; schwarzes, langes Haar. Ein schönes Foto!

„Heinz, soviel ich weiß, war Nu mit einem Thailänder verlobt. Diese Beziehung erwies sich bald als blanker Horror, da der Kerl die junge Frau immer wieder misshandelte, wenn er betrunken war. Nun möchte sie diesem Dilemma entfliehen und sucht einen Europäer, der ihr ein angenehmes Leben, auch mit finanzieller Besserstellung, versprechen kann.“

Heinz begann Interesse zu zeigen. Las sich die Information zum Foto genau durch und fragte Tommi: „Sag, wie funktioniert das, wie läuft die Sache ab?“

„Also, Herr Watthana erledigt das alles für dich. Er besorgt ein Visum für die Frau, bucht dann den Flug, holt sie vom Flughafen ab und bringt sie zu dir. Du musst für sie eine Verpflichtungserklärung abgeben, dass du für alle Kosten während ihres Aufenthalts in Österreich aufkommst. Solange sie nicht mit dir verheiratet ist, ist eine solche Verpflichtung notwendig.“

Heinz überlegte und sagte dann: „Wie schaut es mit den Kosten für die Vermittlung aus?“

„Ja, Herr Watthana ist der Chef der Firma THAIWED und ist für alle Transfers der heiratswilligen Frauen zuständig. Die Kosten für seine Vermittlungen variieren je nach Frau. Du weißt: Angebot und Nachfrage. Jüngere Frauen sind kostspieliger – preislich höher. Im Fall von der jungen Nu – da verlangt er 60.000 Euro. In bar. Ja – er nimmt nur Bares."

Heinz dachte nach. Überlegte.

60.000 Euro – auch nicht gerade geschenkt. Aber wie viel habe ich schon für all die anderen Weiber ausgegeben!? Ja, wenn's funktioniert; was soll's! Sex, ok, aber ich sehne mich nach ein wenig Liebe, Zärtlichkeit. Sie muss ja nicht im Unternehmen mitarbeiten.

„Tommi, ich denke, ich versuch's! Ok, wie geht das nun weiter?"

„Sobald du mir das erforderliche Bargeld zukommen lässt, kann ich alles mit Herrn Watthana in die Wege leiten. Ich schätze, in zirka zwei Wochen kann die kleine Thailänderin bei dir sein."

Heinz regelte die finanzielle Angelegenheit mit seiner Bank. Er ließ sich Bargeld aushändigen und leitete es weiter über Tommi zu Herrn Watthana.

Kaum zwei Wochen später kam der Anruf: Das kleine Mäuschen sei gelandet!

Khun Watthana und Tommi holten Nu vom Flughafen ab. Als Tommi die Thailänderin sah, überkam ihn ein eigenartiges Gefühl.

Herrgott, die sieht ganz anders aus als in meiner Vorstellung. Das Foto zeigte das nicht. Sie ist absolut nicht sexy, nicht attraktiv. Nein, eher pummelig. Was wird Heinz dazu sagen?

Mit dieser bösen Vorahnung traf Tommi, zusammen mit Nu und Khun Watthana, in der Villa ein.

Heinz begrüßte alle drei, Tommi stellte ihm Watthana und dann Nu vor, die verlegen die Hände zu einem Wai faltete. Sofort ließ Heinz seinen Blick über sie gleiten.

Das kann doch nicht wahr sein! Das soll meine zukünftige Gefährtin sein? Nein – sicher nicht. Ganz sicher nicht!

Entsetzt blickte er zurück zu Watthana und dann zu Tommi. Dann wieder zu Nu. Das erste, was Heinz herausbekam war: „Ich möchte kurz mit der jungen Dame allein sein. Tommi, bitte begleite Herrn Watthana hinaus auf die Terrasse. Ich rufe euch dann herein."

Als Tommi die Tür geschlossen hatte, fragte Heinz Nu auf Deutsch, ob sie einen guten Flug gehabt hatte. Sie sah ihn nur mit großen Augen an und hatte offensichtlich nichts verstanden. Erst als er mit den Armen eine Flugbewegung imitierte, reagierte sie mit breitem Grinsen. Heinz fragte daraufhin in Englisch, wo in Thailand sie denn geboren wurde. Es brauchte auch hierzu einige Umschreibung bis sie ihn verstand.

Schließlich fasste sie Mut und stammelte: „Ik libe dik – ti lak."

Es reichte Heinz. Er hatte gehört und gesehen, was er wollte. Er rief Tommi und Watthana zurück in den Empfangssaal und bat sie: „Bitte, könnt ihr der jungen Dame sagen, dass sie draußen auf der Terrasse warten soll. Ich möchte mit euch allein reden. Bitte, jetzt gleich!"

Nachdem Nu das Zimmer verlassen hatte, startete Heinz mit lauter Stimme eine Tirade.

„Also, das wird nichts! Gar nichts! Die Frau sieht ganz anders aus als auf dem Foto. Sie hat eine unreine Gesichtshaut. Da war sicher Photoshop am Werk. Sie ist dick, korpulent, kein schöner Anblick. Jeder Kathoey ist hübscher anzusehen. Sie spricht kein Deutsch und ihr Englisch ist auch ganz schlecht. Was soll ich mit dieser Frau? Ich will sie nicht! Herr Watthana, Sie können sie gleich wieder mitnehmen."

„Herr Tulbach, wollen Sie es sich nicht nochmal überlegen? Wir hatten viele Ausgaben. Wir hatten doch eine Vereinbarung über 40.000 Euro. Wir können den Betrag nicht refundieren."

„40000 Euro. So, so – interessant!" Heinz bekam einen hochroten Kopf und schaute hinüber zu Tommi, der den Blick gesenkt hatte.

„Ok, Herr Watthana, Sie werden für ihre Auslagen entschädigt werden. Es war wohl mein Fehler, mich auf so einen Deal einzulassen. Bitte nehmen Sie Frau Nu mit, schicken Sie sie nach Hause. Danke; Sie hören von mir. Bitte verlassen Sie nun mein Haus!"

Damit verließen Nu, Watthana und Tommi die Villa, während Heinz hinter ihnen die Türe mit lautem Knall zuwarf.

Heinz war enttäuscht; verbittert. Er fühlte sich betrogen; hintergangen.

Wie kann es sein, dass mich ein Freund betrügt? Warum, warum nur? Ich habe ihm vertraut. Es ist schlimm genug, wenn dich ein Fremder betrügt, – aber unverzeihlich, wenn es ein Freund macht. Einer, dem du vertraust. Einer, der vorgibt, dein Intimus zu sein. Hatte er es nötig, mich um 20.000 Euro zu betrügen? Sicher nicht. Tommi hat immer gut verdient. Ich bin maßlos enttäuscht. Zornig, frustriert. Ich will Tommi nie mehr in die Augen schauen müssen. Ich will ihn nicht mehr im Unternehmen haben. Er bekommt, was ihm zusteht, aber ich will ihn nie mehr sehen. Er darf das Büro nicht mehr betreten.

Mit der Anweisung an das Personalbüro war das Arbeitsverhältnis von Thomas Grobler besiegelt. Und die Thailänderin befand sich drei Tage später auf dem Rückflug in ihre Heimat.

Heinz hatte all seine Freunde verloren. Was ihm blieb, war seine Verbindung zu Geschäftsleuten, die ihm nach wie vor eher zu ihrem eigenen Vorteil gewogen waren. Frust begleitete seinen Alltag. Er war mürrisch, schlecht gelaunt. In der Firma versuchten seine Angestellten, sich so weit wie möglich von Debatten mit ihm fernzuhalten. Wenn er etwas wollte, dann wagte niemand, ein Argument gegen seinen Willen einzubringen. Seine Freizeit, wenn er sich überhaupt welche gönnte, was äußerst selten war, verbrachte er allein. Zeitweilige Ausritte in diverse Nachtbars endeten mit unbefriedigter Frustration. Nervös, gereizt, mit sich selbst hadernd, erging er sich in Selbstmitleid. Sein Fuß schmerzte, sein Augenlicht war schwächer geworden; Gläser wollte er aus Eitelkeit nicht tragen. Es zwickte hier, es zwackte da.

Er meinte, das Schicksal sei ihm nicht hold, und von Gott wollte er nichts wissen. Den gab es für ihn nicht mehr. Sein momentanes Credo lautete: Mein Leben ist scheiße; alles ist scheiße!

Etwas Ablenkung brachten ihm seine Geschäftsreisen in ferne Länder, obwohl für ihn diese mit zunehmendem Alter auch immer beschwerlicher wurden. Aber sie boten immerhin Abwechslung vom Alltag zu Hause.

5. DIE BERECHNENDE

Es war Mitte Jänner. Ballsaison. Doktor Friedrich Reimann, Direktor des Wirtschaftsforums, ein Geschäftspartner von Heinz, hatte ihm eine Einladung in seine Loge gesandt. Heinz betrachtete die Einladung, wollte sie schon zur Seite werfen, überlegte aber dann:

Ich kann mich gut an die Bälle in meiner Jugend erinnern. Opernball; Ärzteball; Zuckerbäckerball in der Hofburg; Ball der Wirtschaft; und so weiter. War eine schöne Zeit. Die Nacht durchgetanzt. Hm – wäre schön, noch einmal einen Ball zu erleben. Ich muss ja nicht viel tanzen.

Ein Dankesschreiben für die Einladung und eine Zusage erfolgte alsbald an Doktor Reimann.

Der Ballsaal war schon gut gefüllt, als Heinz in der Loge der Reimanns eintraf.

„Susanne, das ist Heinz Tulbach, mein Geschäftspartner; – Heinz, meine Frau Susanne."

„Oh, Herr Tulbach, ich habe von meinem Mann schon öfters von Ihnen gehört. Es ist mir eine Ehre, Sie nun persönlich kennenzulernen."

„Die Ehre ist ganz meinerseits. Ihr Kleid ist ganz entzückend. Ich möchte mich gleich für die Einladung bedanken. Es war sehr nett von Ihnen, mich in Ihrer Loge aufzunehmen."

Es folgten noch einige weitere Höflichkeitsfloskeln. Die beiden Männer tauschten leger ein paar geschäftliche Begebenheiten aus, bevor sie sich dem Geschehen im Ballsaal zuwandten.

In der Loge nebenan wurde fröhlich gefeiert. Lachen, manchmal recht schrill, drang herüber. Heinz beugte sich vor und bemerkte, dass sich drüben eine Gruppe junger Leute bestens amüsierte. Vier junge Frauen, wahrscheinlich gerade noch dem Teenageralter entflohen, und vier Burschen prosteten sich mit Sektgläsern zu. Als eines der Mädchen merkte, dass Heinz hinübersah, lachte es, hielt ein Sektglas hoch und sandte Heinz lachend Kusshändchen.

Nun lachte auch Heinz. Als die Freunde der jungen Frau das sahen, deuteten sie Heinz, sie doch in ihrer Loge zu besuchen.

Heinz überlegte, wollte er doch seine Gastgeber nicht vor den Kopf stoßen. Nach einiger Zeit konnte er aber der fröhlichen Stimmung nebenan nicht widerstehen, fasste sich ein Herz, entschuldigte sich bei den Reimanns und begab sich in die Nachbarloge, wo er mit freudigem Gejohle empfangen wurde. Man drückte ihm ein Glas Sekt in die Hand und prosteten ihm zu. Heinz wollte sich vorstellen, aber der eine junge Mann bemerkte heiter: „Ach, Herr Tulbach, wir kennen Sie. Wir haben Sie im Fernsehen schon mehrmals gesehen. Übrigens– das ist Johanna, das Katie, das Sabine und hier ist Frieda – und der da ist Tobias, dann haben wir noch Franz und Willi hier.“ Er wies dabei mit dem Sektglas in der Hand auf seine Kollegen. „Übrigens, ich heiße Hans – und wenn mich nicht alles täuscht, heißen Sie Heinz, nicht wahr?“

„Ja, richtig! Lassen wir’s dabei. Den Tulbach und das Sie könnt ihr euch schenken!“

Nach einigen banalen Scherzen verabschiedete sich Heinz von ihnen. „Es tut mir leid, aber ich muss wieder nach nebenan zu meinen Gastgebern. Aber wir sehen uns später sicher wieder."

Mit dieser Ansage begab sich Heinz wieder in die Loge der Reimanns.

Nun müssen wir den Fluss der Geschichte kurz unterbrechen, denn für das weitere Geschehen ist es nötig, vorab das bisherige Leben der jungen Leute in der Loge nebenan aufzuhellen.

Also, beginnen wir mit den Männern:

Da ist einmal Franz Dellheimer. Sohn eines Rechtsanwaltes, Jus-Student. Studienerfolg ist mäßig. Vater hat eine gutgehende Kanzlei. Franz führt ein lockeres Junggesellenleben. Wohnt noch im Elternhaus. Er ist der einzige in der Runde, der finanziell keine Sorgen hat. Papa zahlt alles; zahlte auch die Loge. Franz bekam zu seinem 18. Geburtstag ein Auto; einen silberfarbigen Porsche. Mit Johanna Burger war er einige Zeit liiert, beide nahmen aber die Beziehung nicht sehr ernst – blieben aber gute Freunde.

Dann ist da Hans Manker. Auch er studiert. Philosophie; – geht recht zäh voran. Er lernte Gitarre spielen; beherrscht das Instrument recht gut. In seiner beträchtlichen Freizeit gibt er nun Gitarrenunterricht, womit er sich sein Studium finanziert. Führt ein Boheme-Leben. Macht sich wenig Gedanken um einen geregelten Broterwerb.

Wilhelm Max ist Maler. Seine Bilder sind fast alle abstrakt; verkaufen sich mehr schlecht als recht. Er lebt für die Kunst, verdingt sich aber als Gartenarbeiter, da er sonst seine Ausgaben nicht begleichen könnte. Muskulös, toller Körper. Rasch wechselnde Freundinnen; meint aber jedes Mal: „Diese ist jetzt die Richtige!"

Letztlich: Tobias Keppler. Gutaussehend mit zahlreichen Affären im Gepäck. Ein Liebling der Frauen. Könnte Model sein. Der Playboy schlechthin. Allerdings mit einem Manko: nie genug Geld im Portemonnaie. Er wohnt in einer winzigen Mietwohnung in der Innenstadt. Hatte noch nie eine fixe Anstellung, jobbt daher im Verkaufsbereich für verschiedene Firmen.

Nun lasst uns zu den Frauen sehen:

Da haben wir Johanna Burger. Blond mit modernem Kurzhaarschnitt. Verkäuferin in einem Schuhgeschäft. Gute Kraft, höflich und freundlich. Immer gut aufgelegt. War, wie schon erwähnt, kurzzeitig mit Franz Dellheimer zusammen. Sie kamen aber überein, dass freies Leben besser für beide sei. Sie hatte von einer Tante eine kleine Eigentumswohnung geerbt, die sie recht hübsch eingerichtet hat.

Dann Sabine Lehner. Lange schwarze Locken. Assistentin in einer Zahnarztpraxis. Trägt fast ausschließlich eng anliegende lange Hosen. Sie kann es sich mit ihrer zarten Figur auch leisten. Ein fröhlicher Typ. Immer für Späße zu haben. Hat keine fixe Beziehung. Bekennt sich öffentlich zu ihrer bisexuellen Ausrichtung.

Katie Hofer stammt aus einer kinderreichen Familie. Sie ist die Schönste und Jüngste im Frauenquartett. Aber auch die Verrückteste. Ein wahrlich närrisches Huhn. Arbeitet an der Kassa eines Supermarktes. Sie schwärmt insgeheim für Tobias Keppler, ist sich jedoch seiner Mittellosigkeit bewusst. Ihr Lebenscredo lautet nämlich: Ich will einmal reich sein und mir alle Wünsche erfüllen können.

Dann Frieda Müller. Sie ist Studentin der Psychologie. Eine burschikose junge Frau mit einem makellosen Antlitz. Dunkelhaarig. Zauberhaft. Allerdings hatte die Natur nicht an ihren ausladenden Hüften gespart. Sie hat die Gabe, jede Gesellschaft mit fröhlicher Plauderei in Schwung zu bringen. Sie hatte einige kurze Affären, liebt jedoch nun ihre Unabhängigkeit.

Sabine, Katie und Frieda leben recht turbulent mit Hans und Wilhelm in einer Wohngemeinschaft nicht weit vom Hauptbahnhof.

Damit hätten wir einen kurzen Abriss der acht jungen Menschen präsentiert, die unser Protagonist Heinz demnächst näher kennenlernen wird.

Nun zurück zum Ball.

Heinz war wieder in der Loge der Reimanns und bat nun Herrn Reimann, wie es sich höflicherweise gebot, ein Tänzchen mit seiner Gattin wagen zu dürfen. Bei einem Slowfox machte er, obwohl ihm sein Fuß schmerzte, eine recht gute Figur. Der Saal war mittlerweile prallvoll mit Tanzpaaren und als die Kapelle begann, schnellere Rhythmen zu spielen, bedankte sich Heinz und geleitete seine Tanzpartnerin zurück zur Loge. Bevor er jedoch die Türe öffnen konnte, zupfte ihn jemand am Ärmel.

Es war Katie Hofer.

„Hey, Heinz, ich möchte auch mit dir tanzen. Komm, tanze mit mir!“

„Einen Moment, Katie, ich bin gleich bei dir.“

Heinz bedankte sich höflich für den Tanz bei Herrn und Frau Reimann, entschuldigte sich – und schon war er draußen vor der Tür, wo Katie auf ihn wartete. Sie hakte sich bei ihm ein und zog ihn hinunter zur Tanzfläche.

Die Band begann nun, einen Salsa zu spielen. Wegen des enormen Andrangs war kaum Raum zum Tanzen. Katie war in ihrem Element. Es war warm im Saal. Unter Salsa-

Rhythmen schmiegte sie sich eng an Heinz – ganz eng. Ihr Körper glitt an seinem auf und ab. Heinz fühlte jede ihrer zarten Rundungen durch ihr dünnes Kleid. Seine Wangen wurde heiß, glühten. Sie spürte ihn und lachte. Nach dem zweiten Tanz war Heinz erschöpft. Er brauchte dringend eine Pause. Deshalb schlug er Katie vor, ihn zur Bar zu begleiten. Sie schob kokett ihre Locken zur Seite, nahm Heinz bei der Hand und folgte ihm zur Bar. Katie bestellte einen Aperol-Spritz und Heinz ein kleines Bier. Es gab auch hier viel Trubel und Gedränge. Es war laut, Katie musste fast schreien, um gehört zu werden und kam deshalb mit einem Vorschlag.

„Weißt du, Heinz, ich hätte gerne in Ruhe mit dir geplaudert. Wäre es dir möglich, vielleicht irgendwann nächste Woche, dass wir uns, wenn es für dich recht ist, in einer Konditorei oder einem Kaffeehaus treffen? Hier ist zu viel Lärm."

Sie strahlte ihn mit ihrem bezaubernden Lächeln an, holte sich an der Bar einen Stift und kritzelte ihre Handynummer auf einen Bierdeckel, den Heinz zu sich nahm.

Heinz begleitete Katie noch zu ihrer Loge, wo sie sich von ihm mit einem Kuss auf die Wange verabschiedete. Er selbst blieb noch bei den Reimanns eine knappe halbe Stunde, bedankte sich bei ihnen nochmals für die Einladung und entschuldigte sich dann für sein frühes Aufbrechen. Er war hundemüde.

Als Katie in ihrer Loge eintraf, wurde sie mit lautem Hallo begrüßt, gehänselt und von Frieda gleich ironisch befragt: „Katie, seit wann machst du Altenbetreuung? Wir haben dich mit Tulbach tanzen gesehen. Ist das dein neuer Verehrer? Willi kann ein Bild von euch malen."

Katie schnappte zurück, grinste dabei aber über ihr ganzes Gesicht: „Komm, Frieda, halt dein loses Maul! Ich weiß schon, was ich tue. Glaub mir!“

Die acht Freunde blieben noch bis zum Morgen und amüsierten sich köstlich.

Heinz war erschöpft und müde in sein Bett gefallen, aber der erholsame Schlaf wollte nicht kommen. Zu viele Sachen gingen ihm durch den Kopf.

Dieses junge Ding! Ich kann sie nicht aus meinem Kopf bekommen. Ihr Gesicht, ihr liebes Lächeln. Es macht mich wahnsinnig. Wie sie mich ansah! Kann das wirklich so sein, oder ist das alles ein Trugbild? Sie ist jünger als meine Tochter. Lebhaft, frisch, jung. Eine Schönheit! Sie ist zu jung für mich! Aber ich fühle, ich kann sie nicht vergessen. Katie, Katie! Du lässt mir keine Ruh; du raubst mir den Verstand. Ich muss dich wiedersehen!

Erst bei Morgengrauen fand Heinz endlich den erwünschten Schlaf.

Es war schon gegen Mittag als Heinz aufwachte und zum Fenster hinausblickte. Die Wiese war mit leichten Schneeflocken angezuckert. Er fragte sich immer wieder: Ist das wahr, was ich gestern erlebt habe? Er fischte den Bierdeckel aus seiner Anzugtasche, las die Telefonnummer und hatte schon im Sinn, anzurufen. Dann fiel ihm ein: es war Sonntag. Und außerdem würde Katie ziemlich sicher nach dieser langen Ballnacht noch nicht wach sein.

Heinz hatte am nächsten Tag einen Geschäftstermin, nahm sich aber vor, abends bei Katie anzurufen.

So geschah es dann auch. Das Handy von Katie klingelte. Sie saß gerade mit Hans und Sabine bei Tisch. Sie schaute aufs Display, kannte die Nummer aber nicht.

„Hofer, guten Abend?!“

„Hallo Katie, Heinz hier, du erinnerst dich – vom Ball …?“

Katie deckte mit der Hand den Lautsprecher des Telefons ab und wisperte zu Sabine: „Das ist Heinz Tulbach!“ Dann antwortete sie laut: „Hallo Heinz! Natürlich, natürlich! Schön, dass du dich meldest. Wir sitzen soeben beim Abendessen. Wie geht es dir?“ Und lachend fügte sie hinzu: „Hast du dich schon vom Tanz mit mir erholt?“

„Ja – es geht so! Katie, was ich dich fragen wollte: Hast du Lust mit mir am Mittwoch Abendessen zu gehen? Es würde mich sehr freuen, dich zu sehen, mit dir zu plaudern.“

„Mittwoch? – Ok, ja. Wann? Wo wäre das? Wohin soll ich kommen? Dresscode?“

„Nein, nein. Ich komm dich um halb sieben abholen, wenn es dir recht ist. Alles leger, bitte.“

Katie gab Heinz die Adresse ihrer WG und somit war der Termin fixiert.

Am Mittwoch, pünktlich um halb sieben, öffnete sich die Tür des Gebäudes aus den Dreißigerjahren in dem sich die WG befand. Katie erschien in Jeans und Pulli. Jung, leger, frisch. Herrlich anzuschauen. Heinz, der mit Limousine und Chauffeur vorgefahren war, begrüßte sie herzlich.

Wie glücklich ich doch bin. Wer kann in meinem Alter noch mit so einer hübschen jungen Frau ausgehen? Mein Herz, ich bin in dich verknallt!

In kurzer Zeit langten sie in dem von Heinz vorgebuchten spanischen Lokal ein, wo sie in einer kleinen Nische einen schön gedeckten Tisch vorfanden.

Heinz kannte das Lokal von einem Geschäftsessen und konnte sich an das vorzüglich zubereitete Essen erinnern. Katie kannte das Restaurant nicht. Von der Menükarte waren ihr aber die Sachen wie Tapas, Paella und Rioja bekannt. Mit Hilfe von Heinz bestellte sie schließlich zur Vorspeise eine Gazpacho-Suppe und als Hauptspeise einen Kabeljau in feiner Sauce. Heinz nahm zuerst marinierte Garnelen und entschloss sich zur Hauptspeise ein geschmortes Lamm zu ordern. Von der Weinselektion entschieden sie sich für einen Rotwein Reserva von der Merlot-Traube. Die Speisen waren vorzüglich; einfach köstlich. Aber noch besser mundete ihnen der Wein. Nach dem zweiten Glas Rotwein überlegte Katie:

Wie luxuriös doch alles ist. Geld scheint keine Rolle zu spielen. Heinz ist ein wahrer Goldschatz. Traumhaft, wenn man sich alle Wünsche erfüllen kann.

Heinz war es durch seine Geschäftstätigkeit gewohnt, mit verschiedenen Menschen ein Gespräch in Gang zu halten. Aber mit dieser jungen Frau wäre es beinahe ins Stocken geraten. Zu fasziniert, zu hingerissen war er von Katie. Immer wieder sah er in ihre Augen und verlor den Gesprächsfaden. Doch sie griff fröhlich scherzend jede Pause auf, ließ munteres Geplapper folgen und gab sich ganz natürlich ungezwungen. Ein weiteres Gläschen Wein, ein herzliches Lächeln – und schon glühten ihre Wangen. Heinz war wie betäubt.

Ich glaub – nein, ich weiß –, ich bin verliebt. Ich liebe sie. Ich liebe dich, Katie. Ich möchte mit ihr immer zusammen sein. Ich möchte dich heiraten! Wie sag ich's ihr?

War es sein fortgeschrittenes Alter oder hormonelle Verblendung? Heinz kannte Katie noch gar nicht wirklich. Es waren kaum fünf Tage her, seit er sie zum ersten Mal sah. Irrsinn! Torschlusspanik?

Nach dem Dessert und noch einem weiteren Glas Rotwein langte Katie über den Tisch, strich zärtlich über seine Hand und wollte sich bei ihm gerade für den angenehmen Abend bedanken, als Heinz ihr in die Augen blickte und plötzlich fragte: „Katie, Schatz, willst du meine Frau werden?"

Es kam so unvermittelt, so plötzlich, dass Katie nur mit großen Augen und offenem Mund vor sich hinstarrte. Kein Ton kam aus ihrem Mund. Erst nach einiger Zeit, als Heinz schon vermutete, dass er einen großen Fehler begangen hatte, antwortete sie: „Heinz, Heinz, was soll ich sagen? Ich bin völlig überrascht. Dein Antrag ehrt mich, aber ich bin doch noch viel zu jung zum Heiraten. Ich kann dir, bitte, jetzt keine Antwort geben. Lass mich darüber schlafen. Bis morgen. Morgen, ich verspreche dir, sage ich dir Bescheid."

Ein Abend, der bis hierher so fröhlich verlief, wurde durch den überraschenden Antrag von Heinz zur beklemmenden Situation für beide. Und wir fragen uns: Wie würde morgen Katies Antwort lauten?

Katie beschloss noch am Abend, sich morgen zwei Tage von der Arbeit frei zu nehmen. Sie brauchte Zeit. Zeit zum Abwägen, zum Überlegen.

Den Heiratsantrag hatte sie mit keiner Silbe in der WG erwähnt. Sie wollte keinen Einfluss, keinen Rat von ihren Freunden. Sie wollte selbst entscheiden. Sie lag mit geschlossenen Augen wach im Bett und dachte nach.

Soll ich meine Jugend, meine Freiheit, mein Leben mit einem alten Mann verbringen? Er ist nicht abstoßend – aber sexuell gar nicht anziehend. Werde ich mit ihm schlafen können? Er ist dick, viel älter als ich. Mein Ideal von einem Mann sieht anders aus. Kann er mein Liebhaber werden? Kann ich mich dazu überwinden? Anderseits; er kann mir finanziell mehr bieten, als ich je von einem anderen Mann erwarten darf.

Eigentlich wollte ich nur mit ihm bekannt werden, um mich von ihm ein wenig verwöhnen zu lassen.

An Heirat habe ich nie gedacht. Wenn ich seine Frau werde, hätte ich ausgesorgt. Ich könnte mir alles leisten, was ich mir wünsche. Ich könnte auch meine Freunde unterstützen. Ich muss sie ja nicht aufgeben. Ein Leben in Luxus wäre möglich. Ich träumte immer davon, einmal reich zu sein, um mir alle Wünsche erfüllen zu können.

Ich glaub, ich mach's! Wenn's schief geht, na ja, dann wird sich schon ein Weg finden. In meinem Herzen bleibe ich noch immer die Katie, die ich war und die ich bin.

Am folgenden Morgen ließ Katie aber dann doch die Bombe platzen. Sie teilte ihren Entschluss zuerst ihren Freunden in der Wohngemeinschaft mit.

„Leute, ich werde Heinz Tulbach heiraten. Er hat mir einen Antrag gemacht."

„Bist du wahnsinnig!“, war die erste Reaktion von Wilhelm. Und Sabine folgte sogleich mit: „Schatzi, was hast du gestern geraucht?“

Frieda konnte ihren Mund nicht schließen, und Hans sagte: „Ich muss Tobias und Franz anrufen; die schmeißt es aus den Socken. Johanna wird es nicht packen; die trifft der Schlag! Und wie geht das jetzt weiter?“

„Beruhigt euch! Ich weiß, was ich mache; ich habe mir alles gut überlegt. Heinz bekommt heute noch die Zusage. Ihr bleibt weiter meine Freunde, meine Kollegen, meine Liebhaber. Basta! Wir werden alle davon profitieren.“

Es folgten noch zahlreiche hitzige Diskussionen, aber Katie ließ sich nicht beirren. Am späten Nachmittag rief sie Heinz an. „Heinz, hast du jetzt Zeit? Ich möchte mit dir sprechen. Allein. Persönlich.“

„Katie, Liebling; hast du dich zu einer Entscheidung durchgerungen?“

„Das erzähl ich dir, wenn wir uns sehen. Gib mir die Adresse deiner Villa! Komm mich nicht abholen! Ich komme per Taxi.“

Nach Katies forscher Ansage befürchtete Heinz, dass sie seinen Antrag ablehnen werde. Es läutete am Tor der Villa. Heinz sah am Monitor, dass Katie angekommen war. Er öffnete das Tor und kam ihr entgegen.

Katie ging auf Heinz zu, stoppte kurz, dann umarmte sie ihn und flüsterte in sein Ohr: „Ja, Heinz– ich will! Ich habe es mir gut überlegt. Ich will dich heiraten!“

Heinz küsste sie mehrmals, hob sie hoch und strahlte vor Glück.

Dass mir das Schicksal doch noch hold ist, kann ich fast nicht glauben. In meinem Alter noch so eine hübsche junge Frau zu finden ist wunderbar. Einfach wunderbar!

„Katie, das muss gefeiert werden! Ich bin so glücklich. Schatz, ich liebe dich! Ich möchte mit dir eine Familie gründen. Ich, ich … komm, lass dich küssen!“

Katie wich ob seiner ungezügelten Begeisterung kurz zurück, umarmte Heinz aber dann so zärtlich, wie es ihr in dieser Situation angebracht erschien.

Hey, nicht so stürmisch, mein Freund! Das mit der Familiengründung schlag dir gleich aus dem Kopf. Ein Kind will ich jetzt gar nicht. Und von dir sicher nicht!

Lachend gab sie ihm einen Kuss und sagte vergnügt: „Langsam, Liebling, alles zu seiner Zeit. Langsam, langsam; wir können alles in Ruhe planen.“

Heinz öffnete eine Flasche Champagner und rief sofort bei einem ihm bekannten Juwelier an. Er bestellte für Katie einen Verlobungsring: 1,60 Karat, Diamant in Herzform. Ihm wurde versichert: sehr guter Schliff, dünne Rondiste, ohne Kalette, exzellente Symmetrie, keine Einschlüsse. Ein Prachtstück! Kann morgen schon geliefert werden!

Als Katie das hörte, klopfte ihr Herz ganz wild.

Gott, der Mann ist spendabel! Ich finde das super. Es war eine gute Entscheidung. Ich liebe seine Großzügigkeit.

Sie küsste Heinz auf die Wange, setzte ihr bezauberndes Lächeln auf und umarmte ihn. Sie tranken die Flasche leer. Heinz gab dem Personal den Nachmittag frei und machte

Katie einen Vorschlag. „Katie, Schatz, kündige doch deinen Job im Supermarkt zum Monatsende. Du brauchst nicht mehr an der Kassa sitzen. Du hättest mehr Zeit für dich – und auch für mich. Was sagst du dazu?“

Katie dachte kurz nach und überlegte.

Sich nicht mehr täglich mit idiotischen Kunden abzuquälen und vor dem Filialleiter zu buckeln, wäre schon verlockend. Ich bin dann zwar von Heinz abhängig – aber was soll's?

„Heinz, ich kann mir das gut vorstellen, aber ich möchte noch bis zu unserer Hochzeit damit warten.“

„Es steht dir frei. Du sollst nur wissen, dass du nicht mehr arbeiten musst, wenn du nicht willst.“

Eine weitere Flasche Champagner wurde entkorkt. Heinz ließ Abendessen in die Villa liefern. Sie speisten, tranken und scherzten. Katie wusste ihren weiblichen Charme einzusetzen und war schon etwas beschwipst. als Heinz sie in sein Schlafzimmer führte.

Wie wird die erste Nacht mit diesem Mann? Ich habe noch nie mit einem so alten Mann geschlafen.

Als sie sich entschieden hatte, Heinz zu heiraten, und in die Villa kam, war ihr bewusst, dass sie diese Nacht mit ihm verbringen musste. Sie hatte vorgesorgt: Pille obligat!

Die Nacht verlief nicht so schlimm, wie Katie vermutet hatte. Mit Bravour und Raffinesse gelang es ihr, den dicken alten Mann befriedigt in den Schlaf zu wiegen.

Heinz musste früh hinaus, denn er hatte im Stadtbüro einen Termin mit einem Filialleiter aus Graz. Er hatte bereits seine Morgentoilette erledigt und war voll angezogen, als Katie erwachte. Sie rekelte sich noch halb verschlafen im großen Doppelbett. Heinz küsste sie und versprach, sobald wie möglich wieder zu Hause zu sein. Er gab ihr noch einen Kuss auf die Stirn und sagte: „Bis ich zurückkomme, kannst du dich ein wenig im Haus und im Garten umsehen. Stell dich dem Personal vor. Ich habe schon angewiesen, dass sie dir zur Verfügung stehen sollen, falls du etwas benötigst. Das Frühstück wird dir auf der Terrasse im Wintergarten serviert. Schatz, ich bin bald wieder zurück!"

Nachdem Katie sich im En-suite-Badezimmer geduscht und geschminkt hatte, ging sie hinunter und nahm im Wintergarten das für sie bereits vorbereitete Frühstück ein.

Nicht schlecht! Grandioser Service. Daran könnte ich mich gewöhnen. Ist schon etwas nobler als bei uns in der WG – Herz, was willst du mehr?

Nach dem Frühstück inspizierte Katie den mit leichtem Schnee angezuckerten Garten. Alter Baumbestand umsäumte einen Teich, auf dem sich die aufgehende Sonne auf einer dünnen Eisschicht spiegelte. Ein überdachtes, geheiztes Schwimmbecken, das von der Villa direkt zugänglich war, erstreckte sich bis in den Garten hinein.

Wie schön muss es hier erst im Sommer sein, wenn alles blüht und grünt? Ich wünschte, meine Freunde könnten das sehen.

Katie ging nun zurück in die Villa und nahm im Salon aus dem Regal einige Bücher, in denen sie zu schmökern begann.

Um die Zeit bis zur Rückkehr von Heinz zu überbrücken, wollen wir die Gelegenheit nutzen, ein wenig in Katie Hofers Biografie zu stöbern.

Katie wurde als Nachzügler in eine kinderreiche Familie geboren. Schon als Kleinkind musste sie lernen, sich gegen ihre älteren Geschwister durchzusetzen. Ihre Mutter starb jedoch. als Katie noch im Kindesalter war. Da ihr Vater allein mit der Kinderschar völlig überfordert war, wurden einige der Kinder in der Verwandtschaft und Bekanntschaft untergebracht. Um Katie kümmerte sich Alma Tilburg, eine Bekannte der Hofers, die allgemein als Tante Alma bekannt war. Tante Alma versuchte die lebhafte Kleine nach ihren Regeln zu erziehen. Das führte aber öfters zu Konfrontationen, da Katie immer partout ihren Willen durchsetzen wollte. Katies schulische Leistung war eher schlecht als recht, was aber nicht ihrem Intellekt zuzusprechen war, sondern eher ihrem rechthaberischen Freiheitsdrang, der sie bei den Lehrern mehrmals in große Schwierigkeiten brachte.

Als Katie dreizehn war, kam es zu einem ernsthaften Streit mit Tante Alma. Alma reichte es endlich; sie konnte die trotzige Haltung ihres Schützlings nicht mehr ertragen und gab die Obsorge an Jasmin Roschmann ab.

Frau Roschmann war gewillt, Katie bei sich aufzunehmen, da sie überzeugt war, mit Katies Kapriolen gut zurechtzukommen. Die erste Zeit ging es auch passabel, doch dann lernte die pubertierende Katie einen Mann kennen, der fünfzehn Jahre älter war als sie.

Der Mann, sein Name ist unwesentlich, hatte leichtes Spiel bei dem verliebten Mädchen. Er führte Katie in alle ihm genehmen Praktiken des Liebesspiels ein, keine noch so abstruse Variante blieb ihr verborgen. Folglich sah sie diese Art und Weise als normalen unabdinglichen Liebesbeweis an. Dass es zu dieser Zeit zu keiner Schwangerschaft kam, war eher Glück als Vorsicht.

Da Katie nun des Öfteren abends nicht zur vereinbarten Zeit zu Hause eintraf, kam es zu gravierenden Zerwürfnissen mit ihrer Pflegemutter, die zwar die schwankende Gemütsbewegung der Pubertierenden anerkannte, aber auf die Einhaltung von vereinbarten Zeiten bestand.

Katie war Hals über Kopf in diesen Mann verliebt. Sie hätte alles für ihn getan. Umso heftiger traf es sie, als er eines Tages ohne vorherige Ankündigung verschwand. Umgezogen. Handynummer tot. Nicht auffindbar. Verschollen! – Sie war verzweifelt; zornig; weinte nächtelang.

Es brauchte einige Zeit, bis Katie über diese Enttäuschung halbwegs hinwegkam. Sie beendete ihre Pflichtschulzeit mit befriedigender Leistung. Ihre Pluspunkte sammelte sie in Leibesübung, Musik und, seltsamerweise, in Mathematik. Nun war es an der Zeit, eine Lehrstelle zu finden.

Eine Bekannte von Jasmin Roschmann war mit dem Filialleiter eines Supermarktes gut befreundet. Katie wurde nun angewiesen, sich bei ihm zu bewerben. Das Vorstellungsgespräch verlief positiv und so startete Katie ihren Job als Regalbetreuerin in diesem Supermarkt. Nach einem Jahr wurde sie, da sie sich recht geschickt anstellte und man es ihr zutraute, eingeschult, um an der Kassa zu arbeiten.

Ihre Freizeit verbrachte Katie recht oft mit Johanna Burger. Johanna arbeitet in einem Schuhgeschäft als Verkäuferin. Als Katie sich ein paar Sandalen gekauft hatte, kamen sie ins Gespräch, fanden sich sympathisch und unternahmen fortan öfter gemeinsame Aktivitäten. Johanna war, wie Katie, momentan solo, da sie sich kürzlich von ihrem Freund Franz in Freundschaft getrennt hatte.

An einem sonnigen Sommertag befanden sich die zwei Freundinnen im Schwimmbad Gänsehäufel an der Alten Donau. Sie hatten auf der Wiese eine Decke ausgebreitet und sonnten sich gerade, als ein Ball direkt auf Katies Rücken landete. Ein junger Mann, so Mitte zwanzig, kam herbeigelaufen, entschuldigte sich und lud die jungen Damen als Wiedergutmachung auf einen Drink oder – ich weiß es nicht mehr – vielleicht ein Eis, ein. Um es kurz zu erzählen: Katie war vom Charme des attraktiven Mannes so hingerissen, dass sie einem Rendezvous zustimmte.

Harry – ich glaub, so hieß der Mann – eröffnete Katie, dass er verheiratet, aber die Ehe quasi am Ende sei. Die Komplikation sei eine Wohnung, die er im gemeinsamen Besitz mit seiner Frau habe. Auch gebe es eine kleine Tochter, die er liebte. Alles recht schwierig und verworren. Jedoch werde er demnächst die Scheidung einreichen. Katie ließ ihr Herz sprechen; gutgläubig verliebte sie sich! Man kann es dem jungen Mann nicht absprechen, auch er dürfte sich in Katie verliebt haben. Allerdings fanden ihre Amouren nur im Auto oder gelegentlich im Hotel statt. Die Wochenenden verbrachte Harry zu Hause bei seiner Familie. Bald fand Katie diese Beziehung äußerst unbefriedigend. Sie drängte auf eine Entscheidung. Sie wollte keine Konkubine sein, sie liebte diesen Mann. Und dann kam, was sie nicht glauben wollte: Harry entschied sich für seine Familie!

Zorn, diesmal ohne Tränen, beherrschte Katie die folgende Zeit. Eine Androphobie durchflutete sie: Angst, Wut und Gehässigkeit projizierte sie auf alle Männer.

Dann drehte sie den Spieß um: Bisher hatte sie gelitten; ab nun waren die Männer dran! Ihr derzeitiges Motto war: nie mehr verlieben!

Katie setzte ihr Vorhaben um. Ihre Schönheit lockte Männer wie Bienen zur blühenden Blume – doch ihr Herz blieb kalt. Nur Tage, manchmal nur eine Nacht, gewährte sie den Auserwählten.

Das Problem war, dass Katie immer noch bei Jasmin Roschmann, ihrer Pflegemutter, wohnte. Katie nahm nämlich ihre kurzen ständig wechselnden Beziehungen meist mit nach Hause auf ihr Zimmer, was zunehmend zu Zwistigkeiten mit Frau Roschmann führte, da diese die fremden Männer nicht in ihrem Haus haben wollte.

Durch Johanna Burger lernte Katie eine Gruppe von Leuten kennen. Alle kaum älter als sie; die meisten in den Jahren zwischen zwanzig und dreißig. Nette junge Menschen, alle freiheitsliebend. Bei diesen Personen fühlte sie sich wohl. Bei abendlichen Debatten in einem Gasthaus, wo sie sich bald regelmäßig trafen, kam die Idee auf, doch zusammen eine Wohngemeinschaft zu gründen. Diese Idee kam Katie gerade recht. Endlich könnte sie den Fittichen ihrer Pflegemutter entschlüpfen.

Eine geräumige Altbauwohnung wurde bald gefunden. Zwei Wochen nach Katies achtzehntem Geburtstag gab sie Jasmin Roschmann bekannt, dass sie in die WG umziehen werde. Jasmin war über Katies Entscheidung nicht böse;

um ehrlich zu sagen, sogar erleichtert. Sie trennten sich in Freundschaft.

Der Umzug war mithilfe ihrer Freunde rasch geschehen. Katie wohnte nun zusammen mit Hans Manker, Wilhelm Max, Sabine Lehner und Frieda Müller in der großen Wohnung. Jeder hatte sein eigenes Zimmer; den Aufenthaltsraum und die Küche teilten sie sich. Die Wohnung hatte zwei Toiletten und ebenso viele Badezimmer. Ein Roster wurde für den jeweiligen Dienst erstellt – und alles lief soweit reibungslos.

Die restlichen drei Mitglieder der Gruppe waren Johanna, die eine kleine Eigentumswohnung besaß; dann Tobias, der in einer Mietwohnung logierte und letztlich Franz Dellheimer. Er wohnte zu Hause. Er wohnte gerne zu Hause. Franz war der Einzige der Gruppe, der keine Geldsorgen hatte. Seine Eltern erfüllten ihm fast jeden Wunsch. Aber Franz prahlte bei seinen Freunden nie mit seiner finanziellen Lage, im Gegenteil, er unterstützte seine Kumpel soweit es möglich war.

Katie, die Jüngste der Truppe, fühlte sich richtig wohl. Nun konnte sie erstmals ohne Aufsicht tun und lassen, was sie wollte. Niemand schränkte sie ein, niemand machte ihr einen Vorwurf. Wenn sie Lust hatte, nächtigte sie bei dem einen oder anderen. Es gab keinerlei Eifersucht unter den Freunden.

Franz war es dann auch, der die Ballkarten für den Ball besorgte, wo Katie unseren Heinz Tulbach kennenlernte.

Nun zurück zur Villa von unserem Exkurs.

Das große schwarze Auto war vorgefahren. Der Chauffeur öffnete die Wagentür und Heinz entstieg der Limousine. In der einen Hand hielt er einen großen Blumenstrauß, in der anderen ein in Geschenkpapier gehülltes Päckchen. Im Wintergarten, auf einem Fauteuil ausgestreckt und ein Buch lesend, erwartete ihn Katie. Heinz begrüßte sie überschwänglich, küsste sie und überreichte ihr den Blumenstrauß.

Nette Geste; der Alte hat Stil. Hätte ich ihm nicht zugetraut. Freut mich sehr!

Und dann bot Heinz Katie das Päckchen dar.

„Ich habe das noch am Nachhauseweg beim Juwelier abgeholt."

Er war schon ein wenig nervös, denn er erinnerte sich nur allzu gut an die Abfuhr, die er damals von Josefine erhielt.

Aber nicht so von Katie. Freudenstrahlend öffnete sie die Schatulle und entnahm diesen prächtigen Ring.

Wie der funkelt und glänzt! Was der wohl gekostet hat? Was werden meine Freunde dazu sagen?

Sie fiel Heinz um den Hals, küsste ihn und steckte den Ring an den Finger.

„Ich war nicht sicher, ob er die richtige Größe hat. Aber er scheint zu passen."

„Passt wie angegossen. Schatz, danke, danke. Er ist wunderschön!"

Katie war glücklich. Sie hatte das erste wertvolle Geschenk bekommen. Die Verbindung mit Heinz begann sich zu rentieren.

Heinz wollte ja, dass Katie sofort zu ihm in die Villa zieht. Das konnte sie noch für einige Zeit aufschieben.

Aber er bestand darauf, sofort über den Plan für die Hochzeit zu sprechen. Die Diskussion begann.

Heinz hatte vor, seiner jungen Verlobten eine Hochzeit mit Pomp und Prunk zu bieten. Das lehnte Katie aber mit überzeugenden Argumenten ab. Sie wollte den großen Rummel nicht; sie wollte nicht ein Schaustück neben dem Wirtschaftsmagnaten Tulbach sein. Katie setzte all ihr Geschick und ihre Schmeichelei ein. Raffiniert gelang es ihr, durch List und Süßholz raspeln, Heinz davon zu überzeugen, dass eine kleine Hochzeit, weit weg von zu Hause, ohne Reporter, nur mit ihren ihr ans Herz gewachsenen Freunden, sie glücklich machen könne. Und um den Wunsch seiner geliebten Katie zu erfüllen, stimmte Heinz letztendlich ihrem Begehren zu.

Als Katie noch Schülerin war, ermöglichte ihr Frau Roschmann einen Aufenthalt in England, damit das Mädchen dort ihre Englischkenntnisse verbessern sollte.

Katie wohnte drei Wochen bei einer Gastfamilie, deren Haus sich in Weybridge, in der Grafschaft Surrey, befand. Sie fand die Gegend recht schön und war mit der Familie einmal im Oatlands Park Hotel zum Nachmittags-Tee. Dieses wunderschöne Hotel, so empfand sie, wäre auch ein geeigneter Ort für die Hochzeit: an einem kleinen See in einem großen Park gelegen, weit weg von lästigen Pressefotografen und dennoch nah genug zur Metropole London, falls sie Lust auf Aktivitäten bekämen.

Es wurde also beschlossen, oder besser gesagt, Katie beschloss und Heinz stimmte zu, dass die Vermählung am ersten Samstag im Juni in einer kleinen katholischen Kirche bei Walton-on-Thames in England, in der Grafschaft Surrey, stattfinden sollte.

Der Empfang und das Fest waren im schönen Oatlands Hotel vorgesehen.

Katie blieb die Nacht noch bei Heinz, aber am folgenden Tag, nach der Arbeit, traf sie sich mit ihren Freunden in der WG. Franz, Johanna und Tobias waren auf Besuch. Keiner mochte so recht glauben, dass es Katie mit der Hochzeit ernst war. Doch sie stellte klar: „Freunde, es ist fix. Ich werde im Juni heiraten! Es wäre super, wenn ihr alle dabei sein könntet. Nur ihr, meine Kumpels, seid eingeladen. Die Trauung wird an einem Samstag in England stattfinden, ohne Reporter und diesen Schmarrn. Ihr werdet die einzigen Gäste sein. Flug, Hotel und alle anderen Ausgaben werden von uns beglichen. Euch entstehen keine Kosten. Ihr sollt euch nur amüsieren. Könnt ihr euch das Wochenende des ersten Samstags im Juni freihalten? Genaue Daten lasse ich euch noch wissen. Bitte, bitte, lasst mich nicht allein!“

Ein Raunen ging durch den Raum. Und dann lachte Frieda und rief lauthals: „Hey, Katie, das hätte ich mir von dir nicht gedacht: Du bist ein raffiniertes Miststück! – Wir werden zu deiner Hochzeit kommen. Ich bin jedenfalls sicher dabei. Wie schaut's aus, Leute?“

Nach Gemurmel und Durcheinanderrufen kam es dann unisono: „Natürlich. Wir werden sicher machen, dass wir alle dabei sein können. Katie, wir lassen dich nicht im Stich!“

„Danke, Leute, das werde ich euch nie vergessen! Übrigens, ich werde demnächst zu Heinz in die Villa einziehen. Das wird aber finanziell für euch in der WG keinen Nachteil bringen; im Gegenteil, ich werde veranlassen, dass die ganze Miete hier voll bezahlt wird. Das kriege ich bei

Heinz sicher durch; das mach ich schon. Und wir bleiben in Kontakt!“

Die acht Freunde begaben sich alsbald in ihr Stammlokal und ließen dort bei heiteren Gesprächen den Abend ausklingen.

Heinz übergab die Organisation für die Vermählung in die Hand eines Hochzeitsplaners und versuchte dabei alle Wünsche von Katie zu erfüllen. Per Internet war alles Nötige endlich geschehen: Ort, Zeit und Datum der Hochzeit fixiert.

Von der Verwandtschaft von Heinz war niemand geladen. Maria wollte er nicht dabeihaben; zu ihr hatte er kaum Kontakt. Und die zwei Kleinen: Erwin und Elli? Nein – kleine Kinder wollte er schon gar nicht bei seiner Hochzeit.

Katies Verwandtschaft war für sie nicht existent. Ihre Mutter war schon lange tot; ihr Vater, zu dem sie wenig Kontakt hatte, war kürzlich gestorben; und von ihren Geschwistern wusste sie nicht einmal, wo sie alle wohnten. Kontakt bestand keiner. Mit ihrer Pflegemutter stand sie auf Kriegsfuß. Also gab es für Katie nur ihre sieben Freunde. Die waren ihre wahre Familie.

Heinz hatte Flüge für alle buchen lassen; Hotelzimmer und Festsaal waren reserviert. Er, und auch seine Braut, waren zufrieden.

Schließlich konnte er Katie überreden, dass sie von der WG zu ihm in die Villa zieht. Der Umzug erfolgte problemlos. Doch Katie blieb weiterhin in engem Kontakt mit ihren Freunden – und Heinz bezahlte deren Miete.

Das habe ich doch gut gemacht – oder? Er liest mir meine Wünsche von den Augen ab. Hi, hi – er frisst mir aus der Hand.

Katie kam in letzter Zeit mehrere Male verspätet zur Arbeit. Der Filialleiter schätzte das nicht sehr und stellte sie zur Rede. Ihre zweideutigen Ausreden bezüglich starkem Morgenverkehr nahm er missmutig zur Kenntnis. Da ein kollegiales Gespräch aber nicht fruchtete und Katie weiterhin kam und ging, wann immer sie es für opportun hielt, rügte er Katie eines Tages vor versammelter Mannschaft. Katie errötete vor Zorn, nickte nur und sagte aber vorerst kein Wort.

Mich schikanierst du nicht, du blöder Snob. Wer glaubst du, wer du bist? Du kannst mich mal!

Sie wollte nun nicht mehr, wie sie sich vorgenommen hatte, bis zu ihrer Heirat warten. Sie blickte dem Filialleiter mit eisigen Augen an, grinste hämisch und sagte laut: „Mach dir doch deinen Scheiß selbst!"

Seine Reaktion konnte sie nicht mehr sehen, da sie ihm den Rücken kehrte und schnurstracks den Supermarkt verließ.

Katie teilte Heinz ihren Entschluss mit, dass sie die Stelle im Supermarkt aufgegeben hatte. Sie stellte das Benehmen des Filialleiters so dar, als sei er ein wahrer Sklaventreiber gewesen, wonach ihr Heinz beipflichtete, dass sie das Richtige getan hatte. Sie hätte es nicht nötig, sich von so einem präpotenten Großmaul schikanieren zu lassen.

Mittlerweile wurde im Unternehmen wie auch in der Öffentlichkeit bekannt, dass Herr Kommerzialrat Heinz Tulbach eine neue Frau, eine ganz junge, als ständige Gefährtin hat.

Der Kommerzialrat-Titel wurde Heinz vor einiger Zeit, da er keinen akademischen vorzuweisen hatte, aus Dank für seine wirtschaftlichen Verdienste zuerkannt. Reporter versuchten nun Interviews zu erhaschen, doch Heinz gab sich verschlossen und wies auch Katie an, Stillschweigen zu bewahren. So ganz gelang das nicht, denn Katie war nicht der Typ Frau, der sich auf Geheiß den Mund verbieten ließ.

Am Unternehmen selbst hatte sie kein besonderes Interesse. Ihr genügte es, zu hören, dass die Geschäfte guten Profit einbrachten. Auf eine Anstellung war sie gar nicht aus. Sie würde, sobald sie mit Heinz verheiratet ist, sowieso an allem finanziell beteiligt sein.

Mir geht's gut. Geld ist jetzt kein Problem mehr. Das war immer mein Bestreben: nie mehr arm sein! Ich weiß, wie ich mich bis zur Hochzeit zu benehmen habe. Bald ist es soweit.

Katie fuhr einen Fiat Kleinwagen, der schon gewaltig in die Jahre gekommen war. Immer wieder befand sich das Auto für Reparaturen in der Werkstatt. Heinz war es ein Dorn im Auge, wenn Katie mit dem Karren bei der Villa vorfuhr. Daher beschloss er: Sie braucht ein neues Auto!

Da das Unternehmen TULBA einen Leasing- und Wartungsvertrag für seinen Fuhrpark mit Mercedes hatte, war es selbstverständlich, dass auch für Katie ein Mercedes ausgewählt werden sollte. Katie war sofort von einem orangen Roadster begeistert, der mehr als 400 PS vorwies, aber da kam von Heinz dann doch ein Veto. Schließlich ließ sie sich zu einer Sportversion eines A-Klasse-Models überreden, womit sie letztendlich voll zufrieden war.

Der Juni kam – und es war soweit. An einem Donnerstag, nach Arbeitsschluss, flog die gesamte Truppe nach London. Heinz wirkte unter den jungen Leuten wie ein älterer Professor, der mit seinen Eleven auf einer Studienreise ist. Schon im Flugzeug ging es hoch her; alle waren in Feierlaune. Nach der Landung brachte sie ein Großraum-Taxi vom Flugplatz zum Oatlands Park Hotel, wo sie spät abends eintrafen. Sie bezogen ihre Zimmer und trafen sich noch an der Bar für einen Nightcap, wobei sie den Tag fröhlich ausklingen ließen.

Am Freitag gab es für das Brautpaar noch einige Hochzeitsvorbereitungen zu erledigen. Dokumente musste ausgefüllt und unterschrieben werden. Für den Abend hatten dic jungen Leute zwei Junggesellen-Partys vereinbart: Eine Hen-Party für die Frauen und eine Stag-Party für die Männer. Die Partys fanden in zwei verschiedenen Pubs in der näheren Umgebung statt.

Die Veranstaltung der Männer kam schnell in Schwung. Franz und Tobias hakten sich bei Heinz ein und führten Heinz in eine bequeme Ecke des Pubs, während Wilhelm und Hans Drinks herbeischafften. Heinz fühlte sich nicht ganz wohl inmitten dieser Jünglinge.

Ich bin zwar die Hauptperson dieses Abends, aber gehöre ich hier dazu? Irgendwie bin ich unter diesen Jungen fehl am Platz.

Heinz musste mit jedem der Männer anstoßen. Es waren vier starke Schnäpse, die ihm all seine Zweifeln verdrängen ließen. Und dabei blieb es nicht!

Hans lieh sich eine Gitarre, die im Pub an der Wand hing, und stimmte ein Lied an. Dieses Lied – ich weiß den Text nicht mehr, aber es war englischsprachig – kannten auch andere Gäste im Pub und stimmten fröhlich ein.

Als es im Saal bekannt wurde, dass Heinz seinen Junggesellenabend feiert, gratulierten sie ihm, klopften ihm auf die Schulter und wünschten ihm alles Gute. Ein schon etwas angeheiterter Gast rief: „The Kraut is getting married!“

Worauf ihn ein anderer aufmerksam machte:„They are not Germans, they are Austrians, you know. – L'Autriche!“

„Ok, Ostriches, – never mind. Let's have another drink!“

Nun war es an Heinz, eine Bar-Runde auszugeben. Nach einigen weiteren Drinks wurde aus den Songs ein munteres Gegröle. Hemmungen fielen. Franz umarmte Heinz und flüsterte ihm ins Ohr:

„Hey, alter Freund! Lass uns von Katie noch was übrig!“

Heinz war nicht mehr Herr der Lage. Schwankender Boden und Doppelsichtigkeit hatten sich längst eingestellt. Für die Freunde war es Zeit aufzubrechen. Grölend und singend geleiteten sie Heinz, den Wilhelm und Tobias in ihre Mitte nahmen, durch die nächtlichen Gassen zurück zum Hotel; vorbei an einem ihnen einen missbilligenden Blick zuwerfenden Portier hinauf zu ihren Zimmern.

Die Hen-Party verlief etwas anders, aber nicht weniger feucht-fröhlich.

Katie wurde von ihren Freundinnen auf Vamp gestylt und mit einem Blumenkranz gekrönt. Man verpasste ihr eine

Tafel, auf der eine Aufforderung zum Küssen gegen eine Gebühr von einem Pfund geschrieben stand.

Schon beim Anmarsch zu Pub sammelte Katie eine beträchtliche Summe, wobei ihre Freundinnen allzu stimulierte Männer auf Distanz halten mussten. Einige hätten wohl gerne mehr als ein Pfund gegeben.

Im Pub waren die Mädels sofort die große Attraktion. Die bezaubernde Katie konnte sich von willigen Küssern, ob jung oder alt, kaum erwehren. Mit zunehmender Alkoholaufnahme war es aber nicht nur Katie, der die Männerherzen zuflogen.

„We love Austrian girls! They are so beautiful and cheerful. Come on, let's have another kiss!“

Es bedurfte einiger Standhaftigkeit von Frieda, um einem hübschen Jüngling zu widerstehen, der ihr die Bequemlichkeit der eleganten Liegesitze seines Autos angepriesen hatte.

Trotz beschwipster Sinne und einiger Versuchungen behielten die Freundinnen, schon wegen Katic, ihrc Kontcnance. Letztendlich verließen sie gemeinsam das Pub und begaben sich heiter gestimmt zurück ins Hotel. Frieda konnte sich den Seitenhieb in Richtung Katie nicht verkneifen: „Morgen wirst du den Magnaten heiraten. Schätzchen, du hast wahrlich eine goldene Sparbüchse!“

Mit süffisanten besten Wünschen wurde Katie auf ihr Zimmer gebracht.

Diese Wünsche gingen aber gottlob ins Leere, denn als Katie die Zimmertüre öffnete, begrüßte sie lautes Schnarchen aus dem Schlafzimmer.

Samstag, der Tag der Vermählung, war gekommen.

Es sollte eine Hochzeit der anderen Art werden. Katie dachte an eine Heirat in Jeans und Pullover, verwarf aber diese Idee wieder. Obwohl es für sie insgeheim eine Zweckheirat werden sollte, konnte sie einer gewissen Romantik nicht widerstehen. Schließlich schlüpfte sie in das schon in Wien gekaufte weiße Hochzeitskleid. Heinz kam, wie schon bei seinen früheren Hochzeiten, in einem eleganten schwarzen Anzug.

Die Trauung fand am Vormittag in der kleinen katholischen Kirche statt und entpuppte sich als ein Familienfest. Neben dem Brautpaar waren nur die sieben Freunde von Katie anwesend, wobei Sabine und Tobias als Trauzeugen fungierten. Von Heinz gab es weder Verwandte noch Bekannte. Zu diesem Zeitpunkt wusste niemand von dieser Vermählung.

Die Zeremonie war, ja, sie war schon romantisch: Mit Orgelmusik, Ansprache auf Englisch vom Pfarrer, Ringtausch und Küss-die-Braut, und so weiter.

Ich weiß, Johanna hätte angemerkt: kitschig, die volle Katastrophe! Aber alles ging gut, alles war bestens.

Die anschließende Agape vor der Kirche löste jede Spannung: ein paar Brötchen, ein Gläschen Sekt und herzliche Glückwünsche. Herz, was willst du mehr? Katie strahlte und als Heinz in einiger Entfernung mit dem Pfarrer ein paar Worte tauschte, sagte sie leise zu ihren Freunden: „Es ist geschafft! Es ist geschafft! Jetzt ist es amtlich. Endlich; – ich werde nie wieder arm sein! Und ihr werdet auch davon profitieren. Danke, dass ihr alle gekommen seid.“

Am Nachmittag wurde das Brautpaar zu Fotoaufnahmen in den Hotelpark gebeten. Glücklicherweise spielte das Wetter mit: Die Sonne schien und es war wärmer, als man zu dieser Jahreszeit erwarten konnte. Der junge Fotograf setzte das altersmäßig so verschiedene Brautpaar so gut es ging in Szene. Katies fotogene Ausstrahlung begeisterte ihn ganz besonders. Am liebsten hätte er nur von ihr allein Portraitaufnahmen gemacht.

Wie konnte sie nur so einen alten Fettwanst heiraten? Schade um das süße Mädel. Gott, ist die schön!

Er kannte Katie nicht. Nicht ihre Beweggründe, nicht ihren Charakter.

Der Abend kam. Das Fest begann. Heinz hatte von Wien aus schon alles organisieren lassen. Er konnte eine Viermannband engagieren, die um ein Drittel höherer Gagen bereit war, für die kleine Truppe einen Abend lang zu spielen. Sie waren nur neun Personen. Der kleine Saal war wunderschön geschmückt. Blumen überall. Die Tafel festlich gedeckt.

An der Stirnseite nahm das Brautpaar Platz. Katie hatte sich am Nachmittag in legere Kleidung umgezogen, hatte aber nun wieder ihr schönes Brautkleid an. Zur Rechten von Heinz saßen Tobias und Frieda; neben Katie saßen Sabine und Wilhelm; an den Seitentischen nahmen Franz, Johanna und Hans Platz.

Cocktails wurden angeboten, bevor das aufmerksame Personal begann, ein Fünfgangmenü zu servieren. Zur Hauptspeise kredenzte man vorzüglichen französischen Weiß- und Rotwein. Fröhliche, man kann schon sagen, ausgelassene Stimmung ließ nicht lange auf sich warten.

Ansprachen, manchmal recht witzige und frivole, wurden von Franz und Wilhelm dem Brautpaar dargeboten. Heinz küsste Katie und stellte fest: „Du bist meine Rose ohne Dornen.“

Sie antwortete mit Augenzwinkern: „Es möge immer dein Wille geschehen!“

Ich werde dich so manipulieren, dass du gar nicht merkst, dass du das willst, was ich will.

Zum Dessert brachte man eine mehrstöckige Hochzeitstorte herbei, die unter dem Jubel aller Anwesenden vom Brautpaar gemeinsam angeschnitten wurde.

Der vorbestellte Donauwalzer, der von Brautpaar tapfer absolviert wurde, leitete den Tanzabend ein. Dann rief man bei modernerer Musik zum allgemeinen Tanz auf.

Heinz spürte seinen maroden Fuß und war anscheinend vom Tag zuvor noch etwas geschwächt, deshalb zog er es vor, an seinem Tisch sitzend dem jungen Volk aus sicherer Distanz zuzusehen. Anders Katie: Sie schäkerte und tanzte erst mit jedem der Männer und schließlich auch mit den Frauen.

Bis auf Heinz, der müde wirkte, genossen alle das schwungvolle Fest.

Um Mitternacht war es dann soweit. Das Brautpaar verabschiedete sich von seinen jungen Gästen und zog sich auf sein Zimmer zurück, während alle anderen fröhlich bis in die Morgenstunden durchmachten.

Obwohl Heinz matt und müde war, bestand er auf seine Hochzeitsnacht.

Mit Erfahrung, List und Raffinesse gelang es Katie, ihren Gemahl in wenigen Minuten zufriedenzustellen. Sie selbst lag noch lange wach – und während Heinz neben ihr schnarchend im Land der Träume weilte, dachte sie an den sportlichen Tobias. Ihre rechte Hand glitt suchend ihren Körper entlang – und fand die Lösung.

Das war Katies Hochzeitsnacht!

Da sie am Sonntag den Heimflug erst am Abend hatten, frühstückten die Freunde gemeinsam in aller Ruhe und nahmen sich vor, den Nachmittag noch für Aktivitäten zu nützen. Johanna, Katie und Heinz fuhren mit dem Taxi nach Hampton Court, wo sie an einer Führung teilnahmen. Wie faszinierend war es doch, die Geschichte der Tudors erzählt zu bekommen.

Der Rest der Gruppe zog es vor, in der Londoner City das British Museum zu besuchen.

Leider war zu wenig Zeit für weitere Sehenswürdigkeiten, aber alle kamen pünktlich zum Treffpunkt am Flughafen.

Nach einem ruhigen Flug landeten sie spät nachts in Wien, wo sie voneinander Abschied nahmen und bevor sie in dic jcweiligen Domizile fuhren, einander versicherten, sich bald wiederzusehen.

Heinz war glücklich. Restlos glücklich. Er hatte erreicht, was er erreichen wollte: Sein war eine junge, hübsche und lebhafte Frau!

Ein Kind von ihr wäre der Gipfel des Glücks. Zu meinen drei Kindern hatte und habe ich kaum Kontakt. Denen war ich kein guter Vater; aber jetzt, ich glaube, jetzt wäre ich für ein Kind bereit.

Nun wahrten Katie und Heinz aber je ein Geheimnis voneinander: Sie nahmen Pillen! Heinz, um seine Manneskraft zu steigern und Katie, um eine Schwangerschaft zu verhüten.

Von diesem alten Mann will ich nicht schwanger werden, – sicher nicht! Ich will mein Leben in Luxus genießen, da ist ein Kind nicht in meiner Planung.

Und aus den eben erwähnten Gründen stellte sich auch kein Nachwuchs ein. Generell gelang es Katie die amouröse Begier von Heinz durch geschicktes Vortäuschen von Müdigkeit und Migräne auf einem recht reduzierten Niveau zu halten.

Katie traf sich regelmäßig mit ihren Freunden. Sie überbrachte ihnen Geschenke; oft recht kostspielige. Heinz wunderte sich zwar manchmal ob ihrer Großzügigkeit, bezweifelte aber dann doch nicht die hochherzige Selbstlosigkeit seiner so heiß geliebten Gattin.

So selbstlos war Katie allerdings nicht. Heinz gewährte ihr eine eigene Kreditkarte, derer sie sich reichlich bediente. Katie schmückte sich mit teuren Pretiosen und von Modeschöpfern entworfenen Konfektionskleidern. Wenn Heinz auf Geschäftsreisen war, veranstaltete sie rauschende Gelage und Partys für ihre Kameraden.

Seit einiger Zeit strebte Katie danach, Gitarre zu lernen. Sie ließ sich von Hans beraten, der eine Konzertgitarre besaß, aber meinte, für Katie als Anfängerin sei eine Westerngitarre die richtige Wahl.

Hans, der Philosophiestudent, hatte zwischen seinen Prüfungen auf der Uni genügend Zeit, um Musikunterricht zu geben. So kam es, dass er jeden Dienstag nachmittags zu

Katie in die Villa kam, um ihr die grundlegenden Griffe an der Gitarre beizubringen.

Da Heinz zu dieser Zeit immer geschäftlich unterwegs war, ergab sich für Hans und Katie die Gelegenheit, nach einigen Etüden an der Gitarre, auch noch weitere Akkorde im Schlafzimmer ergänzend anzuschlagen.

Karl, der Gärtner und Hausmeister, der seit vielen Jahren im Dienst der Familie Tulbach war, hatte kürzlich seine wohlverdiente Alterspension angetreten. Somit war es an Heinz, einen neuen Mann einzustellen. Unter den Bewerbern wählte er einen jungen kräftigen Burschen aus, der ihm adäquat für die Garten- und Hausarbeiten erschien. Dieser junge Mann, Leopold Koller, Leo genannt, fand sich recht schnell mit den Aufgaben im Haus und Garten zurecht. Der Rasen war stets fein gepflegt, das Wasser im Pool makellos, und alle Reparaturen im Haus routiniert erledigt.

Nun ergab es sich, dass Leo bei einem seiner Rundgänge durchs Haus an Katies Schlafzimmer vorbeikam – just als Hans und Katie sich ihren Etüden hingaben. Leo hielt kurz inne, lauschte den untrüglichen Lauten der Begierde, die aus dem Zimmer herausdrangen, und ging schmunzelnd von dannen.

Drei Tage später, als Katie sich im Liegestuhl am Pool sonnte, kam Leo auf sie zu. Der durchtrainierte nackte Oberkörper des jungen Burschen war ihr nicht entgangen, und sie schenkte ihm ein wohlwollendes Lächeln.

Plötzlich sprach er sie an: „Frau Tulbach, Sie sind eine sehr hübsche Frau. Ich würde auch gerne mit Ihnen in Ihr Zimmer gehen. So wie Ihr Musiklehrer. Auch eine kleine Lohnerhöhung um 20 Prozent wäre doch möglich – nicht?

Können Sie das mit Ihrem Mann regeln? Oder möchten Sie, dass ich mit ihm persönlich rede?“

Katie starrte ihn an. Ihr blieb der Mund offen.

Dieses Dreckschwein will mich erpressen. Wie komm ich da raus? Ok, ich muss ihn hinhalten; mit Heinz darf er jetzt nicht sprechen.

Nachdem sie sich halbwegs beruhigt hatte, antwortete sie leise mit gequältem Lächeln:

„Gut, Leo, wenn du deinen Mund hältst, werde ich mit meinem Mann wegen deiner Lohnerhöhung sprechen. Also gedulde dich ein wenig. Er darf nichts von meiner Affäre erfahren.“

Leo grinste Katie mit schelmischem Blick an und sagte: „Ich habe mir gedacht, dass du vernünftig bist, Schätzchen. Komm, lass uns auf dein Zimmer gehen. Du wirst es nicht bereuen!“

So geschah es dann auch. Obwohl Katie nicht so richtig bei der Sache war, ließ sie ihn gewähren.

Doch als sie fertig waren, duschte Katie rasch und sprang in ihre Kleidung. Sie rief bei all ihren Kameraden an und bat um ein dringendes Treffen in ihrem Stammlokal. Im Nu war sie mit ihrem Auto in der Stadt.

Und sie kamen alle – es war wichtig und vor allem: besonders dringend!

Katie erzählte der versammelten Mannschaft ausführlich, was geschehen war. Der erste, der sofort Stellung nahm, war Franz: „Katie, das kannst du nicht hinnehmen, der Drecksack hat dich in der Hand und wird ständig neue Forderungen stellen.“

Johanna nickte zustimmend und stellte fest: „Du musst sofort einen Gegenangriff starten. Heute noch! Du hast doch mit ihm geschlafen; hat er ein Kondom benutzt?“

„Nein, wie denn? Er hat seinen Tribut sofort eingefordert. Ich habe ihn gewähren lassen, um Zeit zu gewinnen.“

Franz überlegte kurz, nahm Katie in die Arme und fügte dann hinzu: „Du musst jetzt gleich zu Heinz fahren. Erzähl ihm, dass dich der Kerl vergewaltigt hat. Mach es für Heinz plausibel; weine; lass Tränen fließen. Geht heute noch zur Polizei. Klagt den Strolch an. Lass dich in der Klinik untersuchen; sie werden seine DNA an dir finden. Sie werden ihn verhaften. Sollte der Gauner deine Affäre mit Hans ins Spiel bringen; streite alles ab, streite alles beharrlich ab. Sollte er diese Anschuldigung machen, kannst du immer darauf hinweisen, dass er sie nur macht, um von der Vergewaltigung abzulenken.“

Zu Hans gewandt, mahnte Franz noch: „Und du hältst auch dicht! Es gab keinen Sex zwischen euch, verstehst du? Dementier alles, wenn nötig!“

„Klar, das ist kein Problem. No Sex, no nix – nur Gitarrenunterricht!“

Nun drängten alle Katie zur Aktion. Sie musste sofort handeln. Frieda meinte: „Fahr jetzt gleich zu Heinz in sein Büro. Du musst ihn dort erreichen, bevor er nach Hause fährt!“

Gesagt, getan. Katie erreichte Heinz noch im Büro. In Tränen aufgelöst – die schauspielerische Leistung war oscarverdächtig – erzählte sie ihm von der Vergewaltigung durch Leo. Heinz war erschüttert und wutentbrannt.

Als Katie drängte, dass sie mit ihm sofort zur Polizei gehen möchte, erwähnte er ausweichend: „Sollten wir die

Angelegenheit nicht privat regeln? Stell dir vor, wie die Öffentlichkeit darauf reagieren wird.“

Doch Katie bestand darauf und wies ihm energisch zurecht: „Pfeif auf die Medien. Sie können alle wissen, was mir und auch dir angetan wurde. Ich will den Kerl von uns forthaben; er soll verhaftet, verurteilt und eingesperrt werden. Lass uns jetzt zur Polizei gehen und die Anzeige machen.“

So kam es dann auch. Auf der Polizeistation befragte man Katie gründlich und sandte sie dann zur Untersuchung ins Spital. In der Zwischenzeit wurde Leo mit einem Streifenwagen von der Polizei zum Verhör abgeholt.

In der Klinik konnte man tatsächlich Spermaspuren feststellen, die letztlich Leo zugeordnet werden konnten. Seine Beteuerung, dass alles freiwillig und mit Katies Einverständnis geschah, vermerkte man mit Zweifel.

Leos Anmerkung, dass Katie ihren Mann nicht nur mit ihm, sondern auch mit ihrem Musiklehrer betrogen hatte, wurde sowohl von Katie als auch von Hans mit Nachdruck dementiert.

Es kam zur Verhandlung. Man glaubte Katies Ausführungen eher als denen von Leo. Dennoch genügten die Indizien nicht, und man konnte zu keiner klaren und eindeutigen Verurteilung kommen.

Selbstverständlich wurde Leo sofort von Heinz entlassen. Es wurde ihm alles ausbezahlt, was ihm zustand, jedoch verboten, sich in der Nähe der Villa jemals wieder blicken zu lassen.

Katie war mit dem Ausgang der ganzen Sache recht zufrieden.

Das ging nochmal gut. Der Alte hat's gefressen – und den dreckigen Erpresser bin ich los.

Heinz hatte dazu eine etwas ambivalentere Meinung. In seinem Hinterkopf nagte ein latentes Menetekel.

Ich glaube ihr ja. Ich liebe sie, ich liebe sie so sehr. War aber alles so, wie sie es dargestellt hat? Ich hoffe es, ich fürchte mich aber vor einer Enttäuschung.

Während Heinz an seiner unheilverkündenden Warnung und am Argwohn allein zu knabbern hatte, feierte Katie ausschweifend den Erfolg mit ihren verschworenen Komplizen.

Um für Heinz weitere Verdachtsmomente auszuräumen, beendete Hans Katies Gitarrenunterricht. Ob für Heinz dadurch alle Bedenken beseitigt werden konnten, möchten wir jedoch bezweifeln. Katie spielte ihre angebliche Vergewaltigung geschickt zu ihrem Vorteil aus; verweigerte Heinz, bezugnehmend auf den ihr zugefügten traumatisierenden Missbrauch, jeglichen intimen Körperkontakt. Vorübergehend, wie sie ihm versicherte.

Es muss erwähnt werden, dass in den nächsten Monaten etwas Ruhe in den Alltag der Tulbachs einkehrte. Bis, ja, bis zu Sabines Geburtstag!

Heinz war wieder einmal auf einer Geschäftsreise, diesmal in Deutschland. Er flog am Freitag nach Berlin und seine Rückkehr war für Montag vormittags geplant. Kathie blieb allein zu Hause.

Gerade an diesem Wochenende hatte Sabine Lehner ihren 25.Geburtstag. Katie organisierte für Samstag, weil sich die Villa so komfortabel anbot, eine Geburtstagsparty für all ihre Freunde, ohne Heinz vorher davon in Kenntnis gesetzt zu haben.

Die Räume wurden geschmückt. Ein Transparent mit der Aufschrift „Happy Birthday, Sabine!“ hing quer über dem Salon.

Ein Catering-Service sorgte für Speisen und Getränke. Franz konnte, durch gute Kontakte an der Uni, einige illegale Rauchwaren besorgen. Für die Musik war Hans zuständig. Er hatte seine Gitarre mit, aber auch zahlreiche Musik-CDs mit recht harter Rockmusik.

Die Party begann fröhlich mit Gratulationen und Überbringen von Geschenken an Sabine. Es wurde gegessen, gescherzt, gesungen und getrunken – sehr viel getrunken. Es wurde laut, immer lauter, sehr laut. Sie veranstalteten Würfelspiele, ein Joint machte die Runde und viele Hemmungen fielen.

Was niemand wusste, war, dass Heinz mit seinem Geschäftspartner alle Agenden schon am Samstag besprechen und abschließen konnte. Aus diesem Grund konnte er das Hotel stornieren, den Flug umbuchen und am Sonntag früh seinen Rückflug nach Wien antreten.

Als Heinz in der Villa eintraf und das Tor zur Vorhalle aufschloss, strömte ihm ein eigenartig fremdes Aroma entgegen. Sonst war es völlig still im Haus.

Er öffnete die Tür zum Salon – und erstarrte!

Der Anblick, der sich ihm bot, war grauenvoll: Zwischen leeren Weinflaschen und Kleidungsstücken lagen schlafend nackte und halbnackte Menschen verstreut am Teppichboden. Hier ein Schuh, dort ein Slip, daneben eine leere Flasche Gin und ein benütztes Kondom. Sabine bedeckte mit ihren schwarzen Locken den Lendenbereich von Franz.

Johanna lag nebenan schnarchend mit offenem Mund. Vor ihr waren Frieda und Wilhelm quer zur Sitzbank hingestreckt. Tobias und Katie, nackt und eng umschlungen, schliefen neben dem Sofa. Ein zerbrochenes Weinglas mit verschüttetem Inhalt, Zigaretten und Speisereste lagen verteilt über Tisch und Boden.

Hans dürfte von allen den leichtesten Schlaf gehabt haben, denn er öffnete mit glasigem Blick seine Augen und starrte Heinz an.

„Hey, was machst du denn hier?“, lallte er Heinz entgegen.

„Ich glaub, ich wohn hier!“, antwortete Heinz mit hochrotem Gesicht und fügte fast schreiend hinzu: „Was soll der Saustall hier?“

Dadurch wachten die anderen auf. Hans, noch unter der Nachwirkung von Alkohol, maulte zurück: „Mach dir nicht in die Hosen, Dicker. Wir haben nur Geburtstag gefeiert.“

Das reichte Heinz nun! Er brüllte in die Menge: „Verschwindet sofort aus meinem Haus! – Und du, Katie, räum schleunigst den Saustall hier auf!“

In Windeseile sprang die verschlafene, noch halb betrunkene Truppe murrend in ihre Kleidung und verabschiedete sich von Katie.

Am Weg nach draußen rief Tobias noch Katie zu: „Wir sehen uns bald. Lass dich vom Alten nicht schikanieren!“

Das Fass war übergelaufen. Heinz bebte. Dann geschah etwas, das Heinz noch nie tat: Er gab Katie eine schallende Ohrfeige, und schäumend vor Wut schrie er sie an: „Du elende Schlampe, räum hier auf! Wenn du vögeln kannst, dann kannst du hier auch saubermachen! “

Katie biss sich vor Zorn auf die Lippen, stieß einen Sessel um und fauchte zurück: „Du alter Fettsack, du willst dich ja nur mit meinem jungen Körper brüsten. Befriedigen kannst du mich nicht – du nicht! Das schaffst du nicht mehr."

Damit war eine Linie überschritten, die nie mehr weggefegt werden konnte.

Heinz war zutiefst enttäuscht, haderte mit seinem Schicksal. Die Hand des Schicksals hatte ihm im Würgegriff. Gedanken an eine Scheidung kamen auf.

Warum nur, warum geschieht mir das? Hat es nicht so kommen müssen? Warum habe ich es nicht gesehen, nicht geahnt? Ich war zu verliebt in das junge Ding. Scheidung, ja – aber es gibt keinen Ehevertrag. Ich war zu gutgläubig, zu unbedacht. Soll ich jetzt noch durch eine Scheidung viel Geld an die Hure verlieren? Die lacht sich ins Fäustchen. Eheverfehlung, Ehebruch. Die streitet doch alles ab, und ihre Kameraden helfen ihr noch dazu. Wie kann ich sie loswerden? Umbringen könnt ich sie – aber wegen dieser Dirne geh ich nicht ins Gefängnis; das ist die Schlampe nicht wert! Ich will auch kein Aufsehen. Die Medien würden über einen Skandal frohlocken. Nein, das brauch ich nicht!

Ähnliche Überlegungen, allerdings anderer Art, gingen Katie durch den Kopf.

Ich muss von diesem alten Trottel weg. Wie komm ich ohne finanziellen Schaden davon? Eine Scheidung kann er, wenn er will, wagen. So leicht lass ich mich nicht abspeisen. Mir Ehebruch vorzuwerfen, kann er auch probieren. Dafür hat er keine Beweise; das streite ich sofort ab; er hat ja keine Beweise!

Keiner meiner Freunde wird gegen mich aussagen. Zu einer einvernehmlichen Scheidung könnte ich schon zustimmen, dann müsste er viel blechen. Das wird er nicht wollen. Wie komm ich am besten von dem Fettwanst los?

Sie fanden keine für beide passende Lösung. Katie und Heinz wohnten weiterhin gemeinsam in der Villa, allerdings, und das schon seit einiger Zeit, in getrennten Zimmern. Bei offiziellen Anlässen wurde, wenn nötig, traute Zweisamkeit vorgegaukelt. Alles Show! Der Ruf musste gewahrt werden.

Sie lebten nebeneinander her und versuchten, soweit es ging, sich gegenseitig aus dem Weg zu gehen. Katie verbrachte viel Zeit bei ihren Freunden und Heinz hatte genügend geschäftliche Termine einzuhalten, sodass es nur gelegentlich zum Aufprall der Gefühle kam – dann allerdings recht heftig. Schimpftiraden schallten durch die Villa; Hass und gegenseitige Verachtung lagen wie Blei im Raum.

Ein recht milder, für diese Zeit eher zu milder, Jahresbeginn war von einem schneereichen Februar gefolgt.

Dann bekam Heinz überraschend einen Anruf aus Südafrika, wo er im Immobiliensektor eine Filiale aufgebaut hatte. Der Filialleiter dieser Zweigstelle in Kapstadt stand in ernsthaften Verhandlungen mit den Chinesen, die immer mehr in Afrika, insbesondere im gut entwickelten Südafrika, Baugründe und andere Immobilien zu erwerben versuchten. Gerade jetzt, wo die Verhandlungen auf einen positiven Abschluss hinsteuerten, wurde dieser Filialleiter ernsthaft krank. Nun gab es dort niemanden, der die finalen Gespräche führen und Entscheidungen treffen konnte, daher lag es an Heinz, die Sache persönlich in die Hand zu nehmen.

Ein Flug nach Kapstadt hatte schleunigst stattzufinden.

Als Katie davon hörte, bestand sie darauf mitzukommen. Sie war noch nie zuvor in Südafrika gewesen, hatte zwar schon viel davon gehört, wollte sich aber selbst ein Bild machen. Es fiel Heinz schwer, ihr diesen Wunsch zu verweigern. Der Schein nach außen musste gewahrt werden.

Katie erwähnte ihr Vorhaben bei einem Treffen in ihrem Stammlokal und fragte, ob nicht einer ihrer Freunde sie begleiten wolle, allerdings diesmal auf eigene Kosten, denn Heinz hatte Katies Spendenfreudigkeit an ihre Kollegen seit der anrüchigen Geburtstagsparty strikt eingeschränkt. Die meisten mussten leider aus beruflichen Gründen absagen, aber die Studenten Frieda und Franz, wobei Franz Frieda großzügig sponserte, stimmten zu. Katie war darüber recht glücklich, denn sie wollte keinesfalls allein mit Heinz die Tage in Südafrika verbringen.

An einem trüben, von leichtem Schneefall begleiteten Abend hob der Flieger der Austrian Airlines von Wien Schwechat ab und landete am folgenden Tag bei herrlichem Sonnenschein am Cape Town International Airport.

Die Zeitverschiebung war nur eine Stunde und hatte daher keine Auswirkung für unsere Reisenden.

Am Flughafen nahmen sie ein Großraumtaxi, das sie gemeinsam in die City bringen sollte. Katie war ziemlich entsetzt, als sie nach einigen Minuten Fahrt am Township Khayelitsha vorbeikamen und dort die Wohnbedingungen der Schwarzen sah. Das Xhosa-Wort Khayelitsha bedeutet zwar ‚Neue Heimat‘, aber von Neu war hier gewiss nichts zu sehen. Ein Gewirr von Hütten, zusammengezimmert aus

Blech, Pappe und Holz erstreckte sich, so weit das Auge reichte, entlang der Autobahn.

Heinz und Katie checkten in einem renommierten Hotel in der City ein; ganz vornehm und nobel.

Frieda und Franz zogen es allerdings vor, in einer kleinen Bed-and-Breakfast-Unterkunft, die sie schon im Voraus in Wien gebucht hatten, in gar nicht so großer Entfernung von diesem Hotel, ihre Tage in Kapstadt zu verbringen.

Noch am selben Nachmittag telefonierte Heinz mit der Sekretärin der Filiale, die für ihn ein Meeting mit der chinesischen Delegation für den kommenden Vormittag organisierte.

Am folgenden Tag, während Heinz seinen geschäftlichen Verpflichtungen nachging, bestellten Katie und ihre zwei Freunde einen Touristenführer, der sie mit einem Minitaxi-Bus zum Cape Point brachte. Hier ist zwar nicht die südlichste Festlandstelle vom afrikanischen Kontinent, aber ein bekannter Platz, an dem der Atlantische Ozean sich mit dem Pazifischen vereint.

Mit zahlreichen anderen Touristen stiegen sie den steilen Hügel über viele Treppen hinauf, bis sie einen guten Blick auf die beiden Ozeane hatten.

Als sie zum Parkplatz zurückgekehrt waren, sahen sie, wie sich am unbedacht abgestellten Rucksack eines Touristen ein großer Pavian zu schaffen machte. Selbst mit Hilfe von mehreren Leuten konnten sie den mächtigen Primaten nicht dazu veranlassen, sich von seinem Beutestück zu trennen. Erst als er das Lunchpaket gefunden hatte, entfloh er mit diesem über einen Felsabhang.

Für die Fahrt zurück zur City schlug ihnen der Guide eine andere Route vor. Entlang der Kap-Halbinsel schlängelte sich von Noordhoek die Straße in zahlreichen Kurven über den Chapman's Peak bis nach Hout Bay.

Zu der einen Seite das Gebirge, zur anderen das weite Blau des Ozeans. Von der wunderschönen Aussicht überwältigt, hielten sie einige Male an.

Katie reflektierte.

Wie schön es hier ist! Ich möchte zum Augenblicke sagen können: Verweile doch! Du bist so schön! Hier könnte ich alle Probleme vergessen. Vergessen ist aller Streit und aller Zwist.

Doch es ging weiter, wieder zurück in die City von Kapstadt. Hinein in das rege Stadtgewirr.

Heinz hatte für den Abend die chinesischen Verhandlungspartner in ein elegantes Speiselokal eingeladen. Katie wollte er aber nicht dabeihaben, so entschuldigte er sie bei seinen Gästen mit dem Hinweis, dass sie Migräne hätte und unpässlich sei.

Katie ihrerseits vereinbarte mit Frieda und Franz gemeinsam zum Abendessen ein typisch afrikanisches Restaurant aufzusuchen. Bei der Buchung im Hotel wurde ihr die dringende Empfehlung erbracht, nachts ja nicht zu Fuß in der City zu flanieren. Es sei für Touristen viel zu gefährlich.

Ein Taxi holte erst ihre Freunde ab und führte sie schließlich alle drei zum gewünschten Restaurant. Dieses Restaurant war afrikanisch, vielleicht nicht ganz authentisch, aber dennoch etwas Originelles. Unter Trommelklängen wurden ihnen ihre Plätze zugewiesen. Es waren hauptsächlich europäische Touristen anwesend. Die Speisen servierte man in mehreren kleinen Happen auf Bananenblättern, wobei man die Gäste veranlasste, zwischen den Speisefolgen sich die Hände in warmem Wasser zu reinigen.

Das Servierpersonal war mit Bändern geschmückt und die dunkle Haut zum Teil bunt bemalt. Der Abend verlief sehr lebhaft, mit viel Gesang und Frohsinn.

Franz und Frieda waren mit der Restaurantwahl von Katie vollauf zufrieden.

Ein Taxi brachte sie schließlich wieder zurück in ihre Unterkünfte. Als Katie eintraf, schlief Heinz bereits.

Der nächste Tag führte Heinz wieder in die Niederlassung, wo er mit dem Personal gewisse taktische Anweisungen durchging, um die Chinesen von der Kompetenz der Firma zu beeindrucken.

Der Vormittag war für die Besprechung mit den Chinesen verplant.

Für den Nachmittag hatte nämlich einer der Chinesen eine Golfrunde gebucht, wobei er Heinz einlud, mitzuspielen. Heinz versuchte zuerst, sich davor zu drücken, verwies auf seine Behinderung durch sein marodes Bein und dass er schon so lange nicht mehr gespielt hätte, wurde aber schließlich überredet mitzumachen.

Katie und ihre Freunde ließen sich mit einem Taxi zum Bloubergstrand bringen. Man hatte ihnen den Rat gegeben: Von dort könnt ihr den Tafelberg in seiner schönsten Ansicht bewundern.

Sie verbrachten einige Zeit am Strand wobei sie den Kite-Surfern zusahen, die mit ihren Brettern über die Wellen segelten, oft abhoben, kurz Vögeln gleich in der Luft schwebten, um dann wieder auf den aufgewühlten Wogen des Atlantiks zu landen.

Nach diesem eindrucksvollen Schauspiel chauffierte sie ein Fahrer zur anderen Seite der Stadt, nach Kirstenbosch Gardens. Man hatte ihnen den Besuch dieses botanischen Gartens, ein an der Flanke des Tafelbergs angelegter schöner Naturpark, wärmstens empfohlen. Und sie sollten nicht enttäuscht werden!

Eine Vielzahl von einheimischen Sträuchern und Blumen säumten die schön angelegten Wege durch den Park, der sich an die Hänge des Berges schmiegt. Von diesem Garten führt auch ein steiler Anstieg durch die Skeleton Gorge hinauf zum Tafelberg.

Das Wetter war gut: sonnig und warm. Fröhliche Plauderei bei einem Picknick ließ die Idee entstehen, am folgenden Tag gemeinsam durch die Klamm zum Plateau des Tafelbergs aufzusteigen.

Also beschlossen Katie, Frieda und Franz, morgen von hier den steilen Aufstieg zu wagen und dann oben den Berg entlang bis zur Seilbahnstation zu wandern.

Den Nachmittag verbrachten sie an der Victoria & Alfred Waterfront, dem Touristen-Treff in Kapstadt, sahen dem vergnügten Treiben der Jazz spielenden Afrikaner zu und stöberten durch die zahlreichen Souvenirläden. In einem Sportgeschäft erstand Katie eine gelbe Windjacke, die für den geplanten Besuch des Tafelbergs vorgesehen war.

Bei einem Glas Pinotage erfreuten sie sich am Anblick der am Horizont untergehenden Sonne.

Abends fanden sie in einem Fischrestaurant Platz und ließen den Tag mit heiterer Plauderei und Vorfreude auf die morgige Bergbesteigung ausklingen.

Nach ihrer Rückkehr ins Hotel erzählte Katie Heinz von ihrem Vorhaben.

Heinz wäre nie und nimmer imstande gewesen, schon seines kranken Fußes und seiner generell schlechten physischen Verfassung wegen, mit den jungen Leuten mitzuhalten und erwähnte daher, dass er mit der Gongelbahn auf den Berg fahren und ihnen dann oben, wo die Pfade ziemlich flach sind, entgegenkommen werde.

Sein lapidarer Kommentar war nur: „Wenn ihr glaubt, dass ihr dort hinaufklettern müsst; na bitte. Ich nehme die Seilbahn. Wir sehen einander oben."

Gutes Wetter war vorausgesagt worden. Am frühen Vormittag ließen sich die drei jungen Leute nach Kirstenbosch bringen und begannen alsbald den beschwerlichen Aufstieg durch die Skeleton Gorge. Über hohe Felsbrocken und dicke Baumwurzeln quälten sie sich durch die dichtbewaldete Schlucht, ab und zu Pausen zur Rast einlegend, nach oben. Besonders Frieda hatte mit ihrer Fitness zu kämpfen, aber Franz ermutigte sie immer wieder weiterzugehen und so erreichten sie nach zwei Stunden, alle drei ziemlich erschöpft, das Ende der Schlucht. Hier ging es dann über blühende Almwiesen etwas leichter bergan bis zum Maclear's Beacon, dem höchsten Punkt am Tafelberg. Sie hatten es geschafft!

Hier machten sie eine längere Rast und erholten sich von den Strapazen des Aufstieges. Nun begegneten sie einigen wenigen Touristen, die es von der Seilbahnstation bis hierher geschafft hatten. Vom Ostende des Tafelbergs, wo sie sich derzeit befanden, bis zur Gondelbahn war der Weg, bis auf eine kleinere Kluft, mehr oder weniger eben. Katie ging voraus, Frieda in der Mitte, und Franz machte den Abschluss in einiger Entfernung.

So wanderten, trotteten und stolperten sie über Steine und durch kleine Pfützen, die das immer wieder am Tafelberg auftretende Wolkenband, das sogenannte Tischtuch, hervorgerufen hatte, in Richtung Seilbahnstation.

Heinz hatte für den Tag seine Verhandlung mit der chinesischen Delegation abgeschlossen. Zu einem Ergebnis, dem beide Seiten zustimmen konnten, war man allerdings noch nicht gekommen, daher wurde ein weiteres Meeting für den folgenden Tag vereinbart. Er hatte nun Zeit, zum Tafelberg zu fahren.

Gemeinsam mit zahlreichen Touristen stand er in der Schlange, bis die Gondel kam, mit der sie nach oben fahren konnten. Es ist eine Seilbahn, die sich mehrere Male um die eigene Achse dreht, um jeden Gast einen guten Blick auf die zurückweichende Stadt zu geben, bis die Gondel, vorbei am Kegel des Lion Heads, an der Bergstation andockt.

Oben angekommen, hatte Heinz noch Gelegenheit, den Blick hinunter auf die schönen Strände von Clifton und Camps Bay zu werfen. Freche Bergdohlen kamen nah heran und versuchten von Touristen Speisereste zu erhaschen. Dann wendete sich Heinz der Westseite zu, wo fette Dassies, die aussahen, als seien sie Kreuzungen zwischen Ratten und Meerschweinchen, von Felsbrocken hervorlugten.

An dieser Westseite musste er entlang wandern, um den jungen Kameraden, die von der anderen Seite aufgestiegen waren, zu begegnen.

Für Heinz war es eine anstrengende Sache, denn mit seinem versehrten Fuß, gestützt auf einen Gehstock, kam er nur langsam voran. Immer wieder blieb er stehen, teils um Luft zu holen, teils um den weiten Blick hinunter auf den Hafen und auf die City zu genießen.

Doch dann, und das ist nichts Außergewöhnliches, kam Wind auf, der feine Nebelschwaden mit sich führte, die nur hier, nur hier am Berghang, nach unten zogen. Viele der Wanderer zogen es nun vor, zur Seilbahnstation zurückzukehren, denn dort wähnten sie sich vor Wetterkapriolen in Sicherheit.

Plötzlich fand sich Heinz allein. Doch der Nebel zog wieder ab. – Und dann, nicht mehr allzu weit entfernt, erkannte Heinz seine Kameraden, die langsam näherkamen. Vorne Katie in ihrer gelben Windjacke, dahinter Frieda, und den Abschluss machte Franz.

Die drei Wanderer wurden von Heinz herzlich begrüßt und bei einer kurzen Rast erzählten sie ihm von ihrem ermüdenden Aufstieg.

Die Sicht auf die Stadt war nun klar; die Luft rein. Doch es war schon später Nachmittag und es wurde Zeit weiterzugehen, weiter in Richtung zur Seilbahnstation. Frieda und Franz gingen voraus, während Katie bei Heinz blieb, der vorsichtig Schritt für Schritt vorankam. Um einen guten Blick auf die Stadt zu bekommen, wählten sie die flache Route entlang der steilen Wand, die mehr als hundert Meter in die Tiefe reichte.

Franz und Frieda waren bald außer Sicht, da Heinz es nicht schaffte, das Tempo mitzuhalten. Heinz blieb stehen, er sog die frische Bergluft ein und blickte hinaus auf die City, auf den Hafen und auf Robben Island, auf die berüchtigte Gefängnis-Insel, die sich schemenhaft in der Ferne zeigte. Katie war dicht hinter ihm.

Es ging sehr schnell.

Ein gezielter Tritt oberhalb des Gesäßes. Kein Schrei, kein Ton – und Heinz war in die Tiefe gestürzt! Niemand sah, niemand hörte etwas.

Ich habe es geschafft. Es ist vollbracht! Endlich bin ich ihn los – meinen ungeliebten ekeligen Ehemann. Er ist aus dem Weg geräumt. Nun kann mein wahres Leben beginnen; ein Leben in Luxus ohne Einschränkungen.

Der Magnat, unser Protagonist ist tot!

Ja, liebe Leser, so hätte es sein können. War es aber nicht! Nein, nein, – so war es nicht!

Es käme einer Geschichtsklitterung gleich, deshalb wollen wir sehen, wie es tatsächlich war. Zumindest in unserer Geschichte!

Wie war es nun wirklich?

Lasst uns also zurückkehren; zurück zum Tafelberg.

Nachdem sich die Wanderer mit Heinz am Berg getroffen hatten, gingen sie in Richtung Seilbahnstation. Frieda und Franz gingen voraus und waren bald außer Sicht, da Heinz es nicht schaffte, mit seinem Fuß das Tempo mitzuhalten. Katie blieb bei Heinz und sie wählten die Route entlang der steilen Wand.

Heinz blieb oft stehen, er sog die frische Bergluft ein und blickte hinaus auf die City, auf den Hafen und auf die berüchtigte Gefängnisinsel Robben Island.

Katie schützte ihre Hand vor der tiefstehenden Sonne. Heinz stand nun dicht hinter ihr.

Es ging sehr schnell.

Ein gezielter Stoß mit seinem Stock, genau oberhalb ihres Gesäßes. Kein Schrei, kein Ton – und Katie war in die Tiefe gestürzt! Niemand sah, niemand hörte etwas.

Aber er war nicht ‚niemand'! Der Tod war wieder da. Rasch und verlässlich.

Cousine Ananke hat mir Katie geschickt. Das Schicksal hat zugeschlagen, willkürlich die Gelegenheit genützt. Ich tu nur meine Pflicht!

Heinz sog die Luft ein. Er zitterte und atmete tief.

Ich habe es geschafft. Es ist vollbracht! Endlich bin ich sie los – meine untreue Frau, diese Schlampe, ist aus dem Weg geräumt.

Heinz entfernte sich rasch vom Abgrund, humpelte, so schnell er konnte, den Weg entlang. Als er keuchend Franz und Frieda einholte, fragte er aufgeregt: „Habt ihr Katie gesehen? Ich bin nur kurz hinter einem Strauch ausgetreten – und als ich zurückkam war Katie nicht mehr da."

„Sie war doch bei dir. Hier ist sie nicht vorbeigekommen", antwortete Frieda und Franz meinte nur: „Nein, nein, hier war sie nicht! Sie wird schon noch kommen."

Heinz stellte sich irritiert und überlegte, wie er sich verhalten sollte.

Ich kann den Mord verkraften. Keiner soll davon erfahren.

Sie gingen gemeinsam noch ein Stück zurück; suchten; warteten. Von Katie war nichts zu sehen. Sie riefen ihr Handy an. Niemand antwortete. – Wie auch?

Sie gingen zur Seilbahnstation; warteten. Schließlich machten sie eine Meldung bei der Bergwacht und wurden vertröstet, dass abgängige Personen sich meist bald selbst melden. Dennoch wurde ein Suchtrupp ausgesandt. Jedoch ohne Erfolg.

Als es dunkel wurde und von Katie noch immer keine Spur entdeckt worden war, begaben sie sich zur Polizei und machten eine Vermisstenanzeige.

Die Beamten wollten genaue Einzelheiten wissen und befragten alle drei gewissenhaft. Die Schauspielkunst von Heinz, Tränen flossen über seine Wangen, hinterließ besonderen Eindruck, der selbst Franz und Frieda, denen ja das getrübte Verhältnis von Heinz zu Katie bekannt war, zweifelhaft vorkam.

Am nächsten Morgen, gleich bei Tagesanbruch, stieg ein Helikopter der Bergwacht auf und setzte die Suche, die am Vortag wegen der zunehmenden Dunkelheit abgebrochen werden musste, nach der Vermissten fort. Nach mehrmaligem Überfliegen des Berges entdeckte man tief unter den Klippen des steilen Abhanges einen gelben Fleck.

Wie sich bald herausstellte: die gelbe Windjacke von Katie.

Die Bergung der Leiche war mit erheblichen Schwierigkeiten verbunden und fand schließlich in Kooperation mit erfahrenen Bergsteigern und der Besatzung des Helikopters statt.

Nachdem man die Leiche geborgen hatte, begannen die polizeilichen Ermittlungen. Gab es Anzeichen eines Verbrechens? War es Selbstverschulden?

Die zwei jungen Leute hatten viele Fragen zu beantworten. Aber besonders Heinz wurde intensiv befragt; er war es ja, der Katie zum letzten Mal gesehen hatte. Man traute ihm nicht recht und versuchte, von ihm widersprüchliche Aussagen zu bekommen. Doch Heinz blieb geschickt bei seinen Angaben.

Der Kriminalinspektor fragte zweifelnd seinen Kollegen in Afrikaans: „Glo jy wat hy gese het?“ Und sein Kollege antwortete auf Englisch: „Not really, but we haven’t got anything else.“

Sie bezweifelten die Aussagen von Heinz, glaubten ihm nicht so recht, hatten aber keine Beweise, um ihm ein Verschulden oder ein Verbrechen nachzuweisen.

Die Verhandlungen mit den Chinesen mussten des Todesfalls wegen naturgemäß abgebrochen werden. Man einigte sich auf einen späteren Termin im selben Jahr.

Im Sarg, mit einem Flug der Austrian Airlines, wurde Katie nach Wien geflogen. Wie ein Lauffeuer breitete sich die Nachricht über den Tod der Frau des Wirtschaftsmagnaten in den Medien aus. Heinz, als trauernder Witwer, erschien auf fast allen Titelseiten.

Das Begräbnis fand jedoch nicht am Zentralfriedhof in der Familiengruft der Tulbachs, sondern, wie es von offizieller Seite bekannt gegeben wurde, am Stammersdorfer Friedhof, statt. Alles, was Rang und Namen hatte, folgte dem Sarg, wo Katharina Tulbach, geborene Hofer, ihre letzte Ruhe fand.

Heinz, sein Gesicht zu einer Trauermine erstarrt, verbarg heimlich seine tiefe schelmische Zufriedenheit vor den zahlreichen Trauergästen.

Ich habe dich geliebt, du hast mich enttäuscht, du hast mich schändlich betrogen; ich bin froh, dass ich dich los bin – du verdammtes Miststück!

Damit war die Sache mit der untreuen Ehefrau, ohne finanziellen Verlust, aus der Welt geschafft.

6. DIE WITWE

Der Gesundheitszustand von Heinz verschlechterte sich in den folgenden Monaten erheblich. Er bekam Probleme mit seiner Prostata und hatte immer öfter quälende Migräne. Durch sein Übergewicht und die damit verbundene Bewegungsarmut handelte er sich eine Diabetes mellitus ein, wobei es zu massiver Durchblutungsstörung in den Beinen kam. Speziell sein rechter Fuß, sein alter Leidensgefährte, war davon betroffen und zeigte mehr und mehr Anzeichen einer Gangrän.

Durch diese physischen Behinderungen fiel es ihm auch schwer, seinen geschäftlichen Verpflichtungen nachzugehen. Überlegungen, verschiedene Aufgaben an seine Angestellten abzutreten, fielen ihm schwer, da er die fähigsten und erfahrensten Köpfe durch Streit aus dem Unternehmen geekelt hatte und den verbleibenden nicht zutraute, seine Agenden zu übernehmen.

Wem kann ich vertrauen, wer kann in meinem Sinne handeln? Es wäre gut, wenn alles in der Familie bliebe. Mein Sohn wäre als Nachfolger prädestiniert – aber er ist noch zu jung für diese Aufgabe. Vielleicht sollte ich mich meinen Kindern langsam wieder nähern. Ich habe sie in all den Jahren viel zu sehr vernachlässigt. Ich weiß nicht; ich bin mir nicht sicher; kann das gut gehen? Werden sie mich als Vater akzeptieren?

Maria, die ältere Tochter, nahm Vaters Angebot an, und da sie eine fundierte Ausbildung an der Wirtschaftsuniversität genossen hatte, war es für sie nicht allzu schwer, sich im

Unternehmen einzuarbeiten. Nach wenigen Wochen übernahm sie die Leitung der Auslandsabteilung.

In ihrer Abteilung befand sich Frau Magister Christine Parhold, eine langjährige Mitarbeiterin der Firma, die in den romanischen Sprachen, wie Italienisch, Spanisch und Französisch, in Wort und Schrift perfekt zurande kam.

Frau Parhold, deren Vater verstorben war, als sie noch ein Kind war, wurde gemeinsam mit ihren Geschwistern Wilfried und Anna von ihrer alleinerziehenden Mutter aufgezogen; recht religiös, muss dazu erwähnt werden.

In frühen Jahren, noch als Teenager und mitten im Studium, verliebte sich Christine in einen Studenten. Sie heirateten, doch ihr Angetrauter verstarb nach nur zwei Jahren Ehe an einem Gehirnschlag. Eine weitere Ehe verlief ebenso tragisch: Ihr zweiter Gatte verlor bei Regenwetter in einer Kurve die Kontrolle über sein Auto und schleuderte frontal in einen Baum, neben dem er noch an der Unfallstelle verstarb.

Witwe Christine fand auch allein ihr Auslangen und konzentrierte sich vornehmlich auf ihre berufliche Karriere. Maria bereitete es Freude, eine so kompetente, etwas ältere Mitarbeiterin, die für sie wie eine Ersatzmutter agierte, in der Abteilung zu haben. Sie konnte sich voll auf Christine verlassen, die neben ihren beruflichen Aufgaben auch großes soziales Engagement zeigte.

Die gesundheitliche Situation von Heinz zeigte keine Besserung. Da ihm viele Sachen, die er früher ganz leicht erledigen konnte, plötzlich Schwierigkeiten bereiteten, schlug dies auch auf sein Gemüt. Er wurde schnell ungeduldig, jähzornig und neigte zu Wutanfällen.

Maria grübelte, wie sie es anstellen könnte, ihrem Vater wieder mehr Ruhe und Ausgeglichenheit zu verschaffen. Einen Großteil seiner geschäftlichen Verpflichtungen konnte sie ihm abnehmen, aber Heinz benötigte auch im privaten Bereich jemanden, der ihm wieder mehr Zufriedenheit in sein tristes Leben bringen könnte.

Er braucht eine Frau! Eine, die für ihn sorgt; die ihn zur Ruhe bringt. Sie muss ihn nicht lieben, es muss ja keine ausufernde Leidenschaft sein, sie muss ihn nur mögen, mit ihm das Auslangen finden. Ich werde Christine fragen, ob sie zu uns zur Jause kommen will. Wenn immer sie sich im Büro begegneten, hatten sie nur nette Worte füreinander. Vielleicht ergibt sich da was.

Maria spielte die Kupplerin. Christine konnte oder wollte die Einladung ihrer Vorgesetzten in die Villa zu ihrem Chef nicht ablehnen. Sie wunderte sich zwar, denn eine Einladung speziell für sie kam ihr schon seltsam vor. Aber wie konnte sie eine solche Gelegenheit ausschlagen?

Maria hatte den Besuch zuvor nicht angekündigt, daher war Heinz etwas überrascht, als seine Tochter mit Christine Parhold in der Villa am Sonntag nachmittags zur Kaffeezeit erschien. Er kannte Frau Parhold zwar schon jahrelang als fähige Mitarbeiterin, allerdings ergab sich im Büro nie die Gelegenheit, persönliche Angelegenheiten auszutauschen. Bald entstand ein nettes Gespräch zwischen ihnen, wobei Heinz die Eloquenz und Natürlichkeit der nicht mehr ganz jungen Dame zu schätzen begann.

Es ist schon ewig her, dass ich so eine angenehme Unterhaltung mit einer so kultivierten Frau geführt habe.

Maria beobachtete die gegenseitige Achtung und das seit Langem nicht mehr so locker geführten Gespräch ihres Vaters.

Christine verstand es immer wieder, die Unterhaltung in Gang zu halten, wobei sie den bärtigen, dicken Mann, der etwas hilflos im Sessel saß, gefühlvoll, fast liebevoll, betrachtete.

Er ist nett; netter, als ich dachte. Etwas unbeholfen. Wie ein großer Bär. So habe ich ihn im Büro nie gesehen.

Der Nachmittag verlief in angenehmer Atmosphäre. Heinz bestand darauf, dass Christine ihn am nächsten Wochenende, wenn sie nicht schon anderes vorhätte, wieder die Ehre eines Besuchs geben möge.

Dazu war Christine gerne bereit, da sie allein lebte und für jede Abwechslung in ihrem Alltag dankbar war.

Die Treffen wurden in den folgenden Wochen, sofern Heinz keine geschäftlichen Termine hatte, intensiviert. Heinz lud Christine, mit der er sich mittlerweile duzte, auch mehrmals zum Abendessen in elegante Restaurants ein.

Ich mag sie sehr. Sie ist anderes als die jungen Frauen, mit denen ich es bisher zu tun hatte; viel reifer, ausgeglichener. Bei ihr fühle ich mich wohl.

Heinz hatte in Christine eine Frau gefunden, die er mochte, und die auch ihn mit all seinen physischen Einschränkungen akzeptierte. Mit ihr könnte er sich ein gemeinsames Leben vorstellen.

Der Antrag von Heinz kam für Christine wie aus heiterem Himmel – und sie erbat sich Bedenkzeit.

Christine wusste über die meisten der früheren Bekanntschaften und über die Ehefrauen von Heinz Bescheid. Sie war schließlich lange genug im Unternehmen und hatte durch Kollegen, die allerlei Klatsch und Tratsch genüsslich verbreiteten, einiges erfahren. Allerdings war sie nie besonders an diesen Geschichten interessiert, denn ihr wichtigstes Augenmerk galt ihrer Leistung am Arbeitsplatz und daher fand sie es auch nicht sonderlich weise, zu solchen Dingen Stellung zu nehmen. Was ihr Chef in seiner Privatzeit machte, interessierte sie bisher nicht.

Aber eines wusste sie sehr wohl: Alle Frauen von Heinz waren bedeutend jünger als sie.

Werde ich mit diesem alten Mann glücklich werden? Ich denke, er braucht mich. Er ist in letzter Zeit richtig aufgeblüht. Ich mag den dicken Bären!

Zwei Tage später fiel ihr Entschluss: Ja, sie sei bereit; bereit, Heinz zu heiraten.

Christine erklärte Heinz aber klipp und klar: kein weißes Hochzeitskleid, kein Schleier, kein Firlefanz. Für solche Sachen sei sie zu alt und sie möchte sich und Heinz nicht zum Gespött der Leute machen.

Allerdings genüge ihr eine nur standesamtlich geschlossene Vermählung nicht. Für sie, die dem evangelischen Glauben angehörte, war die Ehe zwar kein Sakrament, aber hatte dennoch vor Gott in einer Kirche stattzufinden; das sei fix, darüber wollte sie nicht diskutieren.

Heinz war von dieser Forderung nicht begeistert, denn er hatte jeden Glauben an Gottes Allmacht und Güte durch das ihm in seinem bisherigen Leben zuteil gewordene Schicksal verloren. Aber er respektierte Christines Ansinnen.

Zur Trauung, die an einem heißen Sommertag ohne Medienrummel, ganz im Stillen in einer evangelischen Christuskirche in einem Wiener Außenbezirk stattfand, waren nur engste Verwandte geladen. Von Christines Seite waren nur ihre beiden Geschwister, Wilfried und Anna, zugegen. Von Heinz kamen seine drei Kinder: Maria, Elisabeth und Erwin.

Die Hochzeitsnacht, auf der Heinz bestand, verlief, mithilfe von Pillen, mehr schlecht als recht. Doch Christine war das nicht so wichtig. Sie lebte das, was vielen älteren Paaren gemeinsam ist: Die Frau könnte, will aber nicht; der Mann will, kann aber nicht!

Sie meinte nur: „Ich will nützlich sein in allem, was ich tue!“

Christine setzte durch, dass Heinz endlich wieder Kontakt zu seinen Kindern aufnahm, die er aus verschiedenen Gründen stets vernachlässigte hatte, weswegen nie ein väterliches Verhältnis zustande kommen konnte. Maria war schon im Unternehmen integriert und nun erwirkte Christine, dass sich auch Erwin und Elisabeth durch geeignete Aufgaben in der Firma beweisen konnten.

Eines Tages ergab sich völlig unerwartet in der Niederlassung in Paris ein gravierendes Problem. Zwei Mitarbeiter im Außendienst fühlten sich nicht ordnungsgemäß entlohnt und wiegelten einige andere Kollegen auf, gemeinsam gegen die Direktion zu einem Streik aufzurufen.

‚Une greve‘ war etwas bisher noch nie Dagewesenes im Unternehmen Tulbach International.

Heinz kannte den Filialleiter sehr gut, konnte sich daher nicht vorstellen, dass in der Filiale etwas nicht mit rechten Dingen zuging. Christine und Maria schlugen vor, die Sache per Video-Konferenz zu klären, aber Heinz meinte, dass nur er allein, durch ein persönliches Gespräch, Klarheit schaffen könne.

Maria versuchte noch Heinz umzustimmen, aber er blieb dabei: Er musste hin.

Am nächsten Tag flog Heinz per Erste-Klasse-Flug nach Paris. Für die Zeit seiner Abwesenheit von Wien, hatte er de facto Christine die Leitung der Firma übertragen.

Innerhalb von vier Tagen gelang es Heinz alle Ungereimtheiten in der Pariser Filiale auszuräumen und er kehrte hernach sofort nach Wien zurück.

Heinz fühlte sich mehr und mehr energielos; einfache Tätigkeiten bereiteten ihm schon Schwierigkeiten; er wurde rasch müde und erschöpft. Christine übernahm sehr viele seiner Aufgaben, die ihr Heinz zwar nicht gerne, aber notgedrungen überlassen musste. Letztendlich stimmte er auch zu, dass Christine die Vormundschaft seiner nun schon erwachsenen Kinder übertragen wurde.

Die hereinbrechende kalte Jahreszeit war für die Gesundheit von Heinz nicht gerade förderlich. Eine hartnäckige Verkühlung plagte ihn. Sein Fuß, und jetzt bis hinauf zu seiner Wade, war von Wundbrand befallen. Christine versuchte, so gut sie konnte, Heinz zu helfen. Aber er war stur, weigerte sich, Hilfe anzunehmen; empfand es als Schwäche.

Krankheiten kommen von allein, dann werden sie auch von allein wieder verschwinden. Sie wollen mich ins Spital schicken. Nein, dort sterben die Leute. Nein, danke!

Weihnachten und Sylvester verbrachte die nun geeinte Familie zu Hause in der Villa. Heinz wurde von allen fürsorglich versorgt. Er versuchte täglich, wenn es die Witterung zuließ, einen Spaziergang durch seinen Garten zu machen, der sich vor der Villa wie ein großer Park erstreckte.

Es war ein klirrend kalter, wolkenloser Tag im Jänner. Spät am Nachmittag, das Abendrot am Firmament.

Blutrot sinkt die Sonne nieder,
Dumpf erklingt von Fern die Glocke,
Und es stützet immer wieder
Sich der alte Mann am Stocke.

Inne hält er seine Schritte,
Müde senkt er seine Lider.
Oh, was hilft denn noch die Bitte:
Jugend, ach, du kehrst nicht wieder!

Unaufhaltsam kam der Abend.
Ahnt er schon wie nah die Nacht?
Und am letzten Strahl sich labend,
Wird ein Lebensweg durchdacht.

Heinz war müde, setzte sich auf die kalte Parkbank und ließ seinen Gedanken freien Lauf.

Was habe ich alles in meinem Leben getan, was erdulden müssen? Warum verging die Zeit so schnell? Wie viel

Schuld habe ich auf mich geladen? Du blindes, grausames Schicksal! Aber war alles nur Schicksal? Vor wem muss ich mich für meine Taten verantworten? Ananke, du unberechenbare Schicksalsgöttin, hast du mich gefunden, – mich endlich gefunden?

Heinz schloss die Augen und er schlief auf der Bank ein. Christine fand Heinz halb erfroren und brachte ihn zurück ins Haus.

Am nächsten Tag musste sie den Arzt rufen. Heinz fieberte vor sich hin. Er hatte eine Lungenentzündung, die durch eine starke Verkühlung begleitet wurde. Sein Atem ging schwer.

Der angeforderte Rettungswagen traf ein, jedoch weigerte sich Heinz vehement mitzukommen.

„Verschwindet! Mich bringt ihr nicht ins Spital!“, stöhnte Heinz.

Alle Familienmitglieder standen am Bettrand und waren von seiner Sturheit entsetzt. Die Sanitäter mussten unverrichteter Dinge wieder abziehen.

Heinz hatte die Augen geschlossen und als nur noch Christine und seine Kinder im Zimmer waren, verzog er sein Gesicht zu einer Grimasse, richtete sich plötzlich auf, öffnete seine Augen und sagte – ja, schrie es fast – mit fester Stimme: „Ich habe sie hinuntergestoßen! Ich habe das Miststück hinuntergestoßen! Ich habe Katie hinuntergestoßen!“

Schockiert begannen die Angehörigen über die ungeheuerliche Aussage zu diskutieren. Wie sollten sie mit dieser Information umgehen? Sie verschweigen? Oder der Polizei Meldung machen?

Bis spät in die Nacht wurde darüber beraten. Maria hatte keine Zweifel. Für sie gab es nur eine Möglichkeit: Recht muss Recht bleiben. Die Tat darf nicht verschwiegen werden, sie muss der Polizei gemeldet werden. Alles andere wäre Sünde. Ihr Vater hatte ein Verbrechen begangen, eine Sünde – und eine Sünde muss gesühnt werden.

Letztlich gaben ihr alle recht.

Heinz bekam nichts davon mit. Er hatte die Augen wieder geschlossen und sein Atem kam in röchelnden Stößen aus seiner Brust.

Früh am Morgen wollte Christine den Mord melden. Doch am frühen Morgen stand ein anderer, weit wichtigerer Vorfall im Mittelpunkt.

Als Christine in das Zimmer von Heinz kam, sah sie ihn mit starren Augen und offenem Mund in den Laken liegen. Der sofort herbeigerufene Arzt konnte nur mehr den Tod von Heinz bestätigen.

HEINZ WAR TOT!

Um den Charakter unseres Protagonisten zu beurteilen, möchte ich an Sie, liebe Leser, noch ein paar Fragen richten.

Hätte Heinz, der in seiner Jugend ein freundlicher, charismatischer Mann gewesen war, seine ausgeglichenen Charakterzüge beibehalten können, wenn sich das Schicksal nicht durch negative Erlebnisse mit seinen Partnerinnen gegen ihn gewandt hätte?

Sind die physischen und seelischen Wunden, die nie voll ausgeheilt sind, die auslösenden Faktoren gewesen, warum unser Protagonist nach kurzen Glücksgefühlen immer wieder zu Boden gerissen wurde?

Trägt er selbst schuld an seiner Misere, die er durch Hybris, sein anmaßendes, frevelhaftes und selbstsüchtiges Verhalten, hervorgerufen hat? Wurde Heinz vom Schicksal dafür bestraft?

Wurde Heinz durch den Betrug seiner Frau und das darauffolgende Empfinden einer verletzenden Demütigung aus eigenem Antrieb zum Mörder?

Sind ihm die Ereignisse zugefallen, ohne dass er darauf Einfluss hatte? War sein Scheitern mit seinen Frauen unausweichlich? Konnte er der Hand des willkürlichen Schicksals gar nicht entrinnen?

Es mag jeder frei urteilen. Doch frei … ja, wie viel Freiheit hat denn jeder? Ist nicht jeder von uns durch seinen eigenen Lebensverlauf in der Einschätzung seiner Werte gefangen?

Gedanken sind frei – und niemand kann sie erfahren, wenn sie nicht bewusst preisgegeben werden.

Ich wünsche Ihnen gute Gedanken und einen schönen, angenehmen Tag.

Wie eine spätere Autopsie feststellte, war unser Protagonist, der Wirtschaftsmagnat Heinz Tulbach, an einem Herzinfarkt verstorben.

Hunderte von Menschen kamen zum Begräbnis. Wieder waren sie alle da. Alle.

Die ganze Familie und auch viele Firmenangehörige. Sogar einige von der Konkurrenz.

Er war auch da: Heinz Tulbach. – Im Sarg!

Der Sensenmann, Gevatter Tod, stand fast entschuldigend dabei.

Nun hat dieses Luder mir auch ihn gesandt.

Cousine Ananke, wie willkürlich lässt du deine Hand herniedersausen! Es ist ein weitverbreiteter Trugschluss, das Schicksal bezwingen zu können. Es kommt, es überrascht ohne Ankündigung: gütig oder unbarmherzig – willkürlich!

Es tut mir leid, liebe Leser; sie wollte es so. Vor dieser Unberechenbaren müsst ihr euch fürchten – nicht vor mir! Sie gibt, sie nimmt!

Ich komme ruhig und gewiss zu jedem von euch. Ich tu nur meine Pflicht!

Am offenen Grab wurde eine Eloge für Heinz gehalten. Eine wahrlich würdige Anerkennung seines Lebens. Ohne Kritik. Nicht hier am offenen Grab! Noch kannte niemand sein Geständnis.

Doch langsam, langsam drang es an die Öffentlichkeit. Und plötzlich waren alle mit ihren Kommentaren zur Stelle: jene, die nicht glauben wollten, dass Heinz zu so einer Tat fähig gewesen wäre; und jene, die es immer schon wussten: „Jeder Unternehmer hat einen miesen Charakter!"

Das Unternehmen Tulbach International wurde vorerst von Christine und dann sukzessive von den Kindern, jahrelang mehr oder minder erfolgreich weitergeführt.

Aber das, … ja das ist eine andere Geschichte!

2. Teil: Die Kinder des Magnaten

Der Wirtschaftsmagnat Heinz Tulbach, der ein Imperium aufgebaut hatte, ist vor kurzem gestorben.

Einen Tag, bevor er starb, bekannte er sich schuldig, einen Mord begangen zu haben. Enormer medialer Sturm folgte.

Seine Witwe, Christine, übernahm die Führung des Unternehmens. Gleichzeitig war sie die Ziehmutter dreier Kinder: Maria, Elisabeth und Erwin. Diese stammen jeweils von drei verschiedenen Müttern aus vorherigen Ehen ihres verstorbenen Mannes.

Alle drei Kinder sind im Familienunternehmen TULBA International tätig. Maria, die ein Wirtschaftsstudium absolviert hatte, ist Chefin der Auslandsabteilung. Die zwei jüngeren Kinder, Elisabeth und Erwin, sind noch in Ausbildung, wobei sie Hans Dudak, dem Manager der Zentrale in Wien, unterstellt sind.

Maria lebt in der Innenstadt in ihrem schönen Eigentumsappartement, nicht weit vom Zentralbüro entfernt. Ihre zwei Geschwister hingegen wohnen bei ihrer Stiefmutter in der geräumigen Vorstadtvilla im Süden von Wien.

So weit die Vorgeschichte.

1. CHRISTINE, die Pflegemutter

Nun kam es, dass die Firmenchefin Christine die drei Kinder zu einem Meeting bat – oder sagen wir es besser: ein Meeting anordnete. Eigenartigerweise nicht im Büro, sondern im Salon der Villa. Pünktlich am Freitag um 17 Uhr.

Freitag kam; es war 17 Uhr. Im Salon, in bequemen Fauteuils, saßen Elisabeth und Erwin, ihnen gegenüber stand Christine und neben ihr Büroleiter Thomas Seifert. Maria war noch nicht da. Thomas blickte irritiert auf seine Uhr. Minuten vergingen und als Maria endlich zur Tür hereinkam, fuhr er sie an: „Hast du vergessen, dass das Meeting um 17 Uhr stattfinden sollte? Oder geht deine Uhr falsch?"

Maria stieg Zornesröte ins Gesicht.

Du Arsch, du hast mir gar nichts zu sagen. Wer glaubst du, wer du bist?

Dachte sie, sagte aber kein Wort und setzte sich neben Elli und Erwin.

Nun ergriff Christine das Wort: „Was ich euch sagen wollte", sie machte eine lange Pause, dann, mit starrem Blick über die Köpfe der Kinder hinweg, kündigte sie an: „Thomas und ich werden heiraten!"

Das schlug wie eine Granate ein! Eine Granate ohne Geräusch. Es war still im Salon; keiner bewegte sich.

Der Erste, der reagierte, war Erwin. Er sprang auf, lief aus dem Saal, indem er die Türe mit lautem Knall hinter sich zuschlug.

Gleich darauf folgte ihm Maria, die, bevor sie den Salon verließ, noch zu einem höhnischen Grinsen ein „Herzliche Gratulation“ beisteuerte.

Elisabeth, etwas verloren, wusste nicht recht, was sie machen sollte, senkte den Blick und schlich ihren Geschwistern hinterher.

Zurück blieben perplex Christine und Thomas. Thomas schäumte innerlich.

Christine hat die Kinder immer gut behandelt. Sie war ihnen immer eine gute Mutter, obwohl sie nicht ihre eigenen Kinder waren. Undankbare Fratzen!

Christine sah die Sache etwas anders; wollte aber vor Thomas ihre Gedanken nicht offenlegen.

Ich habe eine Ablehnung befürchtet; aber dann doch nicht mit so einer Reaktion gerechnet.

Draußen auf der Veranda versammelten sich die Kinder. Erwin rief erzürnt: „Hat sie nicht warten können? Vater ist kaum ein halbes Jahr unter der Erde und sie will schon wieder heiraten. Thomas ist doch nur an unserem Geld interessiert. Vater, ihr wisst es, hat mir immer versprochen, dass ich einmal die Leitung der Firma übernehmen soll. Jetzt drängt sich plötzlich dieser Typ in unsere Familie.“

Maria lachte auf und antwortete: „Aber, Erwin, so plötzlich ist das nicht. Euch ist wahrscheinlich nicht aufgefallen, dass Thomas schon, als Vater noch lebte, als Vater krank war, oft bei Mutter in der Villa auftauchte. Lebt ihr hinter‘m Mond? Elli, ist dir nie etwas aufgefallen? Die Sache läuft doch schon länger zwischen den beiden.“

Elisabeth sah Maria entsetzt an. „Nein, Onkel Thomas war immer nett zu Mama – und auch zu mir."

Maria blickte ihr strafend ins Gesicht; hob die Hand warnend und sagte: „Hüte dich vor ihm! Ich würde ihm nicht trauen. Sei nicht so naiv, der ist hinter jedem Kittel her."

Erwin, der noch immer mit geballter Faust neben seinen Schwestern stand, presste bebend hervor: „Wenn die beiden heiraten wollen, können wir nichts machen. Aber wir müssen da nicht mitspielen. Ich gehe jedenfalls nicht zu ihrer Hochzeit; das bin ich Vater schuldig. Wie ihr das haltet, weiß ich nicht."

Die Hochzeit ging still und heimlich vonstatten. Keines der Kinder war anwesend, obwohl es Elli schwerfiel fernzubleiben. Vorerst wurde nicht einmal im Unternehmen darüber gesprochen.

Schließlich konnte die Angelegenheit aber nicht mehr geheim gehalten werden. Die Familie Tulbach stand zu sehr in der Öffentlichkeit.

Elisabeth und Erwin wohnten weiterhin in der Villa. Thomas war zwar zu Christine gezogen, aber die Villa war so geräumig, dass die Kinder, wenn sie wollten, ihnen aus dem Weg gehen konnten.

Die Lage war lange Zeit recht angespannt und beruhigte sich erst, als Thomas eine Aussprache mit Erwin hatte, in der er dem Jungen versicherte, dass er ihm bei der zukünftigen Betriebsübernahme nicht im Wege stehen werde.

Maria war von dieser Entwicklung nicht so recht begeistert, denn sie empfand es seinerzeit schon als einen sexistischen Affront als Vater bekannt gab, dass er für die Unternehmensführung als seinen Nachfolger ihren doch noch sehr jungen Halbbruder Erwin auserkoren hatte. War Maria doch um einige Jahre älter, hatte bereits ein abgeschlossenes Studium und war im Betrieb bestens anerkannt. Um keinen Streit vom Zaun zu brechen, fügte sie sich aber letztendlich dem Wunsch ihres Vaters und unterstützte Erwin bei seiner Ausbildung im Unternehmen.

Einige Monate später kam es zum Eklat im Hause Tulbach.

Christine und Thomas hatten Edi, den Bruder von Thomas, und dessen zweite Frau Anna in der Villa zu Gast. Der Abend verlief vorerst recht harmonisch, bis es nach einigen Sticheleien zu einem Wortwechsel zwischen Edi und Thomas kam. Edi wollte von Thomas wissen, warum er seiner Frau Anna ohne ersichtlichen Grund einen kostbaren Ring geschenkt hatte. Thomas setzte sein Pokergesicht auf und schwieg.

Blödmann, was glaubst du wohl, wie oft ich Anna besucht habe, wenn du auf Geschäftsreise warst?

Doch Anna, ich weiß nicht, welcher Teufel sie geritten hatte, war es der doch erhebliche Alkoholgenuss nach dem Abendessen oder schiere Lust, einmal ihren Frust hinauszuposaunen, sagte: „Ja, Thomas verwöhnt mich halt. Er hat es drauf – du nicht!“

Christine war entsetzt; die Stimmung aufgeheizt. Ein Wort ergab das andere. Kurz darauf verließen die Gäste verstimmt und verbittert die Villa.

Nach diesem Abend bedurfte es von Thomas vieler Leugnungen, um Christine von seiner Unschuld zu überzeugen – oder sie mindestens zu beschwichtigen. Jedenfalls wurde vorsichtshalber die Freundschaft zu Anna und Edi aufgekündigt.

Einige Wochen vergingen. Erwin war in der Firma voll engagiert. Ähnlich wie seinerzeit sein Vater durchlief er viele Ausbildungsstadien.

Christine hatte in letzter Zeit einige gesundheitliche Probleme, war daher oft nicht im Büro. Als sie sich einer allumfassenden Untersuchung in einer Klinik unterzog, stellte der behandelnde Arzt fest: „Frau Tulbach, im Grunde genommen ist gar nichts mit Ihnen verkehrt." Er machte eine kurze Pause und verkündigte dann: „aber, Gratulation, Sie sind schwanger!"

Christine war überrascht, konnte es nicht glauben.

Wie kann es sein? In meinem Alter? Ich war fest überzeugt, schon die Menopause erreicht zu haben. Wie geht das nun weiter? Soll ich das Kind abtreiben lassen? Von meinen verstorbenen Männern wurde ich nie schwanger. Einmal Mutter werden, in meinen reifen Jahren noch Mutter werden, ist sicher etwas Schönes.

Als sie Thomas von der überraschenden Neuigkeit berichtete, zeigte er zwar gespielte Begeisterung, um den Hausfrieden zu wahren, jedoch in seinem Innerem tobte ein Sturm.

Das haben wir noch nötig gehabt! Ein schreiendes Baby im Haus. Mir reichen schon die zwei Teenager. Aber sie will das Kind haben, sie will es nicht wegmachen lassen.

So zeigte sich bald bei Christine eine kleine Rundung um ihre Mitte.

Christine und Thomas luden nun öfter Johanna, Elisabeths Cousine, an Wochenenden in die Villa ein, denn die zwei Teenager verstanden sich sehr gut und außerdem war es für Christine, die sich nun kaum mehr im Büro blicken ließ, eine willkommene Abwechslung. Junges Blut im Haus war gern gesehen. Johanna durfte bei Elisabeth übernachten. Die Mädchen hörten Musik, erprobten die neuesten Schminkkreationen und spielten abends mit Christine und Thomas lustige Gesellschaftsspiele.

Maria war von dieser freundschaftlichen Entwicklung in der Villa nicht sehr angetan. Sie traute dem Frieden nicht.

Erwin hielt Abstand; er verbrachte seine karge Freizeit mit Freunden in der Innenstadt oder, wenn er nicht auf einer Dienstreise war, zu Hause zurückgezogen in seinem Zimmer.

Elisabeth, die zwar täglich Sprachunterricht in Französisch, Spanisch oder Englisch hatte, war aber dann am späten Nachmittag allein zu Haus. Christine musste wöchentlich zu einer Routineuntersuchung ins Spital. An diesen Tagen verließ Thomas, irgendwelche geschäftliche Termine vorgebend, vorzeitig das Büro und fuhr nach Hause in die Villa.

Thomas war nun allein mit Elisabeth im Salon. Er war nett zu ihr. Er war lieb zu ihr. Elli freute es. Sie konnte so gut mit Onkel Thomas plaudern. Ihm konnte sie alles anvertrauen. Für sie war er derjenige, der all ihre Probleme verstand. Sie konnte sich an ihn lehnen. Er nahm sie in die Arme, küsste sie und hatte seine Finger überall. Er war nett und lieb zu ihr; zu nett und zu lieb zu ihr. Es war zu spät, als sie es merkte!

Sie versuchte ihn abzuwehren. Thomas war stark und flößte ihr ein: „Christine darf nichts davon wissen! Hör zu! Verstehst du, was ich sage?“

Elisabeth zitterte, wusste nicht, wie sie sich verhalten sollte.

Ich kann Mama nichts davon erzählen. Was würde sie von mir denken? Nein, ich kann ihr das nicht antun.

Das war Elisabeths großer Fehler. Ein Fehler, den sie bereuen sollte – und der sie in tiefster Seele ihr ganzes Leben noch begleiten sollte.

Denn Thomas kam wieder. Jede Woche wieder. Er war sich nun sicher, dass Elli schweigen würde. Und er forderte mehr. Es blieb nicht bei zärtlichem Streicheln. So niederträchtig Thomas war, so durchtrieben war er. Elisabeth soll Jungfrau bleiben. Mir soll man nichts nachweisen können; sicher ist sicher.

So ließ er sich von ihr befriedigen: erst manuell, dann oral. Es ekelte sie.

Sie weinte, doch sie hielt dicht; sie wagte nicht, jemandem davon zu erzählen. Sie weinte heimlich, war verzweifelt, wusste nicht ein noch aus.

Der neuen Haushälterin, Frau Carmen Assmann, fiel auf, dass das junge Fräulein Tulbach in letzter Zeit so gerötete Augen hatte. Frau Assmann wollte sich vorerst nicht in die seelische Trübung des Teenagers drängen, doch dann kam es, dass sie Elisabeth überraschte, als diese, auf dem Sofa in eine Decke gewickelt laut vor sich hin schluchzte. Carmen ging auf sie zu, legte ihr sanft die Hand auf die Schulter und versuchte sie zu trösten.

„Ich weiß, junge Leute haben oft Liebeskummer. Frau Elli, ist es wirklich so schlimm? Kann ich etwas für Sie tun; Ihnen etwas bringen?“

Elisabeth schüttelte nur den Kopf, sah Frau Assmann ins Gesicht und dann sprudelte es nur so aus ihr heraus: „Er lässt mich nicht in Ruh! Es ekelt mich vor ihm. Ich kann es Mama nicht sagen; niemandem sagen. Onkel Thomas ist ein Scheusal. Jede Woche verlangt er von mir, dass ich ihm für seine Befriedigung zur Verfügung stehe. Bitte, helfen Sie mir! Bitte!“

Nun ließ Elisabeth ihren Tränen freien Lauf. Sie umarmte Carmen und zitterte am ganzen Leib. Frau Assmann war entsetzt.

Wie kann dieser Mann das junge Mädchen derart ausnützen; es so missbrauchen. Dem muss Einhalt geboten werden! Sofort, schleunigst.

„Wir werden, ja, wir müssen, die Polizei informieren. Frau Elli, Sie dürfen ihm das nicht durchgehen lassen! Und wir müssen auch Ihre Mutter davon in Kenntnis setzen.“

„Aber er wird alles abstreiten – und ich werde als Lügnerin und Verleumderin dastehen.“

„Ich weiß, es wird schwierig, ihm den Missbrauch nachzuweisen. Aber der Schänder darf nicht so einfach davonkommen. Wir müssen ihm gemeinsam das Handwerk legen.“

„Ich habe Angst. Was geschieht mit mir, wenn er alles abstreitet?“

Frau Assmann dachte eine Weile nach und legte dann Elisabeth ihren Plan vor. „Wir sprechen zuerst mit deiner Mutter. Dann gehen wir gemeinsam zur Polizei. Wir müssen Ihrem Onkel eine Falle stellen. Sie müssen sich zur üblichen Zeit mit ihm treffen. Ich werde mit Ihrer Mutter und mit der Polizei heimlich vor Ort sein. Er muss in flagranti überführt werden. Wenn wir ihn auf frischer Tat erwischen, kann er vor der Polizei nichts abstreiten."

Elisabeth hatte noch einige Einwände, stimmte aber schließlich dem Vorhaben zu.

Als Frau Assmann und Elisabeth Christine von dem Missbrauch ihres Mannes erzählten, konnte sie es vorerst nicht glauben. Thomas soll so etwas getan haben. Was hat sich Elli da ausgedacht? Unsinn. Das kann nicht wahr sein!

Ganz überzeugt war Christine nicht, war aber bereit, mit zur Polizeistation zu kommen, um die Sache aufzuklären. Ein Polizeibeamter wollte, als Elisabeth das Vergehen anzeigte, Thomas sofort zur Station zum Verhör holen, doch die drei Frauen überzeugten ihn von ihrem Plan, mit dem sie den Täter eindeutig überführen könnten.

Der Tag an dem Christine zur Überprüfung ihrer Schwangerschaft in die Klinik sollte, war gekommen.

Elisabeth fuhr wie üblich nach Hause. Ein seltsam flaues Gefühl überkam sie.

Wird alles gut gehen? Werde ich Thomas mit meiner Nervosität nicht warnen? Wird er irgendwie von unserem Vorhaben gewarnt worden sein? Hoffentlich geht alles gut. Ich habe Angst.

In der Zwischenzeit waren zwei Polizeibeamte mit Christine in der Villa in einem Nebenzimmer zum Salon auf Lauerstellung. Sie hatten den Raum mit zwei Videokameras und einem Richtmikrofon verkabelt.

Zehn Minuten nachdem Elli zu Hause eingetroffen war, hörte sie auch Thomas die Tür zum Salon öffnen.

Elli bebte vor Nervosität. Thomas grüßte sie mit übertriebener Freundlichkeit und schenkte sich ein Glas Wodka ein; leerte es in einem Zug. Grinsend bot er auch Elli ein Glas an.

„Du solltest auch einen Schluck trinken. Das macht dich lockerer. Du bist ganz verkrampft. Komm her, Schatz! Was ist los mit dir heute?"

Als Christine ihren Gatten diese Worte sagen hörte, wollte sie sofort hervorstürmen und ihren Mann zur Rede stellen. Der eine Polizist hielt sie sanft zurück.

In diesem Moment zog Thomas Elli nah an sich, drückte sie nach unten und öffnete seine Hose.

Nun war es an den Kriminalpolizisten, einzuschreiten. Alles ging sehr schnell. Christine stürmte ins Zimmer und noch bevor es den Beamten gelang, sie abzuhalten, verpasste sie ihrem Mann eine schallende Ohrfeige und schrie:

„Du Drecksack! Verschwinde aus meinem Leben!"

Thomas ließ sich, nachdem er Christine noch einen verächtlichen Blick zuwarf, ohne Widerstand von den Beamten abführen.

Christine gelang es nun nicht mehr, ihre Emotionen zurückzuhalten. Sie fiel Elisabeth in die Arme, Tränen liefen ihr über die Wangen und sie bebte am ganzen Körper.

Habe ich das verdient? Ich erwarte ein Kind von diesem Miststück. Was geschieht jetzt mit mir? Warum straft mich das Schicksal so?

Nach langer Überlegung fasste Christine einen Entschluss: Ich will ausziehen! Die Villa hatte für sie zu viele negative Erinnerungen.

Erwin verbrachte viel Zeit im Unternehmen, war auf zahlreichen Reisen zu den Branchen in der Provinz und gelegentlich auch zu Verhandlungen im Ausland. Hans Dudak und Edi Seifert, seine Mentoren, die ihn sorgsam durch die umfassende Ausbildung leiteten, ließen Erwin nun schon freie Hand in seinen Entscheidungen.

Einer der ersten Beschlüsse, die Erwin fasste, war die Entlassung von Thomas Seifert, seines Stiefvaters, der derzeit noch eine Freiheitsstrafe in der Haftanstalt verbüßte.

Diesen Mann will ich nicht mehr sehen. Nicht hier und auch nicht in der Villa. Ein Verurteilter hat in unserem Unternehmen nichts verloren. Auch als Vater hat er seinen Status verwirkt.

Die allgemeine Wirtschaftslage erlebte eine Flaute und traf somit auch das Unternehmen Tulbach. Einige schwere Einbußen mussten hingenommen werden. Schwerlich konnte man Erwins geschäftliches Gebaren dafür verantwortlich machen, dennoch wurden ihm von Maria Vorwürfe gemacht.

Das hat ja so kommen müssen. Ich habe nie verstanden, warum Vater gerade Erwin als Nachfolger wollte. Erwin ist zu unerfahren für den Job. Er ist zu sehr von seinen Freunden und Besserwissern abgelenkt. Auf mich hört er nicht. Ich hätte ihm voraussagen können, was geschehen wird. Es ist wie bei Elli. Die hat auch nicht auf mich gehört.

Als Maria ihre Überlegungen in einem Meeting äußerte, fuhr sie Erwin recht forsch an: „Auf deine Sticheleien kann ich getrost verzichten. Deine Schwester hat auch überall ihre Nase drinnen. Schert euch um eure eigenen Sachen!"

Erwin hatte, das muss schon gesagt werden, in Karl Brand und Bernhard Fitz zwei Freunde, die nicht gerade von idealer Vorbildwirkung für ihn waren. Wenn immer Erwin in Wien etwas Freizeit hatte, verbrachte er diese mit seinen zwei Kumpanen in diversen Bars und Spelunken. Durch seine gute finanzielle Stellung war es für die zwei eine willkommene Begebenheit, mit Erwin auszugehen. Oder, sagen wir es besser, von ihm ausgehalten zu werden.

Erwin lernte bei seinen nächtlichen Streifzügen einige junge Damen kennen. Eine fixe Freundin hatte er allerdings nicht; richtige Verliebtheit wollte sich nicht einstellen. Er schwärmte zwar für seine Cousine Maria Stufner, ein reizendes Mädchen, das ihn aber nie ernst nahm und letztendlich einen Ausländer, einen Franzosen, heiratete.

In Sachen Liebe und Sex war Erwin noch recht unerfahren. Überhaupt konnte man feststellen, dass er wesentlich öfter die Nähe zu Knaben als zu jungen Frauen suchte.

Und dann passierte es: Er verliebte sich!

In einen Mann. Einen bedeutend älteren Mann. Noch dazu in einen prominenten im Unternehmen. Der Auserkorene war Theodor Granmüller.

Theo war seit seiner Jugend dem eigenen Geschlecht zugetan, hatte zahlreiche Kontakte mit jungen Männern, konnte jedoch seine sexuelle Neigung gut in der Firma verbergen.

Der erfahrene Theo erkannte recht schnell die Zuneigung des jungen Chefs und hatte leichtes Spiel, seine eigenen Bedürfnisse darzulegen.

Bei einer Auslandreise zur Filiale in Paris kam es im Hotelzimmer zur ersten intimen Begegnung. Erwin überlegte, war völlig verwirrt, was ihm da widerfahren war.

Ich wusste nicht, dass es so schön sein kann; es war so herrlich, mich an ihn zu schmiegen, mit ihm zu schlafen.

„Erwin, wir müssen die Sache ja nicht im Unternehmen breittreten. Es muss niemand davon erfahren."

Theo kalkulierte und überdachte die Verbindung rationell.

Ja, ich weiß nicht, ob es in der Firma für mich von Vorteil sein kann, zu gestehen, dass ich mit dem Chef ein Verhältnis habe. Ich denke, es ist besser, die Sache nicht an die große Glocke zu hängen.

So kam es dann auch: Die Liaison blieb bestehen, allerdings geheim.

Edi Seifert, Erwins Onkel, hatte enormen Einfluss im Unternehmen erlangt und war hauptsächlich für die Ausbildung seines jungen Neffen verantwortlich. Er und sein Stellvertreter Theodor Granmüller stellten Erwin auch alle Kontakte zu den zahlreichen Niederlassungen im Ausland her und verfolgten damit die von Erwins Vater vorgegebene Wirtschaftspolitik.

Nicht jedem im Unternehmen war die große Einflussnahme des machthungrigen Edi Seifert genehm. Hans Dudak fühlte sich in vielen Fällen bei wichtigen Entscheidungen übergangen. Er kämpfte gegen die Vormachtstellung von Edi mit allen ihm zur Verfügung stehenden Mitteln an und konnte ihn nach und nach von seiner Spitzenposition verdrängen.

Auch Maria, der von jeher die Politik ihres Vaters ein Dorn im Auge war, opponierte, wo immer sie konnte. Das Verhältnis zwischen ihr und ihrem Vater stand ja nie auf festen Beinen. Nie konnte sie ganz vergessen, wie Vater sie und ihre Mutter behandelt hatte. Sie fühlte sich zurückgesetzt und ungerecht behandelt.

Erwin ließ den Dingen ihren Lauf. Vorerst.

Christine hatte sich von ihrem Gatten scheiden lassen. Sie wollte ihn gänzlich aus ihrem Leben streichen. Eine Versöhnung mit dem Vater ihres ungeborenen Kindes kam für sie nicht in Frage.

Die Verantwortung für Elisabeth und Erwin bereitete Christine großen Kummer. Eine Verantwortung, der sie sich aber nun nicht mehr stellen wollte; die sie sich in ihrem labilen Zustand nicht mehr zutraute. Die Kinder waren Jugendliche geworden, hatten eigene Ideen und wollten diese auch verwirklichen. Sie fand, dass sie nun alt genug waren, um ihr Leben selbst in die Hand zu nehmen.

So erwarb Christine eine kleine Wohnung in der Steiermark, ließ sie gefällig einrichten und zog dort innerhalb kurzer Zeit ein. Weg von Wien, weg von den peinlichen Erinnerungen in der Villa.

Zwei Monate später wurde sie im Landeskrankenhaus Leoben von einem Mädchen entbunden.

Es war Anfang September; ein trüber Herbsttag begleitet von leichtem Nieselregen.

Ein Gasthaus in einem Außenbezirk von Leoben.

Drinnen in der stickigen, verrauchten Wirtsstube – keiner hielt sich an das Rauchverbot – war es warm. Und es ging hoch her. Wer fragt da noch nach Gesetzen? Am Stammtisch saßen die Männer der benachbarten Siedlung und spielten Karten. Rustikale Typen. Fast alle tranken. Fast alle waren schon beim dritten oder vierten Bier angelangt. Für den Besitzer, den Lindenwirt, eine willkommene Gesellschaft. Es wurde getrunken, viel getrunken; und der Umsatz war gut.

Zwei Tische weiter waren fünf Jugendliche in regem Gespräch vertieft. Auch hier wurde getrunken. Bier, denn die Gösser-Brauerei war nicht weit. Die Fünf, vier Burschen und ein Mädchen, diskutierten lauthals über die Zustände in der Siedlung. Seit Neustem: zu viele Ausländer, Frauen mit Kopftüchern, Männer mit schwarzen Bärten. Alles ist nun anders. Die essen kein Schweinefleisch, trinken kein Bier. Nicht unser gutes Bier. Ein Nahrungsmittel, das nach dem Reinheitsgebot gebraut wird. Wer soll das noch verstehen?

Bald kam das Gespräch der jungen Leute auf ein vermutlich rein Männer betreffendes Thema: schnelle Autos!

Apropos: junge Leute. Werte Leser, beinahe hätte ich vergessen, die jungen Leute vorzustellen.

Nun: da war der Sepp Pointner, dann seine Freundin Emmi Moosbauer, dann noch Helmut Podatschnigg, Karl Breiner und Matthias Kollerer.

Zurück zum Männergespräch, „schnelle Autos“. Also: Matthias, der von seinen Freunden Hias genannt wurde, hatte einen BMW, der schon in die Jahre gekommen war, den er aber in pingeliger Kleinarbeit zu einem zwar höllisch lauten, aber enorm schnellen Geschoss aufgemotzt hatte. Karl wiederum war ebenfalls Besitzer eines BMW, der von neuerem Datum war und einige zusätzliche Funktionen aufweisen konnte.

Nachdem die Burschen einige Zeit fachsimpelnd auf die Vorzüge der jeweiligen Autos hingewiesen hatten, begannen sie ein recht angeregtes Streitgespräch. Wessen Auto war das schnellere? Hänseleien entstanden; und es wurde getrunken. Nun nicht nur Bier. Mit jedem weiteren Glas folgte ein Schnaps. Guter steirischer Obstler.

Karl behauptete lallend mit lauter Stimme: „Hias, mit deiner alten Schüssel kannst du nie mit meinem Auto mithalten. Vergiss es!“

Das wollte Matthias nicht auf sich sitzen lassen und schlug Karl vor: „Wetten wir um einen Fünfziger? Ich bin schneller auf dem Pass als du mit deiner Luxuskarre.“

„Das schau ich mir an. Gut, einen Fünfziger, Hias, die Wette gilt!“

Sepp und Helmut stimmten ein und setzten je zehn Euro auf Hias. Emmi vertraute eher Karls Fahrkünsten, auch seinem neuen Auto, und setzte daher ihre 10 Euro auf Karl.

Sie bezahlten, verließen das Gasthaus und begaben sich zu ihren Autos.

Es muss gesagt werden, dass die Kärntnerstraße vom Leobener Bezirk Leitendorf, vorbei am Kalksteinbruch, über die Passhöhe hinauf und dann nach Hinterberg hinunter, früher eine wichtige Verbindungsstraße nach Kärnten war, aber seit dem Bau der Autobahn nun sehr wenig befahren wurde.

Also fuhren sie gemeinsam los, mussten beim Bahnübergang der Südbahn warten, da die Schranken, wie so oft, geschlossen waren. Ein elendslanger Güterzug wurde noch von einem Express nach Italien gefolgt. Doch endlich öffneten sich die Schranken und die Kontrahenten stellten sich nach dem Kreisverkehr zum Start bereit auf.

Es wurde arrangiert, dass Sepp und Emmi voraus hinauf zur Passhöhe fahren sollten, von wo sie die ganze Strecke übersehen und dann den Sieger des Rennens küren konnten.

Helmut hingegen sollte das Rennen nach dem Kreisverkehr für die Fahrer unten an der Kärntnerstraße starten.

Karl und Matthias brachten ihre Boliden auf Touren. Die Motoren heulten auf. Dann gab Helmut das Startzeichen.

Quietschend und mit rauchenden Reifen zogen die zwei Autos Seite an Seite los. Hundert, vielleicht zweihundert Meter nebeneinander her. Karl sah kurz hinüber zu Hias, lenkte dabei leicht in seine Spur. Keiner wollte nachgeben. Die Autos berührten einander. Funken flogen. Karls Wagen scherte nach rechts aus und blieb in der Böschung stecken; das Auto von Matthias drehte sich um die eigene Achse, raste gegen den Randstein, überschlug sich und schlitterte auf dem Dach über den Gehsteig, riss dabei eine Frau mit ihrem Kinderwagen nieder und zerschellte mit furchtbarem Krach an einer Hauswand.

Dann war es plötzlich still – totenstill!

Sepp und Emmi beobachteten das ganze Geschehen von oben. Entsetzen überkam sie, und sie fuhren sofort hinunter.

Unten angekommen, erwartete sie ein Bild des Schreckens: Blech, Glassplitter, Blut und Leichenteile zerstreut über Straße und Gehweg.

Emmi musste sich setzen, ihr war übel. Sepp übergab sich.

Dann kam Helmut hinzu. Er zitterte am ganzen Körper, war aber noch in der Lage, Karl aus dem Wagen zu ziehen und mit dem Handy Polizei und Rettung zu rufen.

Für Matthias und für die Frau mit dem Kind gab es keine Rettung mehr.

Gevatter Tod war schnell zur Stelle.

Danke Ananke, du grausame Schicksalsgöttin. Hat dir das Rennen Spaß gemacht? Gutes Timing mit der Frau und dem Kind. Drei auf einen Streich. Und der vierte schwebt in Lebensgefahr. Alle Achtung, du Biest! Du weißt, was ich davon halte – aber wenn du mich brauchst: Ich bin immer für dich da!

Normalerweise gab es in den Medien bei einem derartigen Vorfall einen kurzen Bericht in einem Lokalblatt: „Jugendliche Auto-Rowdies veranstalteten ein tödliches Wettrennen. Einer der Jugendlichen sowie eine Mutter mit Kind kamen dabei ums Leben.“ Aus und Ende!

Aber diesmal war es ganz anders. Alle Medien berichteten landesweit.

„Die Witwe des Wirtschaftsmagnaten Tulbach, Christine Tulbach, geborene Parhold, und ihr Baby Maria, wurden Opfer eines Autorennens von Jugendlichen. Frau Tulbach war mit ihrem Kleinkind zu Besuch bei einer Freundin in Leitendorf und wurde am Heimweg vom Auto eines der Rowdies erfasst und getötet.“

Bis ins kleinste Detail wurde nun über Christine berichtet. Ihre vier Ehen und der Rückzug aus dem Wirtschaftsleben waren genüsslich aufbereitet. In allen Friseursalons und

Nagelstudios konnten die werten Kunden durch bunte Boulevardblätter schmökern und sich ein eindringliches Bild von Christines Lebens machen.

Die Beerdigung fand am Donawitzer Friedhof statt. Alle drei ihrer Pflegekinder kamen angereist. Und viele, viele Bekannte aus Wirtschaft, Kunst und Politik erwiesen ihr die letzte Ehre. Eine Unzahl von Blumen, Buketts und Kränzen säumten den Sarg in der Aufbahrungshalle.

Elisabeth bestand darauf, am offenen Grab für Christine eine Lobrede zu halten, die selbst Maria und Erwin zu Tränen rührte.

Zurück nach Wien.

2. ERWIN, der junge Sohn

Erwin hatte mit dem Einbruch der Konjunktur massive Probleme. Er war gezwungen, Personal freizustellen, musste Kurzarbeit in Brachen anordnen und sogar einige davon schließen. Die Gewerkschaft wehrte sich gegen viele seiner Maßnahmen. Aber er blieb der wirtschaftlichen Struktur seines Vaters treu, obwohl seine zwei Schwestern ihn dringlich zu Änderungen geraten hatten.

Deren Einmischungen schätzte er jedoch gar nicht.

Lange Sitzungen mit dem Aufsichtsrat und ermüdende Reisen zu Filialen in die USA, nach Kanada und Ostasien zerrten an seiner Gesundheit.

Häufige Kopfschmerzen und Hustenanfälle plagten ihn. Immer öfter griff er zu Beruhigungstabletten, die ihm von seinem Hausarzt verschrieben wurden und als diese ihre Wirkung nicht mehr zu seiner Zufriedenheit erfüllen konnten, kaufte er über versteckte Kontakte illegale Rauchwaren.

Nebenbei lief weiterhin seine geheime Liebschaft mit Theo.

Es war Ende Mai, als Theo von einer Verkühlung, die nicht und nicht vergehen wollte, geplagt wurde. Er konnte nicht verstehen, warum ihm gerade jetzt, in der warmen Jahreszeit, eine so hartnäckige Erkältung derart zusetzen konnte. Fiebrig, geschwächt und mit Gliederschmerzen begab er sich schließlich zu seinem Hausarzt, der ihn nach kurzer Untersuchung ins Krankenhaus überwies, um Theos Befinden eingehend abzuklären.

Die Untersuchung im Spital war allumfassend; der Befund erschreckend. Für Theo niederschmetternd: Er war HIV-positiv! In bereits fortgeschrittenem Zustand. Medikation gegen die Immunschwäche war unerlässlich und sofort einzuleiten.

Theo war am Boden zerstört, verzweifelt und von Angst erfüllt.

Warum jetzt, warum mir? Ja, ich war nicht vorsichtig, habe mich nicht geschützt, aber wann und bei wem habe ich mich angesteckt? Wo, wer? Ich habe keine Ahnung. Es gibt einige, die infrage kämen.

Plötzlich erfasste ein schrecklicher Gedanke seine Aufmerksamkeit.

Habe ich vielleicht das Virus auch an Erwin weitergegeben? Was soll ich jetzt machen? Ich wage es nicht, ihm von meinem Befund zu erzählen. Ich wusste es doch selbst nicht.

Theo musste einige Zeit im Spital bleiben. Der behandelnde Arzt kam seiner Pflicht nach und meldete der Gesundheitsbehörde den Befund von Theo. Weitere Blutuntersuchungen folgten, dann wurde mit einer Antiretroviralen Kombinationstherapie begonnen, wodurch man versuchte, die Zahl der CD4-Zellen zu senken. Dadurch konnte sein Zustand vorerst stabilisiert werden.

Theo versuchte, so lange es möglich war, seinen Befund vor Erwin zu verheimlichen. Innerlich kämpfte er mit seiner ethischen Einstellung.

Gott, du hast mir diese Art von Sexualität auferlegt. Wofür bestrafst du mich jetzt? Warum kann ich nicht so sein wie die meisten anderen? Warum nur, warum? Ich kann Erwin nicht weiter im Dunklen tappen lassen. Ich muss es ihm sagen – ich bin es ihm schuldig.

Nach hartem Kampf mit sich selbst nahm Theo seinen ganzen Mut zusammen und gestand Erwin unter Tränen seinen HIV-Befund.

„Es tut mir leid, es tut mir aufrichtig leid, aber ich bin HIV-positiv. Und ich vermute, dass ich auch dich infiziert habe. Das – du musst mir glauben – nein, das wollte ich nicht. Bitte verzeih mir!"

Erwin starrte nur vor sich hin, brachte kein Wort heraus.

Dann fiel er Theo um den Hals. Es gab nun kein Zurückhalten mehr: Tränen liefen seinen Wangen herab und unter herzzerreißendem Schluchzen küsste er seinen Geliebten immer wieder.

Im Büro in Wien registrierte man zwar die Niedergeschlagenheit des jungen Chefs, aber man schob es seiner nun recht häufig auftretenden Krankheitssymptome zu. An eine Aids-Erkrankung dachte niemand; und von seiner Beziehung zu Theo wusste keiner.

Immer öfter mussten nun Maria und Hans Dudak Agenden übernehmen, die normalerweise von Erwin erledigt worden waren. An Auslandsreisen von Erwin war gar nicht mehr zu denken.

Und Erwin war stur: Er wollte partout nicht zum Arzt, nicht ins Spital! Er verbot Theo, irgendjemandem von seiner Erkrankung zu erzählen. Sein Zustand verschlechterte sich rasch. Die Immunschwäche nahm von Tag zu Tag zu:

Lymphknoten schwollen an, er verlor rapide an Gewicht und hatte ständig mit schwerem Husten und quälender Atemnot zu kämpfen. Bald wurde nicht nur seine Lunge, sondern auch andere Organe von Mykobakterien angegriffen: Es kam zu einer Miliartuberkulose, die ohne ärztliche Behandlung hoffnungslos dem Verderben zustrebte.

Theo versuchte, Erwin von seiner Lethargie zu befreien, legte ihm Zukunftshoffnung, wenn auch nur für einige Monate, nahe. Selbst religiöse lebensbejahende Zusprüche fruchteten nicht, denn Erwin hatte bereits seinen masochistischen Fatalismus entwickelt: Er wollte nicht mehr gerettet werden.

Herr, du hast mich verlassen! Schicksal, du hast zugeschlagen. Lass mich in Frieden gehen!

Es gab einen Lift, doch er nutzte den Aufzug nicht. Er wollte jede Stufe unter seinen Füßen spüren. Kämpfte sich Etage um Etage empor. Keuchend erreichte Erwin schließlich die Eisentür, die zum Flachdach des hohen Gebäudes führte. Quietschend öffnete er die Pforte und trat hinaus.

Er war allein. Die Sonne blendete ihn. Aber er war nicht gekommen, um sich zu sonnen oder den Ausblick auf die Stadt zu genießen.

Langsam, Schritt für Schritt, ging er auf die Brüstung zu. Er hielt sich mit beiden Händen fest, beugte sich vor und schloss die Augen. Jetzt, jetzt – er wollte loslassen – konnte aber nicht. Erwin sank zu Boden und weinte.

Der Tod stand unten und wartete.

Hey, Herr Tulbach! Erwin, wo bist du? Ich warte auf dich. Vergebens? Warum lässt du mich so lange warten?

Na gut, aufgeschoben ist nicht aufgehoben. Bis bald!

Erwin wusste nicht, wie er nach Hause kam. Er hatte dem Taxifahrer die Adresse genannt und ihm fast den doppelten Fahrpreis in bar überreicht.

In der Villa angekommen, bat er noch die Köchin, Frau Lassnig, ihn nicht zu stören und verschwand umgehend in seinem Zimmer.

Alle Erinnerung war ausgeblendet als er sich auf sein Bett warf. Seine Atmung ging geräuschvoll. Jeder Atemzug schien ihm Mühsal zu bereiten. Er hatte das Gefühl als würden die Wände auf ihn fallen; sie drückten schwer auf seine Brust. Dann verließ ihm das Bewusstsein.

Als Elisabeth vom Büro kommend in der Villa eintraf, war es still, recht still im Haus. Nur Frau Lassnig war in der Küche beschäftigt, um das Abendessen vorzubereiten. Elisabeth fragte sie, ob sonst niemand zu Hause sei, worauf Frau Lassnig antwortete: „Nein, nur Herr Erwin ist da. Er ist in seinem Zimmer und ist seit dem Nachmittag nicht mehr im Salon erschienen. Es ging ihm nicht besonders gut und er bat, nicht gestört zu werden."

Elisabeth klopfte an Erwins Zimmertür und als keine Antwort kam, trat sie ein. Zusammengesackt und regungslos kauerte ihr Bruder in den Bettlaken. Sie trat näher – sah, und wusste: Jede Hilfe war zu spät!

Der Tod stand neben dem Bett.

Es war nicht schwer, dich zu finden. Ananke hat dich schon am Vormittag angekündigt. Wolltest du ihr entkommen? Nein, nein – noch nie gelang es jemandem, dem Schicksal zu entkommen. Wenn sie will, wenn es ihr beliebt, dann holt sie dich ein – und ruft mich herbei. Hier bin ich!

Erwin, der Sohn und Nachfolger des Magnaten Heinz Tulbach, war tot.

Am 6. Juli, an einem heißen Sommertag, trug man Erwin Tulbach, den jungen Chef des Unternehmens TULBACH International, zu Grabe. Zur Beerdigung am Zentralfriedhof kamen, obwohl es Ferienzeit war, mehr als hundert Trauergäste. An vorderster Front standen seine zwei Schwestern, gefolgt von zahlreichen Firmenangehörigen. Die Grabrede – er hatte darum gebeten – hielt Theodor Granmüller, dessen Stimme vor Rührung immer wieder kippte.

Der Chef war tot – aber das Unternehmen musste weitergeführt werden.

3. MARIA, die ältere Tochter

Es war nun an Maria, die Zügel in die Hand zu nehmen.

Obwohl es Maria leidtat, dass ihr Halbbruder in so jungen Jahren aus dem Leben scheiden musste, war sie mit dem Stand der Dinge in der Firma nicht unzufrieden. Ihre Schwester Elisabeth war mit der Wirtschaftsstrategie von Erwin nie völlig zufrieden und unterstützte deshalb Maria, die nun Veränderungen plante. Durch ihre Ausbildung an der Wirtschaftsuniversität und der Erfahrung, die Maria schon einige Jahre als Leiterin der Auslandsabteilung besaß, ging es ihr recht leicht von der Hand, sich als Chefin des großen Unternehmens zu etablieren.

Da die generelle Wirtschaftslage weiterhin schwächelte, blieb Maria keine andere Möglichkeit als eine Umstrukturierung der Firma vorzunehmen.

Die Strategie meines Vaters mag zu seiner Zeit gut und vernünftig gewesen sein, doch jetzt haben sich die Dinge geändert. Ich muss Einsparungen durchführen. Koste es, was es wolle. Einige Branchen, die keine Zukunftsaussichten haben, müssen geschlossen werden. Ich weiß, dass sich die Gewerkschaften wehren werden; aber was sein muss, muss sein. Auch die Geschäftsverbindungen im Ausland gehören überprüft. Gleichzeitig müssen wir neue Märkte für gefragte Produkte erforschen.

Es kam zu heftigen Diskussionen im Aufsichtsrat und in der Firmenleitung. Maria und ihr Controller, Thorsten Gressler, hatten ihre Entscheidungen zu rechtfertigen.

Hans Dudak stellte Maria eines Tages eine junge Frau vor, die sich in der Firma um eine gehobene Stellung bewarb. Ihr Name war Johanna Gross, und ich wage nicht zu sagen, ob es ihr Aussehen oder doch ihre mangelhafte Qualifikation war, aber Maria lehnte die junge Dame nach nur einer Woche Probezeit ab.

Es schmerzt mich, jemanden, der von Hans vorgeschlagen wurde, abzulehnen. Aber diese junge Frau benahm sich äußerst arrogant; geradezu anmaßend. Wie konnte sie es nur wagen, nach nur einigen Tagen im Betrieb, unsere ganze Organisation umbauen zu wollen und mich als unerfahren zu bezeichnen? Welch eine Chuzpe! Mit mir nicht!

Nun kam es zu Meinungsverschiedenheiten mit Hans Dudak. Hans vertrat einen entgegengesetzten Standpunkt als Maria. Die Diskussionen endeten im Streit. Erst harmlos, dann immer heftiger. Die Gegensätze waren schließlich unüberbrückbar. Vorwürfe wurden untergriffig.

So schmerzhaft es für Maria war, auf einen so wertvollen Mitarbeiter verzichten zu müssen, blieb ihr, wenn sie ihr Gesicht vor der Belegschaft nicht verlieren wollte, keine andere Wahl: Sie musste Hans kündigen.

Bald wurde es aber für Maria klar, warum sich Hans so für Frau Gross eingesetzt hatte: Guido, der Sohn von Hans, war nämlich mit Johanna Gross verlobt und es stand eine baldige Hochzeit zwischen den jungen Leuten in Aussicht.

Maria, anfangs von der Belegschaft geliebt, zeigte sich nach und nach als harte Despotin, mit der es nicht gut Kirschen essen war. Nie hatte sie es ganz überwunden, welch Demütigungen ihr und ihrer Mutter vom Vater erbracht wurden. Und sie hatte noch eine Rechnung offen.

Wegen Anna, dieser jungen Betrügerin, hat Vater meine Mutter verlassen, sich scheiden lassen, uns verstoßen. Er hat sich nie um uns gekümmert. Erst im Alter, als er schon etwas schwach und senil war, konnte er sich wieder an mich erinnern. Dafür habe ich ihn immer gehasst, konnte ihm nie ganz verzeihen.

Mama wollte sich nie scheiden lassen – aber Thomas Grobler und dieser Verräter, Theodor Granmüller, haben damals für Vater alles getan, um die Scheidung möglich zu machen. Dieser schwule Freund von meinem Bruder – ach, wie ich ihn hasse – ist noch immer hier. Ich kann ihm nicht in die Augen blicken. Er muss aus meinem Leben verschwinden. Bald – nein, sofort!

Am nächsten Tag gab Maria die Anweisung an das Personalbüro, die Kündigungspapiere für Theo zu erstellen. Seine Kündigung wurde mit einer Reorganisation begründet, durch die für Theo keine adäquate Position im Unternehmen gefunden werden konnte. Der Betriebsrat fand keine Möglichkeit mehr, diese Kündigung anzufechten, da Theo eine großzügige Abfertigung zuerkannt wurde.

Und Maria war den verabscheuten Kerl los.

Durch ihre Mutter und deren Umfeld wurde Maria religiös erzogen. Sich als Jugendliche auszuleben, Liebschaften zu haben, war ihr durch die strenge Kontrolle verwehrt. Im Internat und beim Fremdsprachenunterricht stand sie unter Aufsicht, denn Karin, ihre Mutter, wollte sie von allem Unbill fernhalten und hielt ihrer Tochter immer wieder die ungebührlichen Weibergeschichten ihres Gatten vor Augen. Selbst während Marias Studienzeit konnte sie sich innerlich nicht von ihrer religiösen Erziehung trennen. Für sie war Gottes Vorsehung unergründlich, jedoch immer richtig. Dadurch entwickelte sie eine Art von Bigotterie indem sie fest an Gottes Willen glaubte, dann aber auch manch grober Verfehlung entschuldigend zur Seite stand.

Die Aufgaben im Unternehmen nahmen den Großteil von Marias Zeit in Anspruch und es blieb recht wenig Gelegenheit für private Aktivitäten. So zogen die Jahre dahin und obwohl sie manchmal Möglichkeiten gehabt hätte, ließ Maria, mit Absicht oder Laissez-faire, man weiß es nicht, Bekanntschaften mit Männern unbeachtet vorbeiziehen. Sie sehnte sich zwar nach einer Liebschaft, einer Familie, aber den richtigen Partner hatte sie noch nicht finden können.

Stefan Garner, der erfolgreich im Außendienst für das Unternehmen tätig war und Maria stets mit väterlichem Rat zur Seite stand, machte sie bei einem Geschäftsessen mit einem jungen Mann bekannt, der als Geschäftsführer bei einer Zulieferfirma beschäftigt war. Eduard Kurtner war um einige Jahre jünger als Maria, bemühte sich recht eloquent, das Gespräch in Gang zu halten, streute verlegen einige witzige Bonmots ein und versuchte Maria mit übertriebener Höflichkeit zu beeindrucken.

Mit seinen hellen Augen taxierte er Maria und ließ seinen Gedanken freien Lauf.

Eine reife Frau, gute Figur, schlank, hübsches Gesicht. Nicht mehr so jung – aber wohlhabend!

Maria war von seiner lebhaften Art zwar beeindruckt, aber der Funke, dieser Funke, der die sexuelle Attraktivität zünden sollte, wollte und wollte nicht anspringen.

Es ist nett von Stefan. Aber das ist nicht der Mann, der mich berührt. Nein, sicher nicht. Es ist nett, ihm zuzuhören – aber das war es auch schon. Tut mir leid!

Der Abend wurde mit allen erdenklichen Höflichkeitsfloskeln beendet, aber zu einem weiteren Treffen war Maria nicht bereit.

Es kann gezweifelt werden, dass sie darüber enttäuscht war. Sie war Manns genug – oder sollte man besser sagen – Frau genug, sich im Leben allein durchzusetzen. Doch immer wieder spielte sie mit dem Gedanken, eine harmonische Familie zu haben. Ein Gedanke, tief verwurzelt, der sie nicht quälte, der jedoch öfter, als ihr lieb war, zur Oberfläche drängte.

Der elegante Festsaal des Hofburg-Kongresszentrums in Wien war für das Treffen gebucht.

Seit Maria die Führung der Firma übernommen hatte, musste sie der wirtschaftlichen Lage Rechnung tragen und einige der Branchen im Ausland schließen. Auch hatte sie eine andere Philosophie als ihr Vater, wie das Unternehmen in Zukunft geführt werden sollte.

Diesmal hatte sie alle Manager aus den verbleibenden Branchen sowie Kunden und deren Anhang eingeladen, um sich untereinander persönlich bekannt zu machen. Gemeinsam sollten neue Strategien erarbeitet werden.

Maria war bestrebt, ein Fest der Superlative zu veranstalten. Sie brauchte Werbung für das Unternehmen TULBA International; koste es, was es wolle.

Selbst Politiker aller Couleurs befanden sich unter den Gästen. Wirtschaftsminister Gustav Reinberger hielt eine mehr als optimistische Begrüßungsrede, nach deren Abschluss von den diversen Sektionen über eine Großleinwand Statistiken und Analysen präsentiert wurden. Betriebswirtschaftliche Konzepte wurden vorgestellt, mit der Zielvorstellung, dem negativen weltweiten Konjunkturverlauf Einhalt zu bieten.

Dezente Musik einer Kapelle begleitete das abschließende elegante Dinner. Man war bedacht, den Gästen österreichische Küche darzubieten. Zuerst wurde Frittatensuppe serviert, gefolgt von Tafelspitz mit Apfelkren, Schnittlauchsauce und Röstkartoffeln. Als Weinbegleitung konnte man zwischen Grünem Veltliner aus der Wachau oder Zweigelt aus dem Burgenland wählen und als Nachspeise reichte man gezogenen Wiener Apfelstrudel mit Schlagobers. Melange, Mokka oder Einspänner rundeten die Mahlzeit ab.

Maria schüttelte Hände in großer Zahl und führte mit einer Unzahl von Gästen oberflächliche Konversation, es kam aber mit niemanden zu einer ernsthaften Diskussion bis, ja, bis der spanische Diplomat Señor Sergio Reno Maria zur Seite bat.

„Ich weiß, dass TULBA International trotz allem gebotenen Optimismus dringend finanzielle Zuwendung nötig hat. Wir haben da in Madrid einen Mann, einen finanziell sehr potenten Mann, der kürzlich an mich herangetreten ist und mir ein interessantes Angebot machte. Wenn es Ihnen genehm ist, würde ich gerne mit Ihnen darüber in Ruhe ein ausführliches Gespräch führen."

Marias Aufmerksamkeit war geweckt. Rasch wurde ein Treffen für den morgigen Tag im Büro der Zentrale vereinbart. Dort würden sie, ohne gestört zu werden, über Finanzen sprechen können, da an einem Sonntag niemand von der Belegschaft anwesend sein würde.

Am Nachmittag des folgenden Tages traf Señor Reno pünktlich zum vereinbarten Termin in der Zentrale ein, wo Maria ihn mit nervöser Ungeduld erwartete. Nach einigen belanglosen Begrüßungsformeln über das werte Befinden und über die Wetterkapriolen der letzten Tage unterbreitete Señor Reno Maria seine Empfehlung.

„Kürzlich trat in Madrid ein Mann mit der Bitte an mich heran, ob es mir möglich wäre, einen Kontakt zu Ihrem Unternehmen herzustellen. Er ist finanzstark, reich, und möchte gerne Ihre Wirtschaftskanäle für seine Produkte nutzen."

„Um welche Art von Produkten handelt es sich?", wollte Maria wissen.

Señor Reno stieg von einem Fuß auf den anderen und mit Verzögerung antwortete er: „Genau kann ich das nicht sagen, ich weiß nur, dass sein Vermögen mit nicht ganz reellen Geschäften in Übersee erwirtschaftet wurde und er jetzt über legale Kanäle seine Barschaft vergolden möchte. Er wäre bereit, einen erheblichen Betrag in die Firma zu investieren. Er weiß, dass TULBA Kapital nötig hat."

Maria nahm ihren Kopf zwischen die Hände und erbat sich einen Moment zum Überdenken.

Schwierig, schwierig! Wir könnten Geld brauchen, dringend brauchen. Ich weiß nicht, soll ich mich auf so ein

Geschäft einlassen? Gut, ich kann mir seine Strategie einmal anhören. Dann kann ich immer noch entscheiden.

Es fiel Maria nicht leicht, aber sie fasste den Entschluss: „Ok, Ich will den Mann sehen. Hier in Wien! Übrigens, wie heißt er?“

„Sein Name ist Felipe Burgos. Vielleicht hatten Sie schon einmal die Gelegenheit Geschäfte mit seinem Vater zu schließen? Carlos Burgos, ein erfolgreicher Geschäftsmann in Immobilien?“

„Der Name ist mir bekannt, persönlich hatte ich noch nicht das Vergnügen. Also gut – richten Sie bitte Felipe Burgos aus, dass er mich direkt kontaktieren soll. Sagen Sie ihm, dass ich interessiert bin. Er soll mich anrufen; aber ich möchte ihn hier in Wien persönlich kennenlernen!“

Zwei Tage später bekam Maria einen Anruf aus Spanien. Felipe Burgos war am Apparat. Er sprach deutsch, gut verständlich, jedoch mit starkem Akzent. Er bat Maria höflich um ein Treffen zum nächstmöglichen Termin, der ihr genehm wäre. Er könne jederzeit nach Wien kommen.

Rasch war ein Termin fixiert. Der Tag kam und Maria sandte einen Chauffeur zum Flughafen, um Felipe Burgos abzuholen.

Man hatte Herrn Burgos bereits im Büro avisiert, daher brachte ihn Frau Ansberger, die Sekretärin, direkt zu Maria ins Konferenzzimmer. Er begrüßte Maria mit freundlichem Lächeln und reichte ihr nonchalant die Hand.

Und dann geschah etwas, das Maria selbst nicht für möglich gehalten hätte: Sie starrte auf den eleganten jungen Mann, eine heiße Welle durchströmte ihren Körper – und sie errötete.

Seine dunklen Augen, seine vollen Lippen, seine jugendliche Gestalt. Wie bist du doch so schön, junger Mann?!

Es bedurfte einiger Minuten, bis Maria etwas Ruhe fand und bereit war, ein konstruktives Gespräch zu führen. Felipe bemerkte Marias Verlegenheit, wollte daraus aber keinen Nutzen ziehen, sondern versuchte, sie seinerseits einzuschätzen.

Eine aparte, schöne, reife Frau. Schlank, elegant. Wunderschönes Gesicht. Ich darf sie nicht so anstarren.

Es erforderte ein ausgedehntes Gespräch mit intensiven Verhandlungen, zu denen schließlich auch der Controller, Thorsten Gressler, und weitere Personen der Firmenleitung zugezogen wurden.

Nicht alle waren begeistert, dass sich Felipe Burgos als „Stiller Gesellschafter" an der Firma beteiligen wollte. Sein Geld kam zwar willkommen, aber der Zweck seiner Beteiligung erschien einigen recht dubios. Doch Maria hang an Felipes Lippen und fand alles, was er vorbrachte, vollkommen überzeugend.

Sie ließ kein Veto zu, sie hatte das Sagen, und daher wurde letztendlich der Vertrag unterzeichnet.

Felipe Burgos beschloss, noch zwei Wochen in Wien zu bleiben, und hatte sich in einem Hotel in der Innerenstadt einquartiert, obwohl ihm Maria, mit Zustimmung von Elisabeth das Angebot machte, in der Villa am Stadtrand zu logieren. Filipe zog das lebhafte Treiben der Stadt vor. Und nicht nur das. Er fand die Nähe zu Maria angenehm, anregend, herausfordernd.

Ich mag sie. Sie ist so – so anders. So erfrischend erotisierend. Eine Frau, bei der man sich wohlfühlt. Ich wüsste gerne, was sie über mich denkt.

Das konnte er nicht wissen. Wer hat schon Kenntnis von den Gedanken eines anderen Menschen?

Heureka – nur wir können das! Nur wir vermögen in das Denken von Maria einzudringen. Gut – dann lasst uns hören, was sie erwägt!

Die Verhandlungen liefen gut. Felipe ist in seiner Rhetorik so gewandt. Ich bin von diesem Mann begeistert. Faszinierend; er hat mein Herz berührt. Er ist so jung, so voller Elan. Ich möchte gar nicht daran denken, dass er wieder nach Madrid zurückkehrt. Komm, bleib doch hier bei mir!

Es ist schwer zu sagen, wem von den beiden mehr daran gelegen war, den Kontakt aufrecht zu halten. Die Vermutung liegt vielmehr auf der Hand, dass beide gleichermaßen interessiert waren, die gegenseitige Zuneigung zu vertiefen. So trafen sie einander oft, fast täglich, diskutierten lange über Geschäftsideen und kamen sich auch persönlich, eher gewollt als zufällig, immer näher.

Nun muss es gestattet sein, eine kurze Abschweifung, oder besser gesagt, einen Rückblick zum besseren Verständnis des Charakters von Felipe, zu machen.

Felipe wuchs behütet durch seine wohlhabenden, streng religiösen Eltern, Mutter Portugiesin, Vater Spanier, beide selbstverständlich katholisch, in der nordspanischen Stadt

Valladolid auf. Sonntäglicher Kirchenbesuch war obligatorisch. Seine schulische Ausbildung erlangte er in einem katholischen Internat. Als er die Pubertät erreichte, verliebte er sich in eine gleichaltrige Portugiesin, die seine Liebe erwiderte. Obwohl es recht schwierig war, der strengen Obhut zu entkommen, gelang es den jungen Leuten, sich heimlich zu treffen. Und die Treffen blieben nicht ohne Folgen: Manuela, so hieß das junge Mädchen, wurde schwanger. Sünde und Verzweiflung. Ein uneheliches Kind zu bekommen, war undenkbar. Abtreibung ebenfalls.

Deshalb musste umgehend geheiratet werden. Bald nach der Hochzeit kam Carlos, deren Sohn, zur Welt und die junge Familie zog nach Madrid.

Der kleine Supermarkt im Madrider Bezirk San Fermin stand kurz vor Ladenschluss, als Manuela noch schnell ein paar Hygieneartikel besorgen wollte. Sie war die einzige Kunde im Geschäft und durchsuchte die Regale nach der passenden Creme. Der Ladenbesitzer befasste sich hinter der Kasse mit einer Liste und nahm von Manuela keine Notiz.

Plötzlich stürmte ein schwarzbekleideter Mann, über dem Gesicht eine Clownsmaske, zur Tür herein und forderte lautstark mit vorgehaltener Pistole vom Besitzer Bargeld aus der Kassa. Der Inhaber, ein kräftiger Mann, beugte sich nach unten und sprang, anstatt die Lade zu öffnen, mit einem mächtigen Satz auf den Eindringling und riss ihn zu Boden, wobei der Verbrecher seine Maske verlor. Allerdings nicht seine Pistole! Er schoss sofort; getroffen sackte der Inhaber zusammen. Als sich der Räuber vom Boden erhob, stand wie angewurzel, Manuela Angesicht zu Angesicht vor ihm. In Panik drückte er nochmals ab – und auch dieser Schuss war tödlich.

So war nach kurzer Ehe Felipe zum Witwer geworden. Seinen Sohn Carlos, zu dem er nie ein enges Verhältnis aufbauen konnte, ließ er in Betreuung einer älteren Dame, die den oft kränklichen Knaben mit großer Anteilnahme aufzog.

Felipe selbst hatte, obwohl er reichlich Gelegenheit gehabt hätte, keine feste Beziehung mehr. Ihm genügten die unverbindlichen, gelegentlichen Besuche bei seiner für ihn immer bereiten Isabel Osola, einer reifen Dame, die er gönnerhaft unterstützte.

Lasst uns nun von unserem Exkurs zurückkehren.

Es war nach Sonnenuntergang im August, als Maria und Felipe im Freien unterm Sternenhimmel im Stadtgartenrestaurant saßen und ihr Abendmahl genossen. Maria trug ein luftig leichtes Sommerkleid, das ihren wohlgeformten Körper im Gegenlicht durchscheinen ließ. Ein Anzug italienischen Schnittes, bei dem er das Sakko locker über die Schultern trug, betonte Felipes sportliche Statur.

Das Restaurant bot vorzügliche Küche. Jeder Gang war eine Köstlichkeit und wurde von ihnen ausdrucksvoll goutiert. Längst war ihnen das Du geläufig und nach dem zweiten Glas Grüner Veltliner – oder war es schon das dritte? – hatten sie keinen Blick mehr für ihre Umgebung. Felipes Augen glänzten, flirtend sandte er übermütig einen Handkuss über den Tisch, während Maria eine Haarlocke von ihrer Wange strich und kokett die Zunge über ihre Lippen gleiten ließ. Beide fühlten die Hitze anschwellen.

Ein Kaffee zum Abschluss. Felipe beglich die Rechnung, bot Maria seinen Arm und leitete sie hinaus zum Taxistandplatz. Sie stiegen ein und Maria gab dem Fahrer ihre

Adresse. Während der Fahrt: ein erster Kuss – erst zart, dann leidenschaftlich!

Sie erreichten Marias Adresse. Felipe bezahlte den Fahrer, stieg mit Maria aus und begleitete sie zur Eingangstür. Maria war nervös; ihre Gedanken rasten.

Was nun? Ich war noch nie so verliebt. Ich liebe ihn! Ich möchte, dass er bei mir bleibt. Wie kann ich ihn halten? Er ist so jung.

Dann fasste sie sich ein Herz, warf all ihre Bedenken beiseite und fragte ihn: „Felipe, willst du noch auf einen Drink hinaufkommen?“

Er küsste sie auf die Wange und hauchte ihr ins Ohr: „Ja, Liebling – ich will!“

Maria quälten Gewissensbisse.

Er hat Erfahrung, ich habe keine. Er war schon verheiratet, hatte andere, jüngere Frauen. Werde ich ihm bieten können, was er begehrt? Ich weiß, wir sind nicht verheiratet, es ist eine Sünde – doch ich liebe ihn, ich will mit ihm schlafen. Dieses Verlangen hatte ich noch nie bei einem anderen Mann.

Schon im Lift fielen viele Hemmungen – im Zimmer dann fast alle. Drinks gab es keine mehr. Hastig war die Vereinigung vollzogen, doch die Reue folgte unverzüglich. Gewissensbisse quälten sie, waren sie doch beide in strengen katholischen Familien erzogen worden.

Bei Felipe war es ein unbeugsamer Vater, der es zwar selbst mit der ehelichen Treue nicht sehr genau nahm, aber die Hochzeit forderte, als Manuela, Felipes Geliebte, zu jener Zeit schwanger wurde. Der Schein musste gewahrt werden.

Aber auch Karin, Marias Mutter, hatte stets auf Marias Enthaltsamkeit und Keuschheit bestanden. Dadurch empfand das damals junge Mädchen selbst die Hand an der eigenen Scham als Unzucht. Das sei Sünde gegen den uns liebenden Gott und gegen den eigenen Leib. Bekanntschaften mit jungen Burschen wurden rigoros kontrolliert.

Die Bibel schreibt vor: Das „Ein-Fleisch-Werden" vor der Ehe ist eine Schandtat, wird von Gott nicht gewollt und soll bestraft werden.

Nach dieser Nacht, die für beide glücklich und befriedigend verlief, hatte Maria peinigende Zweifel.

Wird mich Felipe nun, da ich mich ihm hingab, fallen lassen; sich elegant verabschieden? Wird er zurück nach Madrid gehen – und das war es dann? Ich will ihn nicht verlieren.

Von Angst und Verzweiflung überwältigt, weinte sie still vor sich hin. Zu diesem Zeitpunkt wusste sie noch nicht, was in wenigen Minuten wahr werden sollte.

Filipe wandte ihr seinen Blick zu, küsste sie auf die Stirn und sprach mit ernster Stimme: „Ich muss in drei Tagen nach Madrid. Leider kann ich nicht hierbleiben."

Enttäuschung erfasste Marias Gesicht. Doch dann holte Felipe tief Luft, nahm Marias trauriges Gesicht in beide Hände und setzte fort: „Aber zuvor will ich dich etwas fragen."

Und mit entschlossener Miene und ruhiger Stimme sagte er: „Maria, Liebling – willst du mich heiraten?“

Maria antwortete vorerst gar nicht. Zu überrascht war sie von seinem Antrag. Dass er so schnell kam; dass er überhaupt kam, damit hatte sie nicht gerechnet. Jetzt erst recht brachen alle Dämme. Sie konnte ihre Rührung nicht mehr zähmen. Tränen liefen ihr in Strömen über die Wangen. Das leicht gehauchte „Ja“ konnte Felipe kaum hören. Erst als sie es immer wieder mit ansteigender Stimme wiederholte, erhellte sich sein Gesicht zu einem breiten Schmunzeln.

Maria und Felipe hatten vor, alles perfekt zu machen. Ein Profi musste her. Nichts sollte dem Zufall überlassen werden, deshalb beauftragten sie einen Hochzeitsplaner. Erst wollten sie sich verloben und in einem Jahr, im Juli, heiraten. Ihr Fest sollte großartig werden. Zwei Tage später trug Maria einen wunderschönen Verlobungsring. Maria konnte ihre Euphorie kaum zügeln. Alle ihre Zweifel waren verflogen.

Ich bin so glücklich. Schicksal, ich danke dir. Lieber, barmherziger Gott, du hast ihn mir gesandt!

Felipe erklärte Maria, dass er in Madrid einige unabwendbare Treffen mit Geschäftsleuten zu absolvieren hatte. Er war sehr vage in seinen Erklärungen, doch Maria wollte nicht nachhaken; sie vertraute ihm blind.

Eine Woche später war er zurück in Wien.

In der Zwischenzeit wurde das Verhältnis der Chefin des Unternehmens TULBA International bekannt. Die Medien berichteten ausführlich. Fotos von der Verlobungsfeier in einem Restaurant am Stadtrand von Wien zierten viele Zeitschriften. Eigene Rubriken befassten sich mit dem Werdegang von Marias spanischem Verlobten. Ja, es kam manchen spanisch vor: Wie hatte der Mann sein Vermögen erwirtschaftet? Recherchen und Vermutungen trafen aufeinander: Waren es die Silberminen oder Drogengeschäfte in Übersee; oder doch der Immobilienhandel auf den Philippinen? Waren es legale Geschäfte oder doch Gaunereien? Nachweisen konnte man nichts, dazu verliefen sich die Spuren allzu schnell. Die meist gestellte Frage, warum Felipe gerade in das Unternehmen TULBA Geld investiert hatte, umschiffte er recht eloquent.

Es darf nun erwähnt werden, dass Maria, als sie von Felipes Vorhaben erfahren hatte, nicht begeistert war – aber sie liebte ihn zu sehr, um Einspruch zu erheben.

Wir können nun etwas, was vorerst niemand im Unternehmen geahnt hatte, und nur Maria wusste, preisgeben. Felipes Bestreben war darauf ausgerichtet, die Geschäftsverbindungen von TULBA zu nutzen, um Waffengeschäfte zu betreiben. Sein Investment sollte sich dadurch vielfach rentieren. Die internationalen Verbindungen der Firma waren zwar in letzter Zeit, bedingt durch die weltweite Konjunkturflaute, etwas zurückgestutzt worden, aber immer noch groß genug, um in Märkte eindringen zu können, die für Felipe von enormer Bedeutung waren.

Von Beginn an waren viele Mitarbeiter in der Firma gegen eine Beteiligung Felipes am Unternehmen. Einige, wie Hans Gross und Niki Tromontan, die besonders unter der Leitung von Thomas Weiler standen, bekannten sich öffentlich gegen Felipe. Weiler wagte es nicht, Maria seine

Meinung ins Gesicht zu sagen, aber er verkündete vor anderen Mitarbeitern lautstark: „Wir brauchen keine Einmischung! Was will der Spanier, der Ausländer, in unserem Unternehmen, das wir mit unserem Fleiß und Verstand aufgebaut haben? Haben wir nicht genug Ausländer in Wien?"

Als Maria davon erfuhr, reagierte sie aufbrausend aggressiv. Ungestümer Zorn übermannte sie.

Was bilden sich diese Schnösel ein? Hier habe immer noch ich das Sagen.

Maria griff hart durch: Weiler, Gross und Tromontan bekamen die Kündigung. Betriebsschädigendes Verhalten wurde ihnen vorgeworfen. Die Gewerkschaft versuchte zu intervenieren – aber alle drei wurden freigestellt, abgefertigt und bekamen finanziell mehr, als ihnen zustand. Die Rebellion war zu Fall gebracht, doch Maria machte sich quälende Gedanken.

Ich wüsste gerne, ob meine liebe Schwester bei dieser Sache im Hintergrund die Fäden gezogen hat.

Maria stellte Elisabeth unverblümt zur Rede, doch diese verneinte vehement, irgendwas mit dieser Angelegenheit zu tun gehabt zu haben.

„Was denkst du von mir? Ich habe dich immer unterstützt, habe zwar nicht immer alles gutgeheißen, was du machst, aber nie etwas gegen dich unternommen. – Und was du privat machst, ist deine Sache, das geht mich nichts an."

Maria nahm das Dementi mit Vorbedacht hin, doch wäre Elisabeth nicht ihre Schwester, zur Familie gehörend, gewesen, hätte sie wohl keine Nachsicht gezeigt.

Wochen und Monate gingen hin. Felipe wohnte, wenn er in Wien war, bei Maria in ihrer geräumigen Innenstadtwohnung, verbrachte aber zwischendurch immer wieder einige Tage in verschiedenen Regionen der Welt. Am Tagesgeschäft der Firma nahm er keinen Anteil. Maria hatte selbst auch einige Reisetätigkeit zu absolvieren, um bei diversen Meetings Geschäftspartner und Kunden persönlich zu sprechen. Dadurch kam es selten zu Meinungsverschiedenheiten. Die zwei verstanden sich sehr gut, und wie es schien, liebten sie einander wie am ersten Tag.

Der Tag der Hochzeit von Maria und Felipe war gekommen. Herr Steiner, der Heiratsplaner, hatte exzellente Arbeit geleistet. Felipe wollte ursprünglich im Stephansdom heiraten, allerdings konnte ihn Herr Steiner von diesem Vorhaben abbringen, indem er ihm klarmachte, dass durch die zahlreichen Touristen, die täglich die Innenstadt und den Dom besuchen, es zu keiner stimmungsvollen Vermählung kommen könne. Sowohl Felipe als auch Maria stimmten Herrn Steiner zu, als er ihnen die schöne, im neubarocken Stil erbaute, römisch-katholische Wallfahrtskirche am Kaasgraben vorschlug.

Alle Vorbereitungen waren getroffen. Das weiße Hochzeitskleid mit langer Schleppe für Maria, wunderschön ihren schlanken Körper betonend; der neue dunkelblaue Anzug von Felipe, zugeschnitten an seine jugendliche Figur; alles vorzüglich. Die Eheringe waren ausgesucht und größenmäßig angepasst. Als Trauzeugen hatten sie Greta

Dugerburg und Reinhard Polt, zwei gute Freunde von Maria, auserkoren.

Felipe und die meisten Gäste befanden sich bereits in der Kirche, als die Limousine ankam und Maria entlang der hufeisenförmigen Stiegenaufgänge zum Eingang im weißen Hochzeitskleid hinaufschritt.

Gäste aus der Geschäftswelt, der Politik und alles, was Rang und Namen hatte, füllten die Bänke bis zur letzten Reihe. Die zentralen Sitze an vorderster Front waren von Eduard Bonnstein, dem Vertrauten von Maria, und ihrer Schwester Elisabeth besetzt.

Ein Gemurmel ging durch den Saal, als Maria und Felipe vor den Altar traten. Dann war Stille im Gotteshaus. Die Zeremonie der Trauung wurde mit langen Ansprachen in ernsthafter Würde vollzogen. Man hätte eine Stecknadel fallen hören können, als der Priester endlich von ihnen Antwort begehrte: „So frage ich dich, Felipe, wirst du deine Frau achten und lieben in guten wie in schlechten Tagen, so antworte mit: Ja, ich will!"

Ein lautes, kräftiges „Ja, ik will! Si, quiero!" kam von Felipe.

Die gleiche Frage beantwortete Maria mit einem fast gehauchtem „Ja, ich will!" und fügte leise, zu Felipe blickend, hinzu: „Te amo, mi amor!"

„So steckt als Zeichen der Liebe einander die Ringe an!"

Als die Ringe getauscht waren und der Priester sie kraft seines Amtes zu Mann und Frau erklärte, wurde der Ablauf der Vermählung mit einer voller Eucharistiefeier fortgesetzt. Diese hatten sich Maria und Felipe ausbedungen. Für manche der zahlreichen Gäste war die lange katholische Feier recht ermüdend und man konnte bald die eine oder andere Hand zum Mund wandern sehen, um ein Gähnen zu verbergen. Zu guter Letzt vollendete man das Schlussgebet und die Trauungsdokumente wurden unterzeichnet.

Unter Orgelklang verließ das Brautpaar die Kirche, auf deren Vorplatz zahlreiche Tischchen mit kleinen Happen und Erfrischungen zur Agape einluden. Nun hatten die Gäste Gelegenheit, mit den Frischvermählten einige Worte zu wechseln und ihnen alles Gute für ihr Eheleben zu wünschen.

Maria wurde von derart vielen Menschen bestürmt, dass sie sich bei manchen gar nicht besinnen konnte, wie deren Namen lauteten. Aber auch Felipe schien ein begehrter Gesprächspartner zu sein, denn er, obwohl Ausländer, war der interessante Fremde, von dem man gern mehr Privates erfahren wollte.

Nach etwa einer Stunde verabschiedete sich das Ehepaar, denn sie hatten ihren Termin für die Hochzeitsfotos.

Für das Hochzeitsfest hatten sie den Großen Festsaal im Palais Pallavicini in der Innenstadt auserkoren. Im Namen der Brautleute hatte Herr Steiner, ihr Organisator, an 142 Personen Einladungen versandt. Maria und Felipe waren bereit, ihre Gäste zu empfangen.

Um 19 Uhr schritten die ersten Gäste in adretten Roben die Feststiege zu den Prunkräumen herauf, wo sie vom Empfangskomitee ein Glas Sekt oder Orangensaft angeboten bekamen und dann zu ihren Plätzen an den runden, festlich gedeckten Tischen geleitet wurden.

An der Tafel des Brautpaares saßen noch Marias Freundin Greta Dugerburg, ihr Vertrauter Reinhard Polt, ihre Halbschwester Elisabeth und Carlos, Felipes kränklicher Vater, der mit einer Pflegerin eigens von Madrid mit seiner Privatmaschine angereist war. Ihm konnte die lange Zeremonie in der Kirche nicht zugemutet werden, aber hier beim Fest wollte er unbedingt dabei sein.

Zur Hochzeit ihres Halbbruders kam auch Carlos‘ Tochter, Margarete Parmando, das Kind einer außerehelichen Beziehung, aus Italien, wo sie verheiratet war, angereist. Der alte Herr würdigte sie aber keines Blicks.

An den anderen Tischen, die sich nach und nach füllten, nahmen Mitarbeiter des Unternehmens, Kunden, Geschäftsleute mit ihren Ehepartnern und jenen die es noch werden wollten, sowie Politiker aller Couleur Platz.

Unter sanften Klängen der kleinen Musikkapelle wurden die Vorspeisen serviert. Greta Dugerburg ließ es sich nicht nehmen, eine Eloge, gespickt mit Anekdoten, über Maria zu halten. Felipes Vater hielt eine kurze Ansprache auf Spanisch, die von einem Dolmetsch übersetzt wurde, in der er dem Brautpaar alles Gute für die Zukunft wünschte und sehr bedauerte, dass Felipes Mutter nicht mehr das Glück ihres Sohnes erleben konnte.

Die Hauptspeise wurde aufgetischt, Toasts auf das Ehepaar ausgesprochen und unter gehörigem Jubel die Hochzeitstorte von den Jungvermählten angeschnitten.

Der erste Walzer gehörte dem Brautpaar, doch bald hernach wurde zum allgemeinen Tanz aufgerufen. Marias Kondition war gefordert, denn kaum endete ein Musikstück, wurde sie schon von jemanden zum nächsten Tanz gebeten. Allerdings muss gesagt sein, dass Maria leidenschaftlich gerne tanzte. Aber auch Felipe konnte sich kaum Luft schaffen, er war als Tänzer nicht nur das Objekt der Begierde jüngerer Frauen, sondern auch von älteren Damen sehr geschätzt. Das Fest, das muss man schon besonders anmerken, war ein voller Erfolg: Das Brautpaar und auch die Gäste amüsierten sich köstlich.

Gegen Mitternacht verabschiedeten sich Maria und Felipe, müde vom Trubel des so aufregenden Tages, und überließen den noch Anwesenden die Szene.

Die Limousine wartete vor dem Palais. Doch Maria schlug Felipe vor: „Lass uns doch zu Fuß nach Hause gehen; von hier sind es nur einige Minuten bis zur Wohnung. Es ist eine so schöne, laue Sommernacht. Der kurze Spaziergang wird uns guttun."

Felipe stimmte ihrer Überlegung zu. Sie schickten den Chauffeur weg.

Da Maria die Füße vom vielen Tanzen schmerzten, zog sie ihre Schuhe aus und lief barfuß neben Felipe her, der sie zärtlich umarmte und ihr einen Kuss auf die Wange gab. Als einige Nachtschwärmer die Liebenden in ihrer Hochzeitskleidung sahen, riefen sie ihnen Glückwünsche zu. Maria schmiegte sich eng an ihren Mann und als plötzlich ein Vogelgezwitscher zu hören war, dachte sie an die Zeilen in Brentanos Gedicht.

Nachtigall, ich hör dich singen,
's Herz im Leib möchte mir zerspringen.

Ob es sich tatsächlich um eine Nachtigall gehandelt hatte, mag bezweifelt werden, aber Marias Gefühl ihrer glückseligen Stimmung tat es keinen Abbruch.

Sie befanden sich kurz vor Marias Wohnung als sie in einem Hauseingang einen alten Mann, zugedeckt mit einem schmutzigen Papiersack, schlafen sahen. Maria erschrak, doch Felipe hielt an, öffnete seine Geldbörse, beugte sich über den verwahrlosten Kerl, und schob ihm, ohne ihn zu wecken, einen 50-Euro-Schein unter sein Haupt.

Bald erreichten sie ihr Appartement. Entkleiden, rasche Toilette: Zähneputzen, Dusche – und schon lagen sie müde im Bett. Das Ritual der Hochzeitsnacht musste auf den späten Morgen verschoben werden.

Maria und Felipe liebten einander.

Eine kurze, aber exquisite Hochzeitsreise führte sie nach Santorin, wo sie ein am Hügel gelegenes luxuriöses Appartement gemietet hatten, von dem sie eine ungehinderte Aussicht auf die blau glänzende Ägäis hatten. Von ihrem privaten Pool aus konnten sie sich abends mit einem Sundowner am romantischen Sonnenuntergang erfreuen. Sie genossen die ungestörten Tage – und Nächte – weit weg von den Alltagssorgen.

Maria lobte den Herrn und dankte ihrem Schicksal.

Es gibt nichts Schöneres, als einem geliebten Menschen nah zu sein.

Gott bedurfte des Lobes nicht. Er ist sich seiner Liebe zu all seinen Kreationen bewusst. Doch das Schicksal meinte still: Hüte dich vor meiner Willkür!

Maria konnte das Unternehmen nicht ohne Führung lassen, zu viele Entscheidungen mussten getroffen werden. So wurde sie vom Tagesgeschäft nach nur einer Woche eingeholt und zurück ins Büro gerufen.

Und hier ging es drunter und drüber. Einige Unternehmen waren mit ihren Zahlungen in Verzug, das Mahnwesen war gefordert; andere wieder konnten die technischen Anforderungen von TULBA nicht zur Zufriedenheit erfüllen. Die

Gehälter der Angestellten in den Forschungsabteilungen waren sehr hoch. Trotz der enormen Geldüberweisungen von Felipe sah die Lage im Moment für die Firma nicht sehr rosig aus. Der Controller, Thorsten Gressler, warnte Maria. Einsparungen mussten geplant werden. Diese schienen jedoch einigen Mitarbeitern nicht zu gefallen. Unzufriedenes Gemurre machte sich heimlich breit. Eduard Bonnstein setzte Maria in einem Vieraugengespräch davon in Kenntnis, wobei er, natürlich unter Verschwiegenheit, die Namen der schlimmsten Aufrührer bekannt gab. Maria zögerte nicht: Hans Roger und Hubert Lattinger bekamen die Kündigung zugestellt. Eisern und beinhart waren ihre Aussagen: „Wem es in meinem Unternehmen nicht gefällt, der muss gehen!"

Bronnstein fand besondere Genugtuung, wenn er zu seinem Vorteil andere Firmenkollegen bei Maria anschwärzen konnte – und es waren nicht nur die vorher genannten, die schließlich ihren Posten verloren.

Erst war es nur Maria, die von Felipe in Kenntnis gesetzt wurde, doch bald ließ es sich nicht mehr verheimlichen: Felipe handelte mit Waffen!

Als Maria es von ihm erfuhr, war sie schockiert. Doch sie akzeptierte, was er tat – sie liebte ihn und billigte schließlich sein Unterfangen. Nach und nach wurde bekannt, woran TULBA International neuerdings partizipierte. Ein weltweiter Waffenhandel war ein lukratives Geschäft.

Maria war hart in ihren Entscheidungen. Ihren ambivalenten Charakter teilte sie mit Felipe. Sie waren beide romantisch, emotional und konnten sich an einfachen Dingen erfreuen. Die zwanglose Unterstützung gemeinnütziger Organisationen war ihnen ein Anliegen. Fromme religiöse Tugenden, wie Keuschheit und Sittlichkeit waren ihnen von Jugend an mitgegeben worden. Die sonntägliche heilige Messe ein Muss.

Ihr Motto war: Ein tugendhafter Mensch soll ein vernünftiges Leben führen.

Und gerade die Vernunft musste bei beiden für Dinge herhalten, die nicht der Ethik entsprachen. Die Machenschaften der Firma, die noch vor einigen Jahren als Musterbeispiel von Unternehmergeist galt, wurden von der Öffentlichkeit nicht geschätzt und bekamen starken Gegenwind. Felipe war ständig zu fast allen Krisenherden unterwegs; mal in Afrika und Südamerika, dann im Mittleren Osten. Aber wovon niemand Kenntnis hatte, außer die engsten Vertrauten von Maria, war, wie er seine Geschäfte anlegte.

Felipe machte nämlich Verträge und lieferte Handfeuerwaffen, Sturmgewehre und Gewehre für Scharfschützen nicht nur an eine Gruppe, sondern in verräterischer Weise auch an deren Gegner. Dadurch setzte er sich enormer Gefahr aus.

In den Konflikten von Israel mit den Palästinensern, in Syrien mit den verschiedenen Kampfeinheiten und auch in Libyen, wo sich rivalisierende Milizen gegenüberstanden, überall hatte Felipe seine Hand im Spiel.

Die kriegerischen Auseinandersetzungen brachten verheerende Zustände zu Tage. Familien verloren ihr Zuhause; Tausende erlitten entsetzliche Verletzungen, starben unter fürchterlichen Schmerzen; Kinder wurden zu Waisen.

Felipes Geschäfte liefen perfekt. Wenn es seine Zeit erlaubte und wo immer er eine christliche Kirche fand, besuchte er am Sonntag die heilige Messe. Nie bedrückte ihn ein schlechter Gedanke.

Waffen sind per se keine schlechten Dinge. Was Menschen mit ihnen machen, müssen sie selbst vor Gott verantworten.

Der Zweck heiligte seine Mittel – und Maria hielt Felipe den Rücken frei.

Elisabeth war die Einzige, die es wagte, Maria von Angesicht zu Angesicht zur Rede zu stellten: „Maria, du und Felipe, ihr habt Schuld auf euch geladen. Ist dir das bewusst? Du hast Blut an deinen Händen!“

Jähzorn spiegelte sich in Marias Gesicht. Sie drehte sich um, gab keine Antwort und verließ wutentbrannt das Zimmer.

Felipe war oft unterwegs; sehr oft und sehr lange. Er versuchte zwar mit Maria durch das Internet Kontakt zu halten, doch in manchen abgelegenen Gebieten fand er kein Netz. Somit vergingen oft Wochen, bis sie wieder voneinander hörten.

In einem Vorort von Tripolis fand Felipe in einem kleinen unscheinbaren Hotel Quartier. Er bevorzugte solche Absteigen wegen ihrer Unauffälligkeit. Yusuf al Bahari war Felipes ursprünglicher Ansprechpartner in Libyen. Allerdings kam Yusuf vor drei Monaten bei einem Anschlag auf ein Waffendepot in der Nähe von Misrata ums Leben. Nun war es an Tareq, Yusufs älteren Sohn, die Agenden seines Vaters zu übernehmen.

In diesem etwas heruntergekommenen Hotel trafen sich nun Felipe und Tareq zu Verhandlungen über eine Lieferung von Gewehren mit Zielfernrohr. Die Zustellung sollte am nächsten Vormittag im Hafen stattfinden. Die Unterredung, die in englischer Sprache geführt wurde, verlief zur beiderseitigen Zufriedenheit; für Tareq bedeutete es eine enorme Unterstützung seiner Organisation – und für Felipe: ein einträgliches Geschäft.

Der Fischtrawler lag im Hafen, bereit zum Löschen der Fracht. Die brisante Lieferung, Gewehre, wohlgetarnt als Doraden, stand, in Stahlkisten versiegelt, zur Verladung auf den wartenden Lastwagen bereit. Die geringe Summe für die Bestechung der Hafenbeamten zahlte sich immer aus. Alles lief wie am Schnürchen. Ware und Geld wechselten ihre Besitzer. Bezahlung erfolgte in US-Dollar – alles in bar.

Der Geschäftsablauf konnte für Felipe nicht besser laufen, er war gut gelaunt und schüttelte Tareq zufrieden die Hand. Doch nicht minder froh war Tareq, der etwas tat, was sein Vater nie getan hätte: Er lud Felipe zu sich nach Hause ein.

„Wir würden uns freuen, wenn Sie uns heute mit Ihrer Anwesenheit die Ehre erweisen könnten. Meine Mutter kann ein arabisches Abendessen für uns zubereiten."

Da Felipe nichts anderes für den Tag vorhatte, stimmte er gerne zu, denn er war erpicht zu sehen, wie es so bei Tareq al Bahari zu Hause aussah. Tareq telefonierte kurz mit seiner Mutter, um den Gast anzukündigen, dann gab er Felipe die Adresse und das Abendessen wurde für sieben Uhr arrangiert.

Pünktlich um sieben Uhr traf Felipe beim Haus der Al Baharis ein. Tareq leitete Felipe durch einen wohlgepflegten Innenhof in den Salon, wo ihm Tareq seine Mutter vorstellte. Die alte Dame, mit einem Hijab bekleidet, begrüßte den Gast mit einem freundlichen Lächeln.

Dann öffnete sich die eine Seitentür des Salons. Ein junges Mädchen, etwa fünfzehn Jahre alt, ihre langen schwarzen Haare nur mit einem leichten Schal bedeckt, trat ein. Felipe und das Mädchen starrten einander an. Es war an Tareq, sie einander vorzustellen: „Das ist meine kleine Schwester Aya." Er wandte sich zu ihr: „Und das ist mein Geschäftspartner, Señor Felipe Burgos. Er ist heute unser Gast und wird mit uns zu Abend essen."

Aya senkte ihren Blick und machte eine leichte Verbeugung.

Tareq erklärte Felipe: „Meine Mutter spricht leider kein Englisch, aber Aya geht in eine Privatschule, wo sie teilweise auch in Englisch unterrichtet wird. Sie können sich also in Englisch unterhalten. Mein Bruder Achmed und ich hatten Englisch und Italienisch in der Schule."

Während Frau Bahari beschäftigt war, in der Küche die Speisen für das Abendessen fertigzustellen, versuchte Felipe, der seine Augen kaum von dem jungen Mädchen lassen konnte, ein halbwegs flüssiges Gespräch in Gang zu halten. Felipe war derart von der Schönheit dieses Teenagers entzückt, man könnte sagen, verwirrt, dass er sich bemühen musste, sein intensives Interesse nicht vor ihrem Bruder bloßzustellen. Immer wieder trafen sich die Blicke von Felipe und Aya, die dann rasch kokett zu Boden blickte, bevor sie ihm ihr bezauberndes Lächeln darbot.

Ich kann mich nicht erinnern, je ein so hübsches junges Mädchen gesehen zu haben. Ihr Gesicht, ihre zarte Gestalt: anmutig, erregend. Ihre vollen Lippen. Ich bin verwirrt!

Und Felipe hatte recht: Aya war eine ganz besondere exotische Schönheit. Doch auch für Aya war der attraktive, charmante Gast mit seinen leicht ergrauten Schläfen von speziellem Reiz.

Er ist so eloquent, so hübsch, erfahren in seinem Gehaben. Er verwirrt mich, sein Charme ist umwerfend; ich möchte seine Hand, seine Lippen berühren.

Bei diesen Gedanken schoss ihr zarte Röte ins Gesicht.

In der Zwischenzeit deckte Tareq den Tisch für vier Personen. Tareqs Bruder, Achmed, war nicht anwesend, er war auf einer, wie Tareq sagte, „Geschäftsreise“ in Tobruk an der ägyptischen Grenze. Sie erwarteten ihn erst in zwei Tagen zurück.

Nun erschien Mama Samira mit den ersten Speisen. Vorerst servierte sie eine würzige Suppe: Bazin, das ungesäuerte Brot mit Ei und Tomatensoße; eine typisch libysche Nationalspeise. Dann folgte eine große Platte mit Lammbraten, gewürzt mit Koriander, Pfeffer und Chili. Dazu Couscous und verschiedene Gemüsesorten. Die Speisen mundeten Felipe vorzüglich, er hielt sich jedoch vornehm zurück, nahm von allem nur kleine Happen und lobte die Kochkunst der Hausfrau. Als Abschluss des Mahls wurde noch Ghoriba, das sind weiße Kekse, zu Nana-Minzen-Tee kredenzt.

Aya half ihrer Mutter dann beim Abräumen des Geschirrs und Frau Bahiri machte sich in der Küche zu schaffen.

Starker Kaffee zu einer Wasserpfeife lehnte Felipe höflich ab, indem er erklärte, kein Raucher zu sein und abends keinen starken Kaffee zu vertragen.

Dann läutete plötzlich Tareqs Handy. Er entschuldigte sich bei Felipe, nahm das Gespräch in Englisch an, begab sich aber, da er nicht wollte, dass sein Gast das Telefonat mithören sollte, hinaus in den Hof.

Nun war Aya mit Felipe allein im Salon. Ein Blick genügte; sie strahlte ihn mit ihren großen schwarzen Augen an und lächelte. Felipe nahm ein Stück Papier aus seiner Westentasche, riss es entzwei, kritzelte rasch seine Handynummer auf den Zettel und überreichte ihn Aya mit der Bitte, die ihre auf den anderen Teil zu schreiben. Aya kam seinem Ersuchen ohne Zögern nach und retournierte Felipe den zweiten Teil des Papierfetzens. Felipe wollte wissen, ob Aya WhatsApp installiert habe und fragte sie leise danach. Als Aya nickte, lehnte er sich zufrieden zurück und schenkte ihr einen bedeutungsvollen Blick.

Tareq hatte sein Gespräch beendet und kam zurück in den Salon. Er vermied jede Art von Geschäftsgespräch und erklärte Felipe nur die prekäre politische Lage im Land.

„Unser Problem ist, neben den internen Konflikten, die sich zu einem wahren Bürgerkrieg entfaltet haben, die Schwierigkeit mit den Flüchtlingen an der Küste. Sie wollen alle nach Europa. Schlepper kassieren von ihnen Unsummen und lassen sie oft in Gummiboote steigen, die untauglich für eine Überfahrt sind. Tausende sind schon dabei ertrunken. Ich habe mit einem Italiener gesprochen, der mir die Angelegenheit aus seiner Sicht geschildert hat. Er erwähnte, dass da, wo früher in Orten der Tourismus florierte, jetzt mit Drogen gehandelt wird und Fremde auf der Straße herumlungern. Sie verstehen es nicht, dass die Flüchtlinge, die eine fremde Kultur haben und nie ins Sozialsystem eingezahlt haben, fast die gleichen staatlichen Zuwendungen erhalten wie die einheimischen Italiener. Sie fühlen sich ungerecht behandelt. Und andere europäische Länder sträuben sich, Flüchtlinge aufzunehmen. Ich musste ihm recht geben. Doch anderseits ist es den Menschen, die sich auf der Flucht befinden, nicht zu verdenken, dass sie irgendwohin wollen, wo sie ein besseres Leben führen können. Für sie und für ihre Kinder. Obwohl es für mich immer schleierhaft ist, warum Menschen in derartigen Situationen noch Kinder in die Welt setzen. Ok, wir verdienen gut an all den Konflikten. Ja, das Leben ist ungerecht, für manche gut, für andere schlecht. Das Schicksal zeigt seine Willkür!“

Felipe wusste zuvor schon recht gut Bescheid, gab sich aber als interessierter Zuhörer, während Aya gelangweilt mit ihrem Handy spielte.

Felipe erwähnte gegenüber Tareq, dass er noch einige Tage in Tripolis zu verweilen gedachte, um zwei Teppichhändler zu treffen.

Nach etwa einer Stunde war es für Felipe Zeit sich zu verabschieden. Er bedankte sich speziell bei Frau Bahari für das köstliche Gastmahl, schüttelte Tareq die Hand und mit einem charmanten Lächeln und Augenzwinkern empfahl er sich bei Aya.

Mit dem Taxi, das für ihn gerufen worden war, erreichte er sein Hotel in wenigen Minuten.

Noch am selben Abend, in seinem Zimmer angekommen, setzte Felipe ein WhatsApp ab: „Hallo Aya, ist es dir möglich, dass wir uns morgen um 14 Uhr dreißig beim Marc Aurel Bogen treffen? Es wäre schön, dich wiederzusehen.“

Felipe hatte im Gespräch mit Aya erfahren, dass ihr täglicher Unterricht um 14 Uhr endet und sich ihre Schule nicht weit vom Marc Aurel Bogen befindet.

Die Antwort kam postwendend: „Gut, ich werde dort sein."

Felipe konnte nicht gleich einschlafen, seine Gedanken kreisten um Aya.

Ich freue mich auf morgen. Ihr Gesicht geht mir nicht aus dem Sinn. Aya, oh Aya, wie wunderschön bist du! Ich möchte dich küssen, dich berühren.

Endlich fand er den ersehnten Schlaf. Er erwachte früh, rasierte sich, duschte und begann ein Buch zu lesen. Doch er konnte sich nicht konzentrieren; immer wieder schweiften seine Gedanken ab. Ungeduldig wartete er auf den Nachmittag.

Schon eine halbe Stunde vor der vereinbarten Zeit fand sich Felipe beim Marc Aurel Bogen ein und wartete nervös auf Aya.

Wird sie kommen, wird sie überhaupt kommen wollen? Sie ist noch ein Schulmädchen und ich ein viel älterer Mann. Ein seltsames Paar. Werden uns die Leute anstarren?

Und dann erschien Aya. In ihrer Schuluniform und mit dem Hijab-Kopftuch sah sie so anders aus, als Felipe sie gestern in Erinnerung hatte. So sittsam, so bieder, jedoch nicht minder schön.

Aya begrüßte Felipe mit einem derart fröhlichen und gewinnenden Lächeln, dass ihm alle Bedenken genommen wurden. Er verneigte sich höflich und flüsterte ihr ein freudiges „Hallo" zu. Händeschütteln und eine Umarmung wären gegen alle Sitten gewesen.

Vorerst noch mit leichter Zurückhaltung, plauderten sie bald locker darauf los. Felipe erzählte Aya von seinen Reisen in ferne Länder, und Aya, ihn mit ihren großen schwarzen Augen bewundernd, erwähnte, dass sie in der Schule einiges aus Cervantes „Don Quijote“ gelesen hätten, sie aber zugeben musste, wenig davon verstanden zu haben. Felipe versuchte, ihr einigen Hintergrund über Cervantes und sein Hauptwerk zu geben, verstrickte sich aber immer wieder, weil er so intensiv in die schönen Augen des Mädchens starrte.

Wohlweislich umschiffte er jede Anspielung von Aya über Beziehungen zu Frauen und wusste dezidiert: Ich darf nicht erwähnen, dass ich verheiratet bin!

Die Zeit verging wie im Flug, es war mehr als eine Stunde vergangen und Aya stellte plötzlich fest: „Es ist Zeit, ich muss nach Hause!“

Felipe begleitet sie noch einige Straßen. Sie vermieden es jedoch, sich zu nahe bei Ayas Haus zu verabschieden, versprachen aber, sich morgen zur gleichen Zeit beim Marc-Aurel-Bogen zu treffen.

Beim Auseinandergehen fragte Aya noch: „Felipe, darf ich dich Felix nennen? Ich finde, das passt so treffend für dich: Felix, der Glückliche!“

Felipe lächelte und stimmte zu.

Es ist anzunehmen, dass für beide die Zeit des Wiedersehens zu langsam verstrich. Viel zu langsam. Doch endlich war es soweit.

Sie lächelten einander zu, begrüßten sich. Felipe sah sich um und sagte zu Aya: „Komm, wir nehmen ein Taxi! Bei mir im Hotel sind wir ungestört.“

Aya sah ihm in die Augen, wollte etwas sagen – und nickte nur.

Einige Minuten später trafen sie beim Hotel ein und Felipe leitete Aya schnurstracks in sein Zimmer.

Kaum dass sich die Tür schloss, fielen sie einander in die Arme, küssten sich voll Begehren. Felipe zog Aya auf sein Bett. Hecktisch, ohne Zurückhaltung, entkleidete er Aya. Ihre Uniform und die Unterwäsche lagen verstreut auf Bett und Boden. Im Nu stand Felipe nackt vor ihr, seine Erregung deutlich sichtbar.

Felipe war schon einige Zeit sexuell abstinent – und nun lag dieser zauberhafte Körper in all seiner Pracht vor ihm: ein Anflug von dunklen Schamhaaren zwischen glatten, braunen, schlanken Schenkeln; zarte, jungfräuliche Brüste – und dieses wunderschöne Gesicht mit den vollen Lippen. Es gab nun keinen Aufschub mehr. Aya war Felipe willenlos ausgeliefert. Wenige Minuten später lagen sie eng umschlungen, vor Lust keuchend, ineinander. Aya ließ alles wie im Trance geschehen, genoss sein Begehren. Vor Glück weinte sie leise vor sich hin. Und Felipe bemerkte, dass sie nie zuvor einem Mann beigewohnt hatte.

Felipe fand seinen Spitznamen, den ihm Aya gab, treffend: Er war Felix – Felix, der Glückliche.

Sie küssten und liebkosten einander – doch die Zeit drängte. Widerwillig wuschen und kleideten sie sich. Aya musste nach Hause. Felipe fuhr noch mit dem Taxi mit ihr zurück und versprach ihr, sie übermorgen wieder zur üblichen Zeit zu treffen. Morgen könne er nicht, da er mit einem Teppichhändler einen Termin hätte.

„Aya, mein Liebling, es war wundervoll. Bis übermorgen. Ich liebe dich!“

„Felix, mein Felix. Ich kann es nicht mehr erwarten, dich wieder zu umarmen."

Bedenken machten sich bei Aya breit.

Wird er auch wiederkommen? Oder war es das? Liebt er mich auch so sehr, wie er sagt? Liebt er mich so sehr wie ich ihn?

Bald verdrängte sie all diese Bedenken.

Aya war glücklich, sehr glücklich, und hatte das Bedürfnis, jemandem von diesem Glück zu erzählen. Am folgenden Tag, in der Schule, fasste sie sich ein Herz und vertraute ihr Geheimnis ihrer besten Freundin, Saida, an.

Saida war geschockt, erregt. „Er ist ein Fremder, ein Christ. Liebst du ihn so sehr? Hast du …?"

„Ja, es ist passiert. Ich liebe ihn. Ich will mit ihm in Spanien leben. Ich liebe ihn so sehr! Saida, Schatz, kannst du für mich etwas machen? Kann ich morgen bei dir übernachten? Ich meine nur scheinbar, nur vorgetäuscht, für meine Mutter? Bitte, hilf mir!"

Es muss erzählt werden, dass die zwei Freundinnen schon öfter gegenseitige Übernachtungen gemacht hatten.

Etwas zögernd und nervös stimmte Saida ihrer Freundin zu.

Als Aya am Nachmittag nach Hause kam, bat sie ihre Mutter, morgen bei Saida übernachten zu dürfen, um mit ihrer Freundin für eine bevorstehende Prüfung zu lernen. Samira, Ayas Mutter, rief bei Saidas Eltern an, um sicherzustellen, dass für sie die Übernachtung von Aya in Ordnung geht. Nachdem sie von Saidas Mutter das OK bekam, war für Aya das Alibi gesichert.

Am folgenden Tag, nach Schulschluss, wünschte Saida Aya nervös und zitternd alles Gute und versicherte ihr, dass sie zu Hause erzählen werde, dass ein unvorhergesehenes persönliches Ereignis im Hause Bahari Aya davon abgehalten hätte, heute bei ihr zu übernachten.

Saida war eine schlechte Lügnerin, doch scheinbar gelang es ihr, das Alibi für Aya bei ihrer Mutter glaubhaft darzustellen.

Auf dem Weg zum Marc-Aurel-Bogen gingen Aya viele Gedanken durch den Kopf.

Wirst du auf mich warten? Hoffentlich geht alles gut. Felix, mein Felix, ich liebe dich so sehr. Mein Kismet, meine Bestimmung, hat mir dich gesandt. Bitte, bitte, Liebling, mein Herz verlangt nach dir.

Und dann sah sie ihn! Er hatte schon ungeduldig auf sie gewartet. Lächelnd und fröhlich begrüßte er sie und führte sie zum wartenden Taxi. Sie saßen stumm nebeneinander, bis sie das Hotel erreichten.

Aya konnte kaum erwarten, Felipe ihr Geheimnis zu erzählen und als sie die Zimmertür schlossen, flüsterte sie ihm ins Ohr: „Felix, ich habe heute eine Neuigkeit für dich!“

Doch Felipe wartete ihre Mitteilung nicht ab, sondern umarmte sie, küsste sie und raunte ihr zu: „Auch ich habe eine Neuigkeit – ein kleines Geschenk für dich!“

Und er überreichte ihr eine Schatulle mit einem goldenen Ring.

Sie öffnete die Kassette, ließ den Ring auf ihren Finger gleiten, gab Felipe einen Kuss und sagte dann: „Wunderschön, Schatz, wunderschön! Aber du hast noch nicht meine Überraschung gehört. Schatz, ich …“, sie platzte fast vor Spannung, „… ich kann heute die ganze Nacht bei dir bleiben!“

Nun war es heraus. Felipe sah sie ungläubig an. Noch zweifelte er: „Wie hast du das geschafft? Musst du nicht nach Hause?“

„Ich habe ein Alibi. Meine Freundin deckt mich; unter einem Vorwand übernachte ich heute bei ihr. Ich kann heute die ganze Nacht mit dir verbringen.“

Felipe schüttelte ungläubig den Kopf; dann küsste er sie. Und sie machten Liebe. Diesmal nicht wild, nicht eilig. Sie nahmen sich Zeit.

Er erforschte ihren Körper von der Stirn bis zu den Zehenspitzen, Zentimeter für Zentimeter. Und auch Aya verlor ihre anfängliche Scheu und genoss seine zarten Liebkosungen bis zum erfüllenden Höhepunkt. Langsam kam die Nacht, doch sie schliefen wenig. Immer wieder weckte Aya Fclipc, oder umgekehrt, und begehrte Liebe. Verlangen und Hingabe wechselten bis zur Erschöpfung. Aya stammelte in Felipes Ohr: „Du bist mein Sidi, mein Herr, mein El Cid. Ich, ich liebe dich!“

Müde und unausgeschlafen begrüßten sie gähnend den Morgen. Für beide war es die Nacht der Erfüllung.

Doch Aya musste zur Schule.

Felipe fuhr per Taxi mit ihr bis zum Marc Aurel Bogen, wo er sich von ihr verabschiedete und ihr schwor, sie morgen wieder zu treffen.

In der Schule erwartete sie schon ungeduldig ihre Freundin Saida. Neugierde und ein wenig Neid waren aus ihren Fragen unüberhörbar: „Aya, Schatz, wie war es? War er zärtlich zu dir? Ist alles in Ordnung?“

Normalerweise war Aya nicht so mitteilsam, doch diesmal sprudelte es nur so aus ihr heraus. Detailliert gab sie Saidi alle Einzelheiten preis, die diese errötend zur Kenntnis nahm. Für Aya war es schwierig, dem Unterricht zu folgen. Ab und an fielen ihr die Augen zu, was sogar zu einer Ermahnung ihrer Professorin führte.

Zu Hause angekommen, wäre sie am liebsten gleich zu Bett gegangen, aber mit viel Willenskraft konnte sie sich wachhalten.

Der Abend brach herein. Diesmal waren ihre beiden Brüder zu Hause. Achmed war von seiner Geschäftsreise zurückgekommen. Mutter Samira war in der Küche beschäftigt, das Abendessen zuzubereiten. Aya wankte wie im Traum herum, trat von einem Fuß auf den anderen. Das Bedürfnis, ihre Liebe zu offenbaren, wurde immer größer.

Mutter muss doch dafür Verständnis haben; sie war doch auch mal jung und in Vater verliebt.

Sie schlich zu Mutter in die Küche, umarmte sie und gab unter Tränen bekannt:

„Mama, ich liebe ihn! – Ich liebe Felix!“

„Kind, wer ist Felix?“

„Felix ist der Gast, der bei uns zum Abendessen war. Señor Felipe Burgos“, fügte sie kleinlaut hinzu.

Samira schob ihre Tochter ruckartig von sich. „Bist du wahnsinnig? Er ist ein Fremder, ein Ungläubiger. Was fällt dir ein, wie kommst du auf ihn?“

„Ich war bei ihm – die ganze letzte Nacht. Ich liebe ihn. Ich möchte mit ihm nach Spanien gehen.“

Samira gab Aya eine Ohrfeige und schrie sie an: „Was fällt dir ein? Du hast Schande über unsere Familie gebracht!“

Durch den Lärm in der Küche aufgeschreckt, kamen Tareq und Achmed hinzu und wollten wissen, was der Radau zu bedeuten hätte. Samira schrie sie an: „Eure Schwester hat unserer Familie schwere Schande bereitet. Sie hat mit Señor Burgos geschlafen.“

Achmed holte aus dem Schrank eine Pistole, lud sie und sagte: „Er kennt mich nicht; ich weiß aber, wie er aussieht. Tareq, du kennst das Hotel, in dem er wohnt. Den Kerl, den Schweinefresser, hol ich mir. Nach dem Essen werde ich ihm einen Besuch abstatten. Die Schande muss gesühnt werden!“

Aya erschrak, schrie auf, und Tareq schlug ihr mit der Faust ins Gesicht, schubste sie in ihr Zimmer und verschloss die Tür.

„Du Schlampe gehst mir nirgendwo hin. Nicht heute und nicht später!“

Was die beiden Brüder und Samira nicht in Betracht zogen, war, dass Aya noch ihr Handy bei sich hatte. Sofort wollte sie Felipe telefonisch warnen, verwarf diese Idee aber aus Furcht, ihre Brüder würden mithören, und setzte daher ein WhatsApp ab. „Schatz, meine Familie kennt unsere Beziehung. Sie sind aufgebracht! Du bist in Gefahr. Tareq hat mich eingesperrt. Achmed hat eine Pistole. Er will Rache für die Schande. Er will dich erschießen. Er weiß, wo du wohnst. Bring dich in Sicherheit, zieh in ein anderes Hotel, sofort, bitte, gleich, rasch!“

Die Antwort kam postwendend. „Ich habe keine Angst, ich kann mich wehren. Auch ich habe eine Pistole.“

Ayas tippte die Antwort unverzüglich. „Nein, nein! Du weißt nicht, wie Achmed aussieht, du kennst ihn nicht. Er wird dich finden, dich überraschen und erschießen. Bitte flieh, sofort.“

Diesmal überlegte Felipe nur kurz. Er fand Ayas Warnung überzeugend.

In Windeseile packte er seine Sachen in den Koffer, bezahlte die Unterkunft in bar und mit der Begründung, er müsse heute noch dringende Privatsachen erledigen, stieg er in ein vor dem Hotel abgestelltes Taxi. Noch während der Fahrt rief er seinen Piloten an, der für ihn immer verfügbar in der Nähe des Flughafens wohnte – Felipe hatte selbst keinen Flugschein –, und bat ihn, sein Privatflugzeug startbereit zu machen. Als er am Zivilflughafen Mitiga eintraf, war die Maschine aufgetankt und startklar.

Zwei Stunden später befand sich Felipe auf einem Nachtflug nach Madrid und dachte wehmütig an Aya.

Es kann nun erwähnt werden, dass er nie wieder libyschen Boden betrat, nie mehr von Aya hörte, obwohl er versuchte, sie per WhatsApp zu kontaktieren. Das Telefon war tot. Kein Teilnehmer unter dieser Nummer.

Auch einige Jahre später brachten Kontaktversuche durch einen Bekannten keinen Erfolg. War die Familie umgezogen? Sie waren wie vom Erdboden verschluckt. Was aus Aya wurde, sollte er nie mehr erfahren.

Eine Woche nachdem Felipe in Madrid angekommen war, saß er in einem Flugzeug nach Wien.

Nach seinem langen Auslandsaufenthalt freute sich Maria, ihren Gatten wiederzusehen.

Ich bin so froh, ihn wieder hier zu haben. Ich wusste gar nicht, dass ich ihn so sehr vermisst habe.

Ein Kirchenbesuch war ihr erster gemeinsame Weg.

Doch bevor sie am Sonntag die Heilige Messe besuchten, legten sie die Beichte ab. Wie alle anderen Menschen auch, wussten sie, was Recht und Unrecht war. Vor dem Priester zu bekennen, fiel ihnen leicht und die Absolution wurde ihnen rasch erteilt. Allerdings erfordert die Lossprechung von Sünden eine dementsprechende Reue und ein Bekennen, Unrechtes getan zu haben. Doch gerade dieses fehlte sowohl Felipe als auch Maria. Sie glaubten an einen allmächtigen, unfehlbaren Gott, der einen Plan für die Welt und seine Geschöpfe hat; der die Menschen liebt. Alles, was geschieht, auch wenn es für uns unergründlich, so falsch, so niederträchtig scheint, läuft nach seinem Plan, ist sein Wille. Und sein Wille geschehe! Gott kann nie fehlgehen. Der Glaube an ihn ist das Ein und Alles. Und mit dieser Überzeugung, nichts gegen Gottes Willen getan zu haben, empfingen sie die Hostie, den Leib des Herrn.

Bevor Felipe weggefahren war, vermutete Maria, dass sie schwanger sei. Ihre Monatsblutung war ausgeblieben. Sie freute sich schon sehr, doch ihre Hoffnung wurde nicht erfüllt. Es war für sie schon zum zweiten Mal, dass diese Enttäuschung eingetreten war.

Doch nun war sie bereits jenseits des Klimakteriums.

Die Arbeit im Unternehmen machte ihr zu schaffen. Neue Gebühren mussten ausgearbeitet werden, die aber in Einklang mit der Konkurrenz von statten gehen mussten. Neue Märkte sollten erschlossen werden.

Anstrengende Verhandlungen und Reisen zu Filialen beeinträchtigten ihre Gesundheit. Sie war am Rande eines Burnouts.

In Zeiten wie diesen war es von Vorteil, dass Felipe wieder an ihrer Seite war. Er konnte Maria überzeugen, mit ihm ein paar Tage in einer Therme im Burgenland zu verbringen.

Es war wunderbar: Maria lebte auf, erholte sich von den Strapazen des Geschäftslebens, genoss die Wärme des Wassers, die Saunagänge und die Massagen – und sie war nach so langer Zeit wieder mit ihrem geliebten Mann zusammen. Seine Nähe war so wohltuend, so angenehm. Sie konnte sich an ihn schmiegen, seine zärtlichen Hände spüren. Sexuelle Vereinigung war nicht mehr ihr dringendstes Begehren. Es genügte ihr, Felipe glücklich zu machen.

Auch an Marias Körper war die Zeit nicht spurlos vorübergegangen. Die schlanke, jugendliche Figur war passe; Falten und ergraute Haare, die sie partout nicht färben wollte, beeinträchtigten ihr Aussehen.

Felipe fiel es zunehmend schwer, wenn er mit Maria schlief, seine Erfüllung zu erlangen. Erst wenn er die Augen schloss, im Geiste den schlanken Körper und das Gesicht von Aya vor sich sah, gelang es ihm den Gipfel zu erreichen. Als er dabei mehrmals „Aya, Aya“ stöhnte, missdeutete Maria das als Ausdruck seiner Erregung.

Durch Beziehung gelang es Maria, zwei Karten in der ersten Reihe einer Loge in der Wiener Staatsoper für die Aufführung von „La forza del destino“ von Giuseppe Verdi zu erlangen. Felipe war noch nie zuvor in der Wiener Oper gewesen und war vom Prunk des Gebäudes faszinierend. Er hatte in seinem Leben nicht sehr oft Opernaufführungen besucht, fand den Inhalt der Vorstellung recht verwirrend und konnte, obwohl er Italienisch leidlich gut beherrschte, dem Libretto schwer folgen. Das Stück, das fast vier Stunden dauerte, wurde für ihn, besonders im Vierten Akt, recht ermüdend. Maria hingegen hatte sich gründlich vorbereitet, sie liebte Verdis Musik ganz besonders und war vom Schicksal der zwei Liebenden, Leonore und Alvaro, so gerührt, dass ihr am Ende Tränen in den Augen standen. Sie stimmte nach dem Schlussteil in den allgemeinen Applaus ein und konnte es nicht verstehen, dass sich darunter einige Buhrufe mischten.

Felipe blieb noch zwei Wochen bei Maria, dann hatte er wieder einen Geschäftstermin; diesmal in der Türkei. Über Marias Kontakte in Istanbul erreichte er einen, wie er sagte, „Handelspartner“ in den Kurdengebieten. Wo immer Waffen gebraucht wurden, konnte er gegen gute Provision vermitteln.

Die wirtschaftliche Lage verbesserte sich zwar in letzter Zeit etwas, jedoch hatte Maria alle Energie aufzuwenden, um das Unternehmen wieder auf volle Touren zu bringen. Neue Gebühren mussten beglichen werden. Reinhard Polt, dessen Geschäftssinn sie blind vertraute, stand ihr, wo immer es nötig war, mit Rat und Tat zur Seite. Auch ihrer Schwester Elisabeth, mit der sie zwar oft nicht einer Meinung war, wurden nun mehr und mehr heikle Aufgaben zugeteilt. Die Betreuung der neuen Filialen in Russland und in einigen anderen Ostregionen fielen nun unter Elisabeths Obliegenheiten.

Es war an einem regennassen Herbsttag, zu einer Zeit wo das Wetter früher immer am stabilsten gewesen war, als Maria zu einem Meeting der Wirtschaftskammer gebeten wurde, um dort einen Vortrag zu halten. Schon auf der Hinfahrt in der Limousine verspürte sie heftige Kopfschmerzen. Den Vortrag, mit der anschließenden Diskussion, bei der eher gestritten als Sachen erfolgsorientiert beschlossen wurden, überstand sie noch mit mühevoller Anstrengung. Zurück im Büro, konnte sie sich kaum mehr auf den Beinen halten. Rasch übergab sie noch einige Arbeiten an Elisabeth und ließ sich hernach sofort per Taxi nach Hause bringen.

Kaum dass Maria aus ihrer Kleidung schlüpfte, fiel sie ins Bett. Hohes Fieber, gefolgt von Schüttelfrost mit Schweißausbrüchen, ließ sie unter ihren Laken glühen. Sie schaffte es gerade noch ihren Hausarzt anzurufen.

Doktor Grohbauer war in einigen Minuten zur Stelle, gab ihr eine Injektion, um ihr Fieber zu senken, und riet Maria, sich ins Spital zu einer Untersuchung zu begeben. Maria war nicht mehr in der Lage, dagegen zu protestieren, daher rief er ein Rettungsauto, das sie sofort in die Klinik brachte.

Im Krankenhaus wurde sie aufgenommen, gründlich untersucht und mehr als eine Woche mit einer Vielzahl von Medikamenten behandelt, was schließlich zu einer Entlassung in häusliche Pflege führte.

Zu Hause angekommen, fühlte sie sich genügend wohl, wieder ihre Gedanken der Firma zu widmen. Sie empfand, dass sie eingesperrt war. Nach dem dritten Tag hielt sie es nicht mehr aus – sie musste zurück ins Büro.

Es ist schwierig zu sagen, wo und wann es geschah, aber Maria musste sich irgendwo oder bei irgendjemand im Unternehmen mit dem Virus angesteckt haben. Mit ihrem geschwächten Immunsystem war es verhängnisvoll, wieder die Arbeit voll aufzunehmen.

Wenige Tage später kam es zur Katastrophe: Maria kollabierte im Büro.

Ein Krankenwagen mit einem Notarzt an Bord brachte sie ins nahe gelegene Krankenhaus. Doch als sie dort eintrafen, war sie bereits ins Koma gefallen – aus dem sie nicht mehr erwachte. In der Nacht vom 16. zum 17. November wurde Maria aus dem Leben gerissen.

Gevatter Tod, unser bekannter Gast, war sogleich zur Stelle.

Ich habe schon einige Tage auf dich gewartet. Du hast deine Gesundheit mit Füßen getreten.

Dein Schicksal, Ananke, Ate oder Moira, unter welch immer Namen es sich durch die Zeiten schleicht, hat mir dich gesandt. Hier bin ich. Immer bereit!

Als Felipe vom Ableben seiner Frau erfuhr, brach er seine Besprechungen in der Ukraine ab und flog sofort von Kiew nach Wien.

Maria wurde aufgebahrt und die Beisetzung in der Familiengruft am Zentralfriedhof vorbereitet. Dann war es soweit.

Es war kalt und leichter Schneefall hatte sich über Gräber und Wiesen gelegt. Wie üblich kamen auch diesmal viele Leute, jedoch wesentlich weniger als bei den Begräbnissen ihrer anderen Familienangehörigen. Maria hatte sich durch viele unschöne Maßnahmen kein positives Gedenken erhoffen dürfen – und sie bekam es auch nicht. Sie blieb als Despotin der Angestellten und als erbarmungslose Verhandlerin, die trotz Konkursgefahr ihrer Geschäftspartner diese ohne Rücksichtnahme in den Ruin beförderte, im Gedächtnis der Menschen.

An vorderster Front des Trauerzugs befanden sich Marias Mann Felipe, ihre Schwester Elisabeth und Marias beste Freundin Grete Dugerburg. Die Grabrede wollte Marias Vertrauter Reinhard Polt halten, doch eine schwere Verkühlung fesselte ihn ans Bett, sodass Johann Weiss für ihn einspringen musste.

Am offenen Grab gingen Felipe seltsam verworrene Gedanken durch den Kopf.

Geliebt habe ich sie ja; doch war meine Liebe tief genug? Oder ist sie für mich nur eine Gehilfin für meine Geschäfte gewesen? Zweckerfüllend, wann immer ich sie brauchte? Ihr Glaube wird sie ins Himmelreich führen. Gott möge mir verzeihen – er lenkt all unser Tun.

Felipe blieb noch zwei Wochen in Wien, um mit Elisabeth geschäftliche Verhandlungen zu führen. Es ging Elisabeth hauptsächlich darum, Felipe so rasch wie möglich aus seiner Stillen Teilhaberschaft in der Firma zu lösen. Es war ihr immer ein Dorn im Auge, wie Maria ihm bei seinen Waffenschiebungen den Rücken deckte. Das ganze Unternehmen TULBA International kam dadurch in Verruf.

Dann geschah etwas, was sich Elisabeth in ihren verworrensten Träumen nicht ausgedacht hätte: Felipe machte ihr einen Heiratsantrag!

Sie war darüber derart konsterniert, dass sie nicht gleich antworten konnte.

Ich bin fassungslos! Was bildet sich der Kerl ein? Seine Frau ist keine drei Tage unter der Erde und er macht mir einen Antrag. Ich glaube, der spinnt, der ist nicht richtig im Kopf!

Und dann gab sie ihm süffisant die Antwort: „Lieber Señor Burgos, Felipe, es stimmt mich traurig, dass du deine Frau so schnell vergessen hast. Ich bin entsetzt. Du willst mich heiraten? Vergiss es! Mein Vater hat die Witwe seines Bruders geheiratet – es ging nicht gut. Mein Stiefvater hat mich missbraucht, als ich jung war. Es reicht mir – ich habe genug von euch Männer; auch von dir!"

Die Einwände von Felipe hörte sie nicht mehr, denn sie hatte sich schon umgedreht und das Zimmer verlassen.

4. ELISABETH, die jüngere Tochter

Es gelang Elisabeth, nach gutem Verhandlungsgeschick, trotz einiger Verluste, Felipe aus der Teilhaberschaft auszubooten. Das Unternehmen war wieder in alleiniger Hand von TULBACH International, mit Elisabeth an der Spitze, mit ihr als Chefin, die jetzt die neue Strategie umsetzen konnte. Sie musste Federn lassen, war aber heilfroh über die nunmehrige Lage.

Sofort begann sie, mit Hilfe ihres treuen Ratgebers, Wilhelm Zechner, Änderungen in der Firma durchzuführen. Die Geschäftsgebarung wurde wieder mehr dezentralisiert; so wie es auch ihr Vater seinerzeit erfolgreich vorgelebt hatte. Sie schickte einige ältere Mitarbeiter in Pension und stellte stattdessen dynamische junge Leute mit Wirtschaftsstudium ein.

Im Vergleich zu ihrer Halbschwester Maria, die im Aussehen eher ihrer Mutter mit ihrem dunklen Teint glich, konnte Elisabeth die Verwandtschaft mit dem Vater nicht leugnen: blasse Haut und rötliches Haar waren ihr väterliches Erbe. Auch ihre religiöse Einstellung unterschied sich von ihrer Schwester. Elisabeth war in einer katholischen Familie aufgewachsen, nahm die Riten aber nie so ernst wie Maria, die von Karin, ihrer unnachsichtigen Mutter, erzogen wurde. Bei Stiefmutter Christine wurde zwar auf gutes Benehmen geachtet, doch die Obhut war etwas zu vertrauensselig, was Elisabeth als Teenager durch schlimme Erfahrung mit dem Stiefvater erfahren musste.

Es ist schwer zu sagen, ob Elisabeth tatsächlich an Gott glaubte. Man sagte ihr nach, dass sie Agnostikerin wäre, doch das dementierte sie, da sie meinte, Agnosie bedeute, nicht zu wissen. Sie wisse aber um die grausamen Geschehnisse dieser Welt: die Erdbeben, Lawinenunglücke und Verbrechen. Ein allmächtiger, allwissender, den Menschen liebender Gott könne das nicht zulassen. Es sind diese Indizien, die ihr die Gewissheit gäben, Atheistin zu sein. So ganz war sie aber von ihrer eigenen Einstellung nicht überzeugt, denn sie dachte an Blaise Pascal und überlegte:

Es ist besser, wenn ich an Gott glaube. Gibt es ihn, dann ist es gut für mich; gibt es keinen Gott, dann schadet es nicht.

Dass diese Gesinnung aber keinen wahren Glauben repräsentieren konnte, bekümmerte sie wenig.

Die Weltwirtschaftskrise dauerte an und Elisabeth war gezwungen, all ihre Ressourcen aufzubieten, um dem Niedergang entgegenzusteuern. Mit ihrem fähigsten Außenhandelsvertreter, Anton Schenk, verfügte sie über einen Mann, der Kontakte mit Russland aufgenommen hatte. Seine Geschäftsverbindungen in Moskau, die zwar in Österreich aus politischen Gründen nicht gern gesehen wurden, brachten gute Einnahmen fürs Unternehmen. Aber es war ein steter Kampf, die Firma profitabel zu halten.

Und nun kam etwas hinzu, das TULBA bis jetzt noch nie zu fürchten hatte. In Salzburg hatte sich still und leise eine Firma etabliert, die sich als echte Konkurrenz entwickelte. Die Produktpalette und die Geschäftsphilosophie von MASKOT war mit TULBA fast identisch. Bemerkenswerterweise wurde auch dieses Unternehmen von einer Frau geleitet.

Der Kampf um Marktanteile und um die Vorherrschaft erwies sich, um es höflich zu sagen, als äußerst brutal. Eine Zusammenarbeit wurde sowohl von Elisabeth als auch von Maria Stufner, der Chefin von MASKOT, rigoros abgelehnt. Unterbietungen bis zur Verlustgrenze waren an der Tagesordnung.

Diese Maria Stufner, vorher bereits zweimal verheiratet und in ihrer Wahl der Männer nicht gerade glücklich, hatte sich einen jungen Mann erkoren, der seinerseits, sagen wir es deutlich, ein ungehobelter Filou war. Irgendwie schien es, als hätte Frau Stufner eine gewisse Affinität zu solchen Typen. Heinrich Danner trank, besaß ein aufbrausendes Temperament und beglückte, wo immer Gelegenheit bestand, jede willige Frau. Und gerade diesen Kerl hatte sich Maria ausgesucht und, als sie von ihm schwanger wurde, auch geheiratet. Allerdings darf man nicht außer Acht lassen, dass Maria selbst kein Kind von Traurigkeit war. Nachdem sie eine Affäre mit ihrem Privatsekretär, Daniel Riesner, hatte und ihr junger Ehegatte dahinterkam, endete die ganze Angelegenheit in einer wilden Wirtshausrauferei, bei der sowohl Maria als auch Daniel mit erheblichen Verletzungen im Krankenhaus behandelt werden mussten.

Im folgenden Sommer wurde Maria von einem gesunden Knaben entbunden, für den sie den Namen Jakob auserwählt hatte. Heinrich, ihr Gatte, konnte sich seines Sprösslings nur kurz erfreuen, denn er verunglückte nur einige Monate später im Garten beim Sturz von einer Leiter. Maria stand kurz in Verdacht, hier nachgeholfen zu haben, denn man fand, dass an den Sprossen der Leiter manipuliert worden war. Allerdings verlief sich die Untersuchung recht bald und sie wurde von der Anschuldigung freigesprochen.

Elisabeth zweifelte lange an der Unschuld ihrer Kontrahentin und ließ kein gutes Haar an der Chefin von MASKOT, die immer wieder versuchte, in die Geschäftskontakte von TULBA einzudringen.

Wilhelm Zechner, Elisabeths Vertrauensmann, riet ihr eindringlich, drastische Maßnahmen gegen MASKOT zu starten, um nicht unter die Räder der ausgefuchsten Maria Stufner zu kommen.

Ein großes Bauunternehmen hatte kürzlich eine Ausschreibung für ein Großprojekt gemacht. Da TULBA, neben vielen anderen Projekten, auch mit vielen Zulieferungen in diesem Sektor vertreten war, kam dieses Anbot gerade recht, man wollte aber, weil man verschiedenes Gemunkel vernommen hatte, erst die Liquidität der Baufirma vom Kreditschutzverband überprüfen lassen. Und voila, siehe da! Dieses Unternehmen steckte in enormen finanziellen Schwierigkeiten. Dennoch gab Elisabeth, auf Anraten von Wilhelm Zechner, ein Angebot ab.

Selbstverständlich hatte auch Maria Stufner von dieser Ausschreibung gehört und war Feuer und Flamme mitzubieten. Aus nicht näher definierten Gründen, wahrscheinlich aus dem heftigen Verlangen, die Konkurrenz zu übertrumpfen, hatte man sich nicht um die Zahlungsfähigkeit des Bauunternehmens gekümmert und blindlings ein hervorragendes Angebot abgegeben.

Und die Firma MASKOT bekam den Auftrag! Erstens, weil ihr Angebot sehr günstig war und zweitens, weil Elisabeth am letzten Tag der Frist ihr Gebot zurückgezogen hatte.

Elisabeth hatte noch moralische Bedenken, Maria Stufner ohne Warnung auflaufen zu lassen, doch Herr Zechner, der Architekt dieses Plans, versicherte ihr, dass dies die einzige

Möglichkeit sei, die Firma MASKOT ein für alle Mal auszuschalten. Nach kurzer Überlegung gab ihm Elisabeth schließlich recht.

MASKOT hatte geliefert; sehr viel geliefert. Das Bauunternehmen konnte den Forderungen nicht nachkommen, musste Konkurs anmelden und zog damit auch Maria in den Abgrund.

Jahre vergingen und Maria Stufner heiratete wieder. Und abermals einen etwas zwielichtigen Kerl. Johann Hepner, ihr neuer Mann, war wegen Ehebruchs erst kürzlich von seiner Frau nach einem zünftigen Rosenkrieg geschieden worden. Jessica Gordovac, seine Ex, war letztlich heilfroh, ihn loszuhaben.

All die Affären und ihr Missmanagement führten dazu, dass man Maria das Vertrauen entzog und die Leitung der Firma – oder was noch übrig war – schließlich an ihren Sohn übertrug. Maria war am Boden zerstört! Sie konnte die Demütigungen nicht verkraften und nahm sich das Leben.

Elisabeth hatte ihr Ziel erreicht.

Viele Jahre vorher: ein Spielplatz im Süden von Wien.

Ein kleiner Bub kam zu seiner Mutter gelaufen und beklagte sich: „Mama, dieses Mädchen lässt mich nicht schaukeln!"

„Schau, Roland, hier sind ein paar Kekse. Biete ihr welche an und du wirst sehen, sie lässt auch dich schaukeln."

Und so war es dann auch. Elli nahm die Kekse gerne, ließ Roland auf die Schaukel und nach ein paar Minuten waren sie schon Freunde. Sie trafen einander noch öfter auf diesem Spielplatz und später – viele Jahre später – scherzte

Roland: „Elisabeth, erinnerst du dich noch an die Macht der Kekse?"

Inzwischen war viel Zeit verflossen. Die Kinder wurden Teenager, ihre Wege gingen oft in verschiedene Richtungen, sie blieben aber immer in freundschaftlichem Kontakt. Roland, der aus einer kinderreichen Familie stammte, besuchte ein grafisches College und Elisabeth wurde sorgsam im Familienbetrieb eingeschult.

Noch während des Studiums, das er sich selbst durch Nebenjobs finanzieren musste, lernte Roland Dudak auf der Uni die junge gleichaltrige Studentin Amelia Robic kennen. Sie verliebten sich rasch ineinander und um die Verbindung offiziell zu machen, wurde alsbald geheiratet. Rolands Eltern waren froh, einen ihrer Söhne aus dem Haus bekommen zu haben.

Als Elisabeth von Rolands Heirat erfuhr, war sie recht betrübt, denn insgeheim hatte sie ihn immer sehr gemocht.

Schade, er war immer sehr lieb. Mit ihm konnte ich sehr gut diskutieren. Schade, schade. Das wird nun nicht mehr so leicht gehen. Musste er jetzt schon heiraten? Konnte er nicht etwas warten?

Die Ehe zwischen Amelia und Roland, wie man so sagt, bewegte sich bald in normalen Bahnen: Die Verliebtheit kühlte ab.

Kinder kamen aus wie immer gearteten Gründen keine und Roland konnte daher sein Studium ohne Störung absolvieren.

Roland war innovativ und startete mit einem Freund eine Werbeagentur, mit der sie sehr erfolgreich waren. Die Agentur lief hervorragend und bald konnte er eine hübsche

Eigentumswohnung in der Innenstadt von Wien beziehen. Drei Jahre später erwarb er ein großes zweistöckiges Haus im Süden von Wien, in der Gegend, wo er seine Kindheit und Jugend verbracht hatte.

In dieses Haus siedelte er mit Amelia und richtete es sehr modern und geschmackvoll ein.

Während Amelia im großen Haus am Stadtrand wohnte und sich dort in ihrem Garten der Zucht von exotischen Blumen und Gewürzen widmete, verbrachte Roland viel Zeit im Studio der Stadtwohnung, die für sein Geschäftsgebaren örtlich besser gelegen war. Unter dem Vorwand, abends kreativere Ideen zu haben und diese dann ohne Störung umsetzen zu können, nächtigte Roland dann auch häufig dort.

Und nicht nur deshalb!

Auf einer Präsentation wurde er der jungen Witwe Diana Schäfer vorgestellt, die ihn, den gestandenen Mann, recht attraktiv fand. Roland merkte ihr Interesse und überhäufte sie mit Komplimenten. Handynummern wurden getauscht und zwei Tage später kam es zum ersten Abendrendezvous. Nach einem Besuch in einem Stadtrestaurant lud Roland die attraktive Lady zu sich in sein Appartement auf einen Digestif, einen Kaffee und … sie blieb die Nacht.

Die Affäre dauerte an. Diana verliebte sich in Roland, wartete auf seinen Antrag, machte sich Hoffnung – und war letzten Endes in guter Hoffnung.

Sie erwartete ein Kind von Roland und schwebte auf Wolke sieben. Als Roland ihr eröffnete, dass er verheiratet sei, fiel sie dann aus allen Wolken.

Roland konnte sein Fehlverhalten vor Amalia nicht verbergen. Sie bot Roland an – oder bestimmte – dass er für einige Zeit im Stadtappartement wohnen solle. Sie war wütend und wollte ihn nicht in ihrer Nähe haben.

Diana beendete gedemütigt und erzürnt die Beziehung, aber dennoch schien ein Funke von Liebe hängengeblieben zu sein, denn als sie ein Söhnchen zur Welt brachte, ließ sie den Kleinen nach seinem Erzeuger, „Roland“, taufen.

Als Elisabeth dieser Vorfall zu Ohren kam, schüttelte sie nur den Kopf. Sie verurteilte Roland aber nicht, denn dazu war ihr Herz nicht bereit. Sie wusste nun, dass Rolands Ehe auf wackeligen Beinen stand, machte sich dennoch keine Hoffnung, zumal für sie seine Ehe mit Amelia trotz allem eine fixe Bindung darstellte.

Amelia, die derzeit allein im großen Haus am Stadtrand wohnte, musste, da ihr Hausarzt sie nach einer Untersuchung ins Krankenhaus schickte, wo man Brustkrebs feststellte, zu einer täglichen Strahlentherapie nach Wien in die Onkologie fahren. Oft verband sie diesen Termin mit darauffolgenden Einkäufen in der Stadt.

Als sie letzten Mittwoch abends mit einigen Paketen bei ihrem Haus ankam, bemerkte sie Licht in einem der Fenster der oberen Etage.

Seltsam, ich bin sicher, dass ich kein Licht brennen ließ.

Sie schloss die Tür auf – unten war alles dunkel – und schaltete das Licht an. Plötzlich hörte sie ein undefiniertes Knacken, das aus dem oberen Stockwerk kam.

Was kann das sein? Ist jemand ins Haus eingedrungen?

Amelias Herz raste. Zitternd rief sie mit lauter Stimme nach oben: „Ist da jemand? Hallo, – ist da jemand?“

Keine Antwort; nichts rührte sich. Dann wieder dieses Knacken. Amelia stand wie angewurzelt. Einige Sekunden vergingen. Plötzlich ein lautes Klirren – und dann wieder Stille. Lange Stille.

Was war das jetzt? Wahrscheinlich ist da gar niemand – es ist etwas umgefallen. Vielleicht bin ich zu hysterisch. Wie kann man nur so ängstlich sein? Vermutlich hat die Katze etwas zu Boden gerissen. Ich muss nachsehen, was das war.

Amelia nahm all ihren Mut zusammen, schob die Bedenken zur Seite und ging festen Schrittes nach oben. Es war hell, niemand war zu sehen. Beruhigt sah sie sich um.

Dann wieder dieses Knacken – und plötzlich ging das Licht aus und sie stand im Dunkeln.

Als Amelias Reinigungsfrau am nächsten Morgen den Flur betrat, schreckte sie entsetzt zurück. An der untersten Stufe des Treppenaufgangs lag, kopfüber in eigenartiger Verrenkung, Amalia ohne Lebenszeichen.

Gevatter Tod stand über ihr.

Es war keine Überraschung. Schon bevor Amelia das Haus betrat, winkte mir ihr Schicksal zu. Ich war dann sofort zur Stelle, um sie mitzunehmen. Sie ist von einer Ehe ohne Liebe erlöst.

Frau Kuszcak wusste im Moment nicht, wen sie zuerst anrufen sollte: Rettung, Polizei, Herrn Dudak? Sie entschied sich für den Chef und rief mit zitternder Stimme ins

Handy: „Herr Dudak, es ist was Schreckliches passiert! Ihre Frau ist gestürzt. Ich, ich fürchte, … sie lebt nicht.“

Dann brach sie in Tränen aus und konnte nicht mehr weitersprechen.

Roland, der sich gerade bei einem Kunden befand, brach seinen Besuch sofort ab, rief bei Rettung und Polizei an und machte sich sogleich auf den Weg nach Hause. Als er dort eintraf, fand er bereits Sanitäter und Polizeibeamte vor Ort. Ein Arzt verdeutlichte Roland unverzüglich: Tot, kein Lebenszeichen mehr.

Roland war erschüttert; man sah es ihm an. Oder war es nur eine gut aufgesetzte Maske?

Ich habe sie geliebt. Einst – vor langer Zeit. Viel hat sich geändert, mein Gefühl für sie ist leer. Schon lange leer und tot – so wie ihr Körper jetzt. Warum bin ich so gefühllos?

Sofort startete man eine kriminaltechnische Untersuchung. Weder Diebstahl noch gewaltsames Eindringen ins Haus wurden festgestellt. Die Verletzungen an Amelias Kopf konnten nicht eindeutig zugeordnet werden; man war sich nicht sicher, ob sie durch den Sturz oder schon zuvor durch einen Schlag verursacht worden waren.

War es Mord? War es ein Verbrechen oder der Selbstmord einer verzweifelten Frau? Suizid schien äußerst unwahrscheinlich – und ein Delikt nicht nachweisbar.

Roland hatte eine Rechtfertigung für die ganze Nacht. Der Portier des Hotels, in dem er diesmal genächtigt, wie auch die Dame, mit der er sich dort vergnügt hatte, bestätigten sein Alibi, das von der Polizei gewissenhaft überprüft wurde.

Der Zweifel, jemanden für die Tat geheuert zu haben, hing allerdings wie Blei an seinen Schultern. In den Medien fand man immer wieder verhohlene Anschuldigungen, die ihm zumindest eine Teilschuld zusprachen.

Durch den Tod seiner Frau war Roland wieder frei.

Die Werbeagentur florierte weiterhin und wurden auch vom Unternehmen TULBA in Anspruch genommen. Anlässlich einer Präsentation für ein von TULBA zum Verkauf angebotenes Siedlungsprojekt, das eine umfangreiche Reklame erforderte, kam es zum Treffen mit Elisabeth. Nach der Abhandlung der geschäftlichen Bedingungen bat Elisabeth um ein Privatgespräch mit Roland.

Emotionen blühten auf, schossen hoch. Roland war innerlich zerrissen.

Ich mag sie; vielleicht liebe ich sie. Ich weiß es nicht. Es ist so angenehm, bei ihr zu sein, mit ihr zu reden, zu lachen, zu albern. Mit ihr kann ich über alles reden; sie versteht mich.

Elisabeth freute sich sichtlich, mit Roland allein sprechen zu können. Ihre Wangen glühten, ihre Augen leuchteten. Gedanken kreisten in ihrem Kopf, während sie mit ihm sprach. Es fiel ihr schwer, sich zu konzentrieren.

Ich möchte ihn immer in meiner Nähe haben, möchte ihn berühren können. Seine Affären kränken mich, ärgern mich. Ich kann mir nicht vorstellen, mit ihm zu schlafen. Diese Vorstellung bereitet mir Unbehagen. Noch nie habe ich mich einem Mann hingegeben. Ich möchte ihm eine liebende Schwester sein; ihn als meinen großen Bruder sehen.

Elisabeth wollte Roland das Angebot machen, die Werbung für TULBA exklusiv zu machen. Nach heftiger Ablehnung und begründetem Widerstand von ihrem Ratgeber Wilhelm Zechner verwarf sie schließlich dieses Ansinnen. Wilhelm merkte die privaten Interessen, die seine Chefin, verblendet durch Liebe, im Sinne hatte.

Elisabeth war unentschlossen, wankelmütig; wusste oft nicht ein noch aus, lehnte jedoch angebotene Hilfe ab. Sie schob Dinge hinaus, verzögerte Entscheidungen und schwieg zu vielen Angelegenheiten, betonte aber meist mit fester Überzeugung: „Ich sehe viel, aber ich kommentiere nicht alles!“

Sie traf Roland einige Male, schwankte jedes Mal mit der Festlegung, mit ihm eine ernste Beziehung einzugehen – zögerte, spielte auf Zeit und wahrte ihren Heiligen Gral.

Das war aber nicht Rolands Art zu leben. Obwohl er starke Gefühle für Elisabeth hegte, wollte er Liebe, Leidenschaft und … Sex.

Mein Herz schlägt für sie. Wenn ich bei ihr bin, ist sie so nett, so lieb, so einfühlsam. Aber ich will mehr, ich will sie ganz. Warum ziert sie sich so? So geht das nicht, so wird das nichts! Und dennoch – ich fühle es: Ich liebe sie!

Ihr Zögern war letztendlich zu viel für Roland. Seine Augen wanderten in andere Richtungen, zu anderen Frauen, die seinen Bedürfnissen rascher entgegenkämen.

Es ereignete sich in der Innenstadt bei einer Vernissage, zu der Roland vom Künstler Niki Hillager eingeladen worden war. Unter den zahlreichen Gästen befanden sich zwei Damen, die ihm vorgestellt wurden.

Bei den Damen handelte es sich um zwei Freundinnen, die sich schon seit ihrer Schulzeit kannten, und da von der einen vor zwei Jahren der Ehegatte plötzlich an Herzversagen verstorben war und die andere nie geheiratet hatte, besuchten sie regelmäßig gemeinsam diverse Kulturveranstaltungen.

Nach einigem Fachsimpeln über die dargestellten Kunstwerke gelang es Roland durch einen Vorwand, die zwei Frauen kurzfristig zu trennen und der einen, wie sich später herausstellte, der Witwe, seine Visitenkarte zu überreichen, mit der Bitte, sie demnächst zu weiteren Diskussionen über Kunst und Kultur treffen zu dürfen. Er schlug ihr einen Besuch des Museums Albertina am kommenden Wochenende vor, was sie gerne annahm.

Beinahe hätten wir vergessen, die Dame vorzustellen; – also:

Lea Knoll, eine attraktive Frau mit rotblondem Haar, ganz anders als Rolands verstorbene Frau Amelia, die fast schwarzes Haar hatte, glich eher Elisabeth in Haarfarbe und Teint. Sie war eine kultivierte, kunstinteressierte Frau, konnte allerdings Elisabeth vom Intellekt her nicht das Wasser reichen. Aber sie war einige Jahre jünger als Elisabeth, hatte noch wenige Falten und eine tadellose Figur – mit anderen Worten: sie war eine geeignete Partnerin für Roland.

Ja – Lea und Roland verstanden sich gut; sehr gut. In jeder Weise. Sie waren in der Lage, sich gegenseitig ihre

Wünsche zu erfüllen. Alles passte, alles stimmte. Und sie beschlossen zu heiraten.

Die Hochzeit fand nicht in Wien statt. Roland suchte dafür einen kleinen idyllischen Ort in der Toskana aus. Nur wenige Gäste waren eingeladen und alles ging still und heimlich über die Bühne. Sie verbrachten anschließend noch zehn Tage in dieser schönen Gegend und genossen ihre Flitterwochen.

Auf Wunsch von beiden erfuhren wenige von ihrer Trauung. Doch bald wurde die Nachricht der Vermählung bis nach Wien getragen – und damit auch an die Ohren von Elisabeth.

Als Elisabeth die Kunde vernahm, erbleichte sie, befahl, nicht gestört zu werden, schloss sich in ihrem Büro ein, ließ sich in den Sessel fallen und schlug wütend mit der Faust auf den Tisch.

Musste er das tun? Musste er diese Gurke heiraten? Ich hasse sie! Was findet er an ihr? Roland, Roland, ich hasse dich! Ich, ich ... liebe dich!

Dann konnte sie sich nicht mehr zurückhalten und ließ hemmungslos ihren Tränen freien Lauf.

Monat um Monat verging. Roland arbeitete immer noch an diversen Werbeaufträgen von TULBA, bei denen er zwangsläufig mit Elisabeth zusammentraf. Schweren Herzens scheute er diese Treffen, doch immer ließen sie sich nicht vermeiden. Es war ihm unangenehm, ihr in die Augen zu sehen.

Sie konnte sich nicht entscheiden. Ich liebe sie immer noch. Ich darf es ihr nicht zeigen.

Und Elisabeth, die Rolands Frau verachtete und gegen sie eine feindliche Abneigung hegte – man kann schon sagen, blanken Hass versprühte –, war oft geneigt, zu weit zu gehen.

„Na, wie geht es mit deiner Holden? Hast du ihr schon Tischmanieren beigebracht?“

Solche und ähnliche süffisante Aussagen konnte Elisabeth nicht unterdrücken, wann immer sie Gelegenheit fand, mit Roland allein zu sein.

Ich lieb den Kerl noch. Ich hasse ihn. Ich, ... ich gönne ihr ihn nicht! Er gehört mir, mir allein – wenn nicht sein Körper, dann sein Geist, sein Herz.

Die Zeit heilt Wunden? Nein, nicht ganz! Es blieben Schrammen; doch mehr und mehr stabilisierte sich der Umgang zwischen Elisabeth und Roland.

Zu gewissen Anlässen, wie Geburtstagen, Weihnachten oder Ostern, später auch nur aus Gedenken an gemeinsame Erlebnisse, sandten sie sich Billetts und öfters sogar kurze Briefchen.

Die wirtschaftliche Lage besserte sich weltweit. Das Unternehmen TULBA nahm wieder Fahrt auf. Für Elisabeth, die nicht mehr die Jüngste war, wurden Fernreisen recht beschwerlich, daher fand sie es gut, dass ihr Betriebsleiter, Wilhelm Zechner, seinen Sohn Robert, der noch jung und agil war, für diese Geschäftsreisen einteilen konnte. Robert Zechner, ein strebsamer Mann, hatte die Wirtschaftsuniversität absolviert und hernach in Deutschland und England bei renommierten Firmen seine Erfahrungen gesammelt. Zurück in der Heimat und unterstützt durch seinen Vater, konnte er nun bei TULBA eine respektable Karriere machen.

Es mangelte Elisabeth nicht an Werbern. Aus verschiedenen Beweggründen, teils mit ehrenhaftem, teils mit finanziellem Hintergedanken, versuchten Männer bei Elisabeth ihr Glück.

Der distinguierte Erich Schweder begleitete Elisabeth ins Burgtheater, wo man „Julius Cäsar" gab. Elisabeth war von der Sprachschönheit der Schauspieler und der Diskussionswürdigkeit des Shakespearestücks beeindruckt. Gerne hätte sie sich mit Erich ausgetauscht, ob es moralisch richtig sei, zum Wohle des Volkes einen Tyrannen zu töten. Doch ihr Begleiter zeigte kein sonderliches Interesse, sich auf eine derartige Diskussion einzulassen, sondern begnügte sich mit einem Gespräch über die Bühnengestaltung. Elisabeth seufzte leise und ihre Gedanken wanderten.

Hat Brutus Schuld auf sich geladen oder kann seine Tat entschuldigt werden? Mit Roland hätte ich gewiss lebhaft diskutiert; wir hätten gestritten und die einzelnen Szenen besprochen.

Kein Funke sprang über. Elisabeth bedankte sich höflich bei Erich Schweder für seine ihr geleistete Gesellschaft. Doch zu einem weiteren Treffen kam es nicht.

Der junge Franz Anschober – er war wesentlich jünger als Elisabeth – bemühte sich sehr um ihre Gunst. Von ihrem gesellschaftlichen Einfluss und vor allem von ihrem finanziellen Status angezogen, schmeichelte er der reifen Dame mit all seinem jugendlichen Charme. Elisabeth, in diesem Punkt unerfahren, fühlte sich geehrt und begehrt. Als Franz ihr schöne Ohrringe in Gestalt von Fröschen schenkte, war sie von seinem Geschenk begeistert. Vorerst sah sie sein Werben ihrer Person geltend und schlug alle gutgemeinten Warnungen in den Wind.

Doch langsam, ganz langsam, erkannte sie nach einigen unschönen Vorfällen, dass der junge Kerl es nicht ernst meinte und bloß hinter ihrem Vermögen her war. Enttäuscht und gedemütigt flossen Tränen heimlich in ihr Kissen.

Elisabeth sah ein, dass die Zeit sie überrascht hatte; das Haar war dünn geworden, das Gesicht von Falten gezeichnet. Wo war die Frische der jungen Elli geblieben? Die Hoffnung einer Heirat, hatte sie schon lange aufgegeben.

Ich werde immer ledig bleiben, ich brauche keinen Mann. Die Firma ist meine Familie, mein Zuhause.

Wilhelm Zechner, ihr langgedienter Ratgeber, hatte das Pensionsalter erreicht. Durch Absprache mit Elisabeth wurde sein Sohn Robert zu seinem Nachfolger als Büroleiter ernannt.

Der junge Mann wollte sofort alles ändern – oft zu viel, zu schnell – und Elisabeth musste seinen Tatendrang bremsen. Da die Chefin in die Jahre gekommen war und keine Kinder hatte, versuchte er einen finanzkräftigen Nachfolger zu suchen. Doch Elisabeth stellte fest: „Ich bin eine Tulbach; – und ich bin mit dem Unternehmen verheiratet!“

Doch so einfach wie früher ging ihr die Arbeit nicht mehr von der Hand. Immer mehr Aufgaben, die sie vormals ohne

Schwierigkeiten meisterte, musste sie delegieren, war aber mit dem Resultat nie völlig zufrieden. Kopfschmerzen plagten sie; jede Kleinigkeit versetzte sie in unkontrollierbare Nervosität. Elisabeth schlief schlecht und träumte von Dingen, die sie sich nicht erklären konnte. Erst versuchte sie es bei einer Kartenlegerin, war aber von deren Weissagungen nicht überzeugt. Auf Anraten suchte sie schließlich einen Psychologen auf und erklärte ihm ihren wiederkehrenden Traum: „Da ist immer ein großes Haus mit vielen aneinandergereihten Zimmern. Ich durchsuche diese Zimmer nach meinem Bruder, finde ihn aber nicht. Aus einer Seitentür kommt mir mein Stiefvater entgegen. Er lacht und lacht, lacht mich an, bis sein Gesicht zur Fratze wird. Ich laufe weg, hinaus zur Tür, habe Angst. Große Schiffe, umgeben von vielen kleinen, stehen mitten in einer Wiese; sinken tiefer und tiefer. Dann kommt mein Freund Roland auf mich zu, in seinen Armen trägt er, wie ein Baby, eine tote Frau. Er stolpert, stürzt vor mich hin und sein Körper löst sich in einem Meer von Lilien auf. Dieser Traum wiederholte sich in leicht veränderter Weise. Und jedes Mal bin ich nachher schweißgebadet und nach Luft ringend aufgewacht."

Der Psychologe versuchte erst gar nicht, Erklärungen zu finden, deutete aber an, dass Elisabeth innere Ruhe bräuchte und verschrieb ihr ein Schlafmittel und ein leichtes Antidepressivum.

Doch dann geschah etwas, was sie gänzlich aus der Bahn warf: Sie bekam Nachricht, dass ihr geliebter Roland plötzlich verstorben war.

Trauer, Melancholie und schwere Depressionen ergriffen Elisabeth.

Das Begräbnis wurde eine Woche später am Zentralfriedhof angesetzt. Obwohl Elisabeth von Lea keine Sterbeparte erhielt, hatte sie herausgefunden, wann und wo die Beerdigung stattfinden würde und ließ es sich nicht nehmen, dort zu erscheinen. Elisabeth – ihr Gesicht von dichtem Schleier bedeckt – hielt sich dezent im Hintergrund. Den großen Kranz mit der schwarzen Schleife, den sie anonym abgeben ließ, zierte nur die goldene Aufschrift „In Liebe“.

Allerdings wurde ihr heimlicher Liebesgruß von niemanden wahrgenommen: Auf der Rückseite der Schleife war ein kleines Säckchen mit Keksen befestigt.

Unbemerkt hatte sich Gevatter Tod dazugesellt.

Mag sein, dass du mich nicht sehen kannst, aber ich bin hier. Ja, so schnell kann es gehen; das Schicksal rief mich; – und ich bin zur Stelle!

Als sich der Trauerzug in Richtung offenes Grab in Bewegung setzte, reihte sich Elisabeth ganz am Ende ein. Doch sie schaffte es nicht bis zum Grab. Sie blieb langsam zurück, bog in eine Seitenreihe ein und sank dort, von Emotionen überwältigt, bitter schluchzend auf einer Grabeinfassung nieder.

In der Firma wurde die Niedergeschlagenheit Elisabeths bemerkt, und gerade jetzt war jemand mit Kraft und Vitalität in der Betriebsführung gefragt, daher gab ihr Robert Zechner den Rat, sie möge nach Hause gehen und richtig ausschlafen. Die zornige Antwort von Elisabeth kam postwendend: „Du, kleiner Mann, hast mir nichts zu raten!“

Allerdings sah sie bald ein, dass dieser Rat gar nicht so schlecht gemeint war. Auch ihr Psychologe riet ihr dringend, sich ein paar Tage Erholung zu gönnen, sich in Klausur zu begeben, um mit sich ins Reine zu kommen.

Auf diesen Rat hin nahm sich Elisabeth zwei Tage frei und begab sich in selbstgewählte Isolation in ein Zentrum für Meditation. Sie hatte das Bedürfnis, über sich und ihr Leben nachzudenken.

Wie jedem älteren Menschen wurde auch Elisabeth bewusst, dass die Anzahl der Jahre, die sie noch auf dieser Welt würde verbringen dürfen, nun überschaubar gering geworden waren. Daher stellte sie sich viele Fragen.

Die Jahre gingen so schnell dahin; war das schon alles? Hat das Leben einen Sinn; hatte mein Leben einen Sinn? Ich hätte gerne Kinder gehabt; eine Familie wäre schön gewesen. Wir wissen viel über die Natur, aber warum wir hier auf Erden sind, wissen wir nicht. Das Einzige, das wir erkennen können, ist, dass alle Lebewesen dahin streben, sich fortzupflanzen. Das habe ich versäumt! Da ist nichts mehr daran zu ändern. Sachen, die ich nicht ändern kann, muss ich akzeptieren. Mein Schicksal wollte es so!

Viele Menschen glauben an eine Existenz nach dem Tod; sie wollen nicht akzeptieren, dass mit ihrem Ableben alles vorbei sein könne. Doch wie soll das geschehen? Der Körper von jedem Lebewesen verrottet nach dem Tod. Wir Menschen sind davon nicht ausgenommen – auch ich nicht. Und das Weiterleben des Geistes, der Seele? Was ist die Seele ohne Körper? Ohne Körper gibt es kein Hören, Riechen, Sehen, Fühlen. Eine Seele ohne Sinne ist im wahrsten

Sinne sinnlos! Doch die Menschen weltweit fürchten sich vor der Willkür des Schicksals und wollen das Aus nach dem Ableben nicht akzeptieren. Alle Religionen, seien sie noch so verschieden, bauen ihr Dasein auf das Versprechen einer seligen Weiterexistenz, festen Glauben vorausgesetzt. Es ist und war das Dogma aller Religionen. Wo stehe ich? Hatte mein Leben Sinn? Meine Erziehung war christlich, mit den christlichen Säulen: Es gibt einen allmächtigen und allwissenden Gott, der uns Menschen, ein Teil seiner Schöpfung, liebt! Es wird verkündet, Gott schuf uns nach seinem Ebenbild? Eigenartigerweise sehen wir Menschen alle verschieden aus und auch unsere Charaktere sind sehr unterschiedlich. Ah, das ist nur sinnbildlich gemeint? Warum so kryptisch, warum nicht klarer? Gott ist männlich und Er hat ein Kind namens Jesus; ebenfalls männlich. Dieser Jesus ist am Kreuz gestorben – angeblich für uns Menschen. Für alle Erdenbürger oder nur für gläubige Christen?

Ist es Blasphemie so zu fragen?

Warum musste Jesus so einen gewaltsamen, grausamen Tod sterben? Was wollte Gott uns dadurch sagen? Warum zelebrieren wir Christen ungerechtfertigtes Leid so sehr? Warum lässt ein allmächtiger Gott, der uns angeblich liebt, es zu, dass Erdbeben und Seuchen über uns hereinbrechen? Warum straft Er kleine Kinder und schuldlose Gläubige, indem Er zulässt, dass sie unter unsäglichen Schmerzen sterben müssen? Wieso verhindert Er das nicht, wieso hilft Er nicht? Ich klage Gott der Unterlassung von Hilfeleistung an. Wozu diese Bescherung mit all den unheilvollen Geschenken? ‚Herr, sei unser Gast und segne, was Du uns bescheret hast.' Wo bleibt seine Liebe; seine Allmacht?

Es wird verkündigt, dass Gottes Wege unergründlich seien. Warum verbirgt Er sein Tun vor uns? Und doch beten wir zu diesem Gott, bitten Ihn um Hilfe oder bedanken uns für dies und das. Beides impliziert aber eine Bitte um einen Vorteil gegenüber anderen Menschen.

Können wir Menschen in unserem derzeitigen Stand der Evolution alles erkennen, oder fehlen uns dafür die Sinne? Ein Vogel, ein Hund, ein Affe – jedes Tier hat Grenzen, die es auf Grund seiner körperlichen und geistigen Evolution nicht überwinden kann. Warum sollte der Mensch eine Ausnahme sein? Auch wir haben Grenzen der Erkenntnis, die wir nicht überschreiten können. Ist es daher wunderlich, wenn wir unvollkommen sind?

Jeder Mensch, selbst der größte Verbrecher, weiß, sofern er nicht geisteskrank ist, was Recht oder Unrecht ist. Manche meinen, ohne religiöse Ethik gebe es nur Chaos auf dieser Welt. Ein Atheist ist nicht per se ohne Moral. Man braucht nur zurücksehen, welch Gräueltaten explizit im Namen der Religionen begangen wurden: Kreuzzüge, Inquisition, Holocaust, Islamischer Staat, etc. Ein Aufrechnen der Schuld wäre hier nicht angebracht.

Ein Richter, der ein Urteil zu fällen hat, war selbst nicht bei der Tat dabei. Und doch gibt er sein Urteil auf Grund von Indizien ab. Zeigen die Indizien nicht, dass es Gott nicht gibt, nicht geben kann? Es sei denn, Er wäre zynisch oder rachesüchtig. Ein christlicher Gott, ein allmächtiges Wesen, das nicht anders vorstellbar ist als gut, würde keine Übel zulassen, es sofort verhindern. Wäre Gott allmächtig, müsste Er doch eingreifen. Es gibt aber Übel – daher kann es Gott nicht geben!

Nach den zwei Tagen in Abgeschiedenheit konnte Elisabeth das Problem der Theodizee nicht lösen, kam aber zu dem Fazit: Es gibt keinen Gott! Zumindest nicht für sie; zumindest nicht den christlichen. Sie hielt es hinsichtlich ihres Glaubens genauso wie beim Sonnenuntergang: Sie wusste, dass die Sonne tatsächlich nicht untergeht, fand dennoch den Ausdruck passend und die Erscheinung faszinierend.

Die zwei Tage Ruhe hatten Elisabeth gutgetan und sie erholte sich von der Hektik des Geschäftslebens etwas.

Das Unternehmen TULBA International war überraschend gut aus der weltweiten Krise herausgekommen, etwas, das gewiss Elisabeth, die mit starker Hand ihr Team führte, zuzuschreiben war.

Und Elisabeth war nicht dumm. Nun schon jenseits der Pensionsgrenze, erkannte sie sehr wohl, dass sie Vorkehrungen für ihre Nachfolge treffen musste. Kinder und nahe Verwandte konnte sie nicht vorweisen; sie war die Letzte der Familie Tulbach.

Überlegungen, jemanden von der Belegschaft auf den Firmenthron zu hieven, schlug sie aus, denn obwohl einige Personen recht firm in ihren Sektoren waren, für die Gesamtleitung des Unternehmens fand sie keinen, der die Eignung dazu gehabt hätte.

Robert Zechner hatte während seines Wirtschaftsstudiums Jakob Stufner kennengelernt. Robert hatte losen Kontakt zu Jakob; und als er von dessen Karriere erfuhr, trafen sie sich heimlich. Es war eine etwas prekäre Situation, denn Jakob war der Sohn von Maria Stufner, also der Sohn jener

Frau, welche von Elisabeth vor einigen Jahren in den wirtschaftlichen Ruin getrieben worden war.

Jakob hatte sein Studium mit ausgezeichnetem Erfolg abgeschlossen und heuerte hierauf bei einer großen Firma in Berlin an, wo er wertvolle praktische Erfahrung sammeln konnte. Ein Bekannter stellte ihm dann eine Verbindung zu einem Unternehmen in den USA her, bei dem er weitere Auslandserfahrung in Betriebsmanagement erlangen konnte. Zurück in Österreich bemühte sich Jakob um die schwer angeschlagene Firma seiner Mutter und war damit recht erfolgreich. Allerdings fehlte Kapital.

Robert eröffnete Jakob, dass TULBA International einen fähigen Nachfolger suche und gab ihm, da er um Jakobs Führungsqualitäten und Erfahrung im Management gehört hatte, den Rat, seine Bewerbung bei der Headhunter-Firma, bei der die Position als Unternehmensleiter ausgeschrieben war, abzugeben.

Jakob wurde zum Bewerbungsgespräch eingeladen, überzeugte darin souverän mit scincn Ideen wie TULBA erfolgreich weitergeführt werden sollte und hatte in kurzer Zeit ein Vorstellungsgespräch mit Elisabeth.

Als Elisabeth erfuhr, wer ihr da gesandt wurde, zögerte sie vorerst, war aber dann neugierig, den Sohn ihrer ehemaligen Widersacherin kennenzulernen.

Das Gespräch lief erstaunlich gut. Elisabeth war von der impulsiven Begeisterung des jungen Mannes beeindruckt. Sein Vorschlag, die Firma MASKOT in das Unternehmen TULBACH zu integrieren, fand sie überlegenswert. Allerdings hatte sich Jakob ausbedungen, bei einer Zusammenführung eine Umstrukturierung vorzunehmen und den Namen der Firma auf STUFNER GesmbH umzubenennen. Nach Rücksprache mit den leitenden Angestellten und mit den Managern der Branchen wurde nach langen Diskussionen, ob es sinnvoll sei, den guten Namen, den sich TULBA über Jahre hinweg erworben hatte, umzubenennen, dann doch, auf Druck von Elisabeth, die Zustimmung verkündet.

Elisabeth fand sich immer noch moralisch schuldig, Jakobs Mutter in den Tod getrieben zu haben.

Die nächste Aufgabe, die sich Elisabeth vorgenommen hatte, war – und sie fand es sehr wichtig – ein Testament zu fertigen. Sie begab sich in ein Notariat, das sie in anderen Angelegenheiten schon oft nutzte, und ließ ein Testament nach ihren Wünschen ausarbeiten.

Da sie keine Angehörigen hatte, konnte sie ihr Vermögen nach Gutdünken verteilen. Bei all ihren Mitarbeitern, von den Managern der Filialen bis zum Reinigungspersonal, bedankte sie sich mit einem zusätzlichen Monatsgehalt. Ihre Villa und das große Eigentumsappartement samt Zentralbüro in der Innenstadt verschrieb sie, wohl auch als Wiedergutmachung, an Jakob. Diverse soziale Einrichtungen wurden großzügig bedacht.

Das Testament wurde im Zentralregister hinterlegt und eine Kopie hielt Elisabeth, die die Villa aus Logistikgründen kaum mehr bewohnte, im Safe des Stadtappartements aufbewahrt.

All diese notwendigen Dinge erledigt zu haben, gab ihr ein beruhigendes Gefühl und sie konnte sich ein paar Tage in einem Wellnesshotel in Tirol gönnen, von wo sie erholt nach Wien zurückkam.

Daher kam es umso überraschender, als sie eine Woche später ganz plötzlich erkrankte. Starker Husten und Atemnot quälten sie. Irgendwo, bei irgendwem, musste sie sich angesteckt haben. Das hinderte sie jedoch nicht, täglich im Büro zu erscheinen, um Anweisungen zu geben.

Jakob war viel unterwegs. Er versuchte, bei allen Branchen des Unternehmens vorstellig zu werden. Während dieser Zeit hielt Elisabeth im Zentralbüro in der Wiener Innenstadt die Stellung.

Es geschah an einem Nachmittag: Elisabeth saß an ihrem Schreibtisch und hatte Formulare durchzulesen, die ihr Robert Zechner zur Unterschrift vorgelegt hatte. Plötzlich verschwammen ihr die Zeilen unter den Augen, ihr Herz raste und sie wurde bleich im Gesicht. Als Robert die Schriften abholen wollte, merkte er den eigenartigen Gesichtsausdruck seiner Chefin und fragte: „Elisabeth, Sie schauen so blass aus, kann ich Ihnen ein Glas Wasser bringen?"

Die Antwort kam mit gespielter Zuversicht: „Nein, nein – es passt schon. Kein Problem. Ich rufe Sie, wenn ich fertig bin."

Doch es passte nicht – und das Problem war größer als vorgegeben!

Als nach einer halben Stunde kein Anruf kam, klopfte Robert an Elisabeths Tür, bekam aber keine Antwort. Nach einigem Zögern entschloss er sich einzutreten. Er fand Elisabeth seitlich von ihrem Schreibtisch in gekrümmter Lage am Boden liegen. Weit aufgerissene Augen aus einem blaugrauen Gesicht starrten ihm entgegen. Aus ihrem Mund kam stoßartiges Röcheln.

Robert versuchte Elisabeth aufzurichten, rief einen Mitarbeiter zu Hilfe und überlegte kurz, ob er Elisabeths Hausarzt verständigen sollte, entschied aber dann, sofort einen Rettungswagen anzufordern. Innerhalb weniger Minuten waren Arzt und Sanitäter zur Stelle und rasten mit Elisabeth unter Blaulicht ins Spital.

Die Ärzte erkannten den bedrohlichen Zustand. Hektik brach aus. Elisabeth wurde eilig in der Intensivstation an Geräte angeschlossen. Ihr Blutdruck war gänzlich abgesunken, der Kreislauf zusammengebrochen, ein Beatmungsgerät versorgte sie mit Sauerstoff. Der behandelnde Arzt schüttelte den Kopf und stieß verzweifelt hervor:

„Spät, spät. Sie kommt sehr spät. Sie muss die Sache doch schon vor vielen Tagen erkannt haben."

Eine Lungenentzündung hatte eine Sepsis hervorgerufen. Bakterien taten ihr unheilvolles Werk. Elisabeth hatte alle Anzeichen zu lange ignoriert.

Noch in derselben Nacht setzte das angeschlossene Gerät mit einem durchgehenden Piepston der Intensivschwester das Zeichen, dass Elisabeths Leben abgelaufen war.

Elisabeth, die Letzte der Tulbachs, war aus dem Leben geschieden!

Und Gevatter Tod war sofort im Saal.

Es war keine Überraschung für mich. Die Schicksalsgöttin hatte mir den Tipp gegeben. Sie spielt gern mit den Menschen und war sich noch nicht sicher, wann und wo sie den Zeitpunkt wählen sollte. Aber hier bin ich.

Ein schöner Frühlingstag; die Märzensonne sandte ihre ersten warmen Strahlen auf die Gräber. In der Halle aufgebahrt lag der Holzsarg von einer überquellenden Blumenpracht umgeben. Elisabeth Tulbach wurde die letzte Ehre erwiesen.

Und es kamen viele, diesmal sehr viele Menschen aus allen Schichten der Gesellschaft. Elisabeth hatte ihr Unternehmen durch schwierige Zeiten geführt, war immer zuversichtlich eingestellt und erfolgsorientiert. Man würdigte das und war überzeugt, dass der Name Tulbach über die Zeiten hinweg in guter Erinnerung bleiben sollte. Der Trauerzug zur Familiengruft wurde von Jakob Stufner angeführt, der einen ergreifenden Nachruf am offenen Grab verlas.

Während die Trauergäste beeindruckt seinen Worten folgten, stand Gevatter Tod unbemerkt und ungesehen etwas abseits und sinnierte:

Ich habe dich von deiner Geburt bis hierher begleitet, stand stets neben dir, auch wenn du mich nicht wahrgenommen hast. Nun hat meine Hand dein Herz ergriffen. Die Willkür deines Schicksals hat jetzt die Zeit als passend empfunden.

Schaut nur, ihr alle da – habt keine Angst. Ich werde zu jedem von euch kommen. Später, vielleicht schon früher, oder sehr bald. Aber gewiss – ganz gewiss!

Memento mori! Seid euch eurer Sterblichkeit bewusst!

Elisabeth wurde in der Familiengruft über Marias Sarg beigesetzt. Jakob stiftete eine Tafel, auf der in goldenem Schriftzug zu lesen war:

„Hier ruhen die beiden Schwestern, Maria und Elisabeth, und hoffen auf Auferstehung!“

Bei der Umgestaltung und Räumung von Elisabeths Büro, entdeckte man in einer Lade ein Bündel Glückwunschkarten und Briefe von Roland. Auf dem obersten Brief stand mit zittriger Handschrift:

„Sein letzter Brief:“

Anhang

Hier die im Roman verwendeten Namen und ihre Pendants zu den historischen Figuren der Tudor-Zeit. Alle anderen Namen sind frei erfunden.

Die Aktionen und Charakterzüge der Personen erheben aus kreativen Gründen keinen Anspruch auf geschichtliche Tatsachen.

Helmut Tulbach: Henry VII. Tudor
Elisabeth Tulbach: Elizabeth of York
Anton Tulbach: Arthur Tudor
Heinz Tulbach: Henry VIII. Tudor
Ferdinand Almer: Ferdinand II. d'Aragon
Ilse Almer: Isabella I. di Castiglia
Karin Almer: Catharine d'Aragon
Maria Tulbach: Mary I. Tudor
Elisabeth (Elli) Tulbach: Elizabeth I. Tudor
Erwin Tulbach: Edward VI. Tudor
Wilfried Bollmann: William Boleyn
Maria Bollmann, (Burger): Margaret Butler
Thomas Bollmann: Thomas Boleyn
Elisabeth ‚Lisa' Bollmann: Elizabeth Boleyn
Anna Bollmann: Anne Boleyn
Gregor Bollmann: George Boleyn
Melanie Bollmann: Mary Boleyn
Wilhelm Karner: William Carey
Lilly Blockfeld: Elizabeth ‚Bessie' Blount
Heinrich Ferdinand Blockfeld: Henry Fitzroy
Gernot Grobler: Gregory Cromwell
Emmi Grobler: Elizabeth Cromwell
Thomas ‚Tommi' Grobler: Thomas Cromwell

Theo Weller: Thomas Wolsey
Tobias Molberg: Thomas More
Hugo Pelletier: Henry Percy
Thomas Hofer: Thomas Howard
Josefine ‚Fini' Seifert: Jane Seymour
Nikko Karner: Nicholas Carew
Erwin Tulbach: Edward VI
Anong ‚Nu' Khumpai: Anna von Kleve
Katie Hofer: Catherine Howard
Alma Tilburg: Agnes Tilney
Johanna Burger: Joan Bulmer
Hans Manker: Henry Mannox
Tobias Keppler: Thomas Culpeper
Franz Dellheimer: Francis Dereham
Christine Parhold: Katharine Parr
Wilfried Parhold: William Parr
Anna Parhold: Anne Parr
Theodor Granmüller: Thomas Cranmer
Hans Dudak: John Dudley
Johanna Gross: Jane Grey
Stefan Garner: Stephan Gardiner
Eduard Kurtner: Edward Courtenay
Sergio Reno: Simon Renard
Felipe Burgos: Philipp II.
Carlos Burgos: Karl V.
Thorsten Gressler: Thomas Gresham
Manuela: Maria Manuela v. Portugal
Carlos: Don Carlos
Isabel Osola: Isabel de Osorio
Tomas Weiler: Thomas Wyatt
Nikki Tromontan: Nicholas Throckmorton
Heinrich Gross: Henry Grey

Greta Dugerburg: Margaret Douglas
Reinhard Polt: Reginald Pole
Eduard Bonnstein: Edmund Bonner
Margarete Parmando: Margarete v. Parma
Hans Roger: John Rogers
Hubert Lattinger: Hugh Latimer
Johann Weiss: John White
Wilhelm Zechner: William Cecil
Robert Zechner: Robert Cecil
Anton Schenk: Anthony Jenkinson
Jessica Gordovac: Jean Gordon
Heinrich Danner: Henry Stuart, Lord Darnley
Daniel Riesner: David Rizzo
Maria Stufner: Mary Stuart
Jakob Stufner: James I. (VI.) Stuart
Johann Hepner: James Hepburn
Roland Dudak: Robert Dudley
Amelia Robic: Amy Robsart
Lea Knoll: Lettice Knollys
Diana Schäfer: Lady Douglas Sheffield
Niki Hillager: Nicholas Hillard
Erich Schweder: Erik XIV.
Franz Anschober: Francis d'Anjou